广东华侨史文库

民国《申报》广东华侨史料

郭平兴　编著

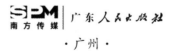

广东人民出版社

·广州·

图书在版编目（CIP）数据

民国《申报》广东华侨史料 / 郭平兴编著. —广州：广东人民出版社，2022.12
　　ISBN 978-7-218-16055-9

　　（广东华侨史文库）

　　Ⅰ . ①民… 　Ⅱ . ①郭… 　Ⅲ . ①《申报》—剪报资料　②华侨—史料—汇编—广东—民国　Ⅳ . ① G219.29　② D693.73

中国版本图书馆 CIP 数据核字（2022）第 184715 号

MINGUO SHENBAO GUANGDONG HUAQIAO SHILIAO
民国《申报》广东华侨史料

郭平兴　编著

版权所有　翻印必究

出 版 人：肖风华

策划编辑：王俊辉
责任编辑：李永新
装帧设计：奔流文化
责任技编：吴彦斌　周星奎

出版发行　广东人民出版社
地　　址：广州市越秀区大沙头四马路 10 号（邮政编码：510199）
电　　话：（020）85716809（总编室）
传　　真：（020）83289585
网　　址：http：//www.gdpph.com
印　　刷：广州市人杰彩印厂
开　　本：787 毫米 ×1092 毫米　1/16
印　　张：20.75　　字　　数：320 千
版　　次：2022 年 12 月第 1 版
印　　次：2022 年 12 月第 1 次印刷
定　　价：120.00 元

《广东华侨史文库》是《广东华侨史》编修工程的组成部分

由《广东华侨史》编修工作领导小组办公室资助出版

《广东华侨史文库》总序

广东是我国第一大侨乡，广东人移民海外历史久远、人数众多、分布广泛，目前海外粤籍华侨华人有3000多万，约占全国的2/3，遍及五大洲160多个国家和地区。

长期以来，粤籍华侨华人紧密追随世界发展潮流，积极融入住在国的建设发展。他们吃苦耐劳、勇于开拓，无论是东南亚地区的产业发展，还是横跨北美大陆的铁路修建，抑或古巴民族独立解放战争以及世界反法西斯战争，都凝聚着粤籍侨胞的辛勤努力、智慧汗水甚至流血牺牲。时至今日，越来越多的粤籍华侨华人政治上有地位、社会上有影响、经济上有实力、学术上有成就，成为住在国发展进步的重要力量。

长期以来，粤籍华侨华人无论身处何方，都始终情系祖国兴衰、民族复兴、家乡建设。他们献计献策、出资出力，无论是辛亥革命之时，还是革命战争年代，特别是改革开放时期，都不遗余力地支持、投身于中国革命和家乡的建设与发展。全省实际利用外资中近七成是侨、港、澳资金，外资企业中六成是侨资企业，华侨华人在广东兴办慈善公益项目超过3.3万宗、捐赠资金总额超过470亿元，为家乡的建设发挥了独特而巨大的作用。

长期以来，粤籍华侨华人充分发挥桥梁纽带作用，致力于促进中外友好交流。他们在自身的奋斗发展中，既将优秀的中华文化、岭南文化传播到五大洲，又将海外的先进经验、文化艺术带回家乡，促进广东成为中外交流最频繁、多元文化融合发展的先行地，推动中外友好交流不断深入、互利合作不断拓展，成为世界和平与发展的友好使者。

可以说，粤籍华侨华人的移民和发展史，既是中国历史的重要组成部分，更是世界历史不可缺少的亮丽篇章。

站在中华民族更深入地融入世界、加快实现伟大复兴中国梦的历史关口，面对广东全面深化改革开放、奋力实现"三个定位、两个率先"总目标的使命要求，中共广东省委、广东省人民政府决定编修《广东华侨史》，向全世界广东侨胞和光荣伟大的华侨历史致敬，向世界真实展示中国和平崛起的历史元素，也希望通过修史，全面、系统地总结梳理广东人走向世界、融入世界、贡献世界的历史过程和规律，更好地以史为鉴、古为今用，为广东在新形势下深化改革开放、加快转型升级、进一步当好排头兵提供宝贵的历史经验，形成强大的现实助力和合力。

编修一部高质量的《广东华侨史》，使之成为"资料翔实、观点全面、定性准确、结论权威"的世界侨史学界权威的、标志性的成果，是一项艰巨的使命，任重而道远。这既需要有世界视野的客观立场，有正确把握历史规律的态度和方法，有把握全方位全过程的顶层设计，更需要抓紧抢救、深入发掘整理各种资料，对涉及广东华侨史的各方面重大课题进行研究，并加强与海内外侨史学界的交流，虚心吸收国内外的研究成果。作为《广东华侨史》编修工程的重要组成部分，编辑出版《广东华侨史文库》无疑十分必要。我希望并相信，《广东华侨史文库》的出版，能够为广东华侨华人研究队伍的培育壮大，为广东华侨华人研究的可持续发展，为《广东华侨史》撰著提供坚实的学术理论和基础资料支撑，为推进中国和世界的华侨华人研究做出独特贡献，并成为中国华侨华人研究的重要品牌。

是为序。

广东省省长 朱小丹

2014年8月

目　录

前　言

　　《申报》自1872年4月30日创刊至1949年5月27日终刊，共发行了27000余期，是中国近代史上发行历史最长、影响最大的中文报纸之一，被称为中国近代史的"百科全书"。《申报》对华侨这一特殊群体进行过大量的报道，在《申报·索引》中也专门设置了"华侨"、"华工"专目以备检索。该报所登载的近代史上华侨的史料，具有"体量大"、"类型多"等特点。

　　受《广东华侨史》编修工作领导小组办公室的委托，笔者承担了"民国《申报》有关广东华侨史料整理与研究"项目，本书即为该项目的成果之一。本课题结合《申报》影印版《申报·索引》及《申报年鉴》等《申报》系列报刊中的广东华侨史料进行了全面整理和研读。笔者运用整体史视野对相关问题进行了凝练与升华，将跨学科方法运用于华侨华人史学的研究和实践。

　　民国时期《申报》广东华侨史料的主要内容有以下两个方面：

　　一是关于国内侨乡的相关新闻报道。广东侨乡文化特色明显，《申报》关于广府、客家、潮汕等著名侨乡的记载繁多，形成"采办国货系列史料"、"华侨工业系列史料"、"华侨投资系列史料"、"华侨学校系列史料"等系列史料；在地域上，对于相关地域亦有所侧重，例如汕头，《申报》对汕头的华侨相关时事的报道特别多，经过笔者的整理，形成近十万字的民国时期汕头涉侨史料集，其所传播的不仅仅是各种各样的政治、经济、教育、商业等信息，还有各种各样的社会文化观念。

二是海外侨情的相关报道。民国时期，粤人下南洋等地出现人数多、范围广等现象，《申报》中既有"东游通讯"、"南洋游记"、"南游通讯"、"碧瑶游记"、"暹罗漫谭"、"旅美观察谈"、"檀岛旅行记"等专题性报道，也有很多零星的相关新闻报道，正是这些南洋粤侨的历史记录，成功地讲述了民国时期南洋粤侨的历史，建构了民国时期南洋粤侨的历史形象，塑造了民国时期南洋粤侨的价值观念等。

本书结构由两部分组成，第一部分为"研究篇"，收录笔者研究过程中的相关学术成果，既有宏观视野"数字人文"的角度，审视华侨华人史研究过程中相关数据库运用的问题，也有点面结合，从《申报》中整理出来的"史料群"（如粤侨形象塑造、侨乡汕头形象塑造）而展开研究的成果。第二部分是"史料篇"，系统收集了《申报》中涉及广东华侨的相关史料，以时间为轴，纵向呈现，涵盖了民国时期不同的时间段、不同涉侨主题（如侨政、侨务、侨汇等），其内容错综复杂而又自成一体。

郭平兴

2022年9月

一　研究篇

"数字人文"视野下华侨华人史研究的迷思与进路

——以《申报》为中心

一、数字人文的兴起与华侨华人史研究的交集

数字人文是当前的一个新兴热门学术领域。所谓数字人文，是指"结合各种数字化的材料，借助电脑的分析能力开展的人文研究"。[①]从技术上讲，数字人文并非新鲜词汇，随着信息技术的迅猛发展、资料数据库的大规模建设，已经建立了由人、平台、技术三大模块共同构成的数字人文体系，在这过程中，"数字技术与人文学科的碰撞产生了一门新的学科领域——数字人文。数字人文在国内落地并生根发芽已有七十余年"，正朝着"'跨学科的'、'学科交融的'、'借助数字技术的'、'加速文科发展的'、'新的研究范式'等"方向迅猛发展，[②]并有学者预言："史学的未来发展趋势，将会是'数字史学'的兴起。"[③]数字人文作为学术研究的一种新兴路径，对学者在史料查找与搜集等方面产生深远影响，尤其是近20年，与数据库相关的大量新技术的应用，如数字挖掘技术、云技术等，"大数据使历史资料利用产生革命性变革"，[④]产生了自己的一套学术逻辑，被学者称为"数据史学"，[⑤]衍生出一些独具特色的内在路径。

史学研究，离不开史料的发掘与运用。傅斯年先生指出："史料的发

---

① 梁晨：《量化数据库："数字人文"推动历史研究之关键》，《江海学刊》，2017年第2期，第162页。

② 许苗苗、邵波：《我国数字人文发展的脉络、问题及启示》，《图书馆学研究》，2020年第14期，第2页。

③ 王涛：《挑战与机遇："数字史学"与历史研究》，《全球史评论》，2015年第1期，第184页。

④ 姜义华：《大数据催生史学大变革》，《中国社会科学报》，2015年4月29日，第B05版。

⑤ 据笔者目力所及，国内较早涉及"数字史学"这个概念的学者是中国社会科学院的王旭东以及复旦大学的周兵。王旭东在2006年就开始思考历史研究信息化的问题，并取得了不少成果，参见王旭东《数字世界史：有关前提、范式及适用性的思考》，《安徽大学学报》2006年第6期；《历史研究信息化应用模式刍议》，《史学理论研究》2006年第4期。此后，《史学月刊》等杂志组织学者进行了主题性的研讨，发表了一系列高水平的文章，见《史学月刊》，2018年第5期等。

现，足以促成史学之进步，而史学之进步，最赖史料之增加。"[1]新技术给历史学带来全新的发展机遇，"大数据时代似乎给史学研究带来了前所未有的兴奋"。[2]从目前的技术发展来看，数字技术至少已在三个较成熟的方向上推动着历史研究：一是信息或关键字词的检索。大数据将使史料检索、分析的手段与方法发生重大改变。史料检索方面，"初步掌握大数据技术的研究者，可以通过使用一组标签编组、分类和检索史料，并可以通过合并多个搜索标签有效地过滤用于历史研究的资源"。[3]二是多样化动态展示，如GIS技术的引入与地图绘制等。三是基于大规模历史数据的量化分析研究。[4]后两种情况在中国知网等"提供面向问题的知识服务和激发群体智慧的协同研究平台"类型的数据库运用较多，[5]但在晚清期刊全文数据库（1833—1911）、民国时期期刊全文数据库（1911—1949）、大成老旧期刊全文数据库等原始史料类型的数据库运用较少。

数字史学本质上是"使用数字化资料进行历史研究的学问"。[6]所以，作为大数据时代的学术研究的产物之一，"数字史学"研究可以划分为三个板块：首先是数据的整理，其次是数据的分析，最后是数据的输出。在史学研究的数字化年代，数据的搜集，包括非数字化史料的数据化，是数字史学得以存在的前提。[7]从另一个角度来看，大数据在历史研究中的应用，无疑是互联网技术条件下所发展起来、带有浓厚实证主义色彩的升级版"计量史学"。[8]在新媒体生态下，数字化技术和互联网技术能够提供生产和传播历史知识的新工具，而新的文化实践所带来的交互式读写方式也将改变我们的独

---

① 傅斯年：《史学方法导论》，雷颐点校，中国人民大学出版社2004年版，第32页。
② 郭辉：《大数据时代史学研究的趋势与反思》，《史学月刊》，2017年第5期，第7页。
③ 吴玲：《大数据时代历史学研究若干趋势》，《北方论丛》，2015年第5期，第69页。
④ 梁晨：《量化数据库："数字人文"推动历史研究之关键》，《江海学刊》，2017年第2期，第162页。
⑤ 参见中国知网介绍：https://www.cnki.net/gycnki/gycnki.htm。
⑥ Interchange:*"The Promise of Digital History"*,*Journal of American History*,Special Issue,NO.2,2008，pp.452—491.
⑦ 王涛：《挑战与机遇："数字史学"与历史研究》，《全球史评论》2015年第1期，第84、195页。
⑧ 顾晓伟：《大数据时代史学的人文关怀》，《史学月刊》，2017年第5期，第23页。

自论文写作以及历史叙事模式。①

华侨史作为华侨华人研究的重要组成部分，也是历史研究的重要组成部分，大量的学者也开始运用数据库开展相关学术研究，但从整体来看，国内的研究主要表现为华侨华人数据库起步较晚但发展较快，理论研究方兴未艾，而实证研究则较为薄弱，正借助数字技术，在史料保存与搜集等方面大力推进华侨华人史的学术研究。

二、与华侨华人史主题相关的数据库

20世纪80年代是国内数据库建设的第一个高峰。其中史料的种类与数量庞大，样态多元。纸质史料被大规模地数据化、信息化。对于与华侨华人史主题相关的数据库而言，其建设高峰期是从21世纪开始，不同类型的数据库、海量信息开始涌入学术研究者的视野。

（一）综合数据库

目前，与华侨华人史主题相关的综合型数据库主要集中于大型图书馆和国内数家大型数字知识服务公司，例如上海图书馆、爱如生、大成老旧期刊等。其中，上海图书馆收藏有关东南亚华侨华人的谱牒约1万种，同时还开发了家谱数据库供海外华侨华人在线查询；北京爱如生数字化技术研究中心建立的相关数据库，收录"明清档案100万件、民国图书1万种、近代报刊3000种，基本构建起涵盖全部中国历史与文化的数字源"；②而大成老旧期刊全文数据库，则"以收藏1949年前期刊为特点，收藏种类多、内容涵盖广、珍本孤本收集较全，使用简单便捷，目前已收藏数字化期刊7000多种，14万多期，已经成为研究近代史学、文学、政治学、法学、社会学、经济学以及各个学科史等学术研究不可或缺的数据库工具"。③综合型的数据库，除了专门涉侨的刊物外，其余有关华侨政策、华侨人物、华侨经济、华侨文化等史料的分布则较为分散，在使用的过程中，用户需要借助关键词等方法来进行

---

① Ann Rigney, "*When the Monograph is no longer the Medium: Historical Narrative in the Online Age*" *History and Theory*, NO.4，2010, PP.100—117.

② 爱如生公司：http://www.er07.com/home/info_2.html。

③ 大成老旧刊全文数据库：http://www.dachengdata.com/tuijian/showTuijianList.action? catid=1。

搜集。

（二）专题数据库

目前，华侨华人专题数据库主要由相关侨校或者著名侨乡来组织完成。在高校领域，暨南大学是绝对的领头羊，对于华侨华人专题数据库用力尤多。其中，由暨南大学华侨华人研究院研发的暨南大学华侨华人数据库资源平台，建有世界华侨华人人口资源库、世界华侨华人华教资源库、世界华侨华人社团资源库、世界华侨华人媒体资源库等子库，数据量达20余万条。[①]由暨南大学图书馆华侨华人文献信息中心研发的华侨华人文献信息专题数据库，号称"目前国内外数据规模最大、文献类型最完备的华侨华人文献信息专题数据库"。[②]国内几个著名的侨乡对华侨华人专题数据库建设也比较重视。例如，泉州市图书馆建有海丝特色库、泉州馆藏谱牒库等，还将馆藏900多部族谱编制数字目录上网；在江门，五邑华侨华人资源库由五邑大学图书馆收集资料建库，目前已有中文电子图书资源9000多种，为广东华侨华人的研究提供了丰富的研究资料[③]；在中山，电子科技大学中山学院图书馆编制了华侨与中山教育专题人物数据库，该数据库被列为教育部中国高等教育文献保障体系（CALIS）三期专题特色数据库子项目[④]。

值得关注的是，《广东华侨史》作为广东省重点文化工程，"拟用最新、最全面的史料，吸收海内外最新的研究成果，从世界历史的进程和国际移民的角度，理清广东华侨移民、发展的脉络，总结广东华侨发展规律"，主语"组织有关专家深入全省三大侨乡及北京、南京、福建、上海等地，调查、收集华侨历史和侨乡文化资料；同时，组派首批4个工作组赴东南亚、美加等地区收集抢救史料"，也有计划建立相关的数据库。如果基于该文化工

---

① 资源网址：http://source-aocs.jnu.edu.cn。
② 华侨华人文献信息专题数据库：http://202.116.13.18:7777/was40/mainxszy.html。
③ 五邑华侨华人资源库：http://202.192.240.147:4599/。
④ 华侨与中山教育专题人物数据库从一个多世纪以来倾情中山教育事业的众多华侨中精心选取20余位人物，搜集整理这些人物的生平、传记、事迹、相关学者研究的文字资料，还有家人、媒体和档案部门等提供的照片和视频等，按历史时代分为四个部分：清朝末年、民国初期、抗战胜利后至新中国成立、改革开放后，形成一个较为全面的纪录和见证中山华侨在捐资兴学方面所作贡献的专题人物资料库。资源网址：http://210.38.224.60：81/oc。

程建设的数据库一旦完成，将大力推动广东华侨华人史的研究。

在海外，美国、日本和东南亚国家的高校图书馆、公共文博机构等也集中收藏了大量华侨华人文献。例如中国的家谱族谱，美国犹他州家谱图书馆收藏1700多种，日本的东洋大学藏有500多种，东洋文库藏有800多种。

（三）《申报》涉侨的数据史料及其类型、特点

《申报》是近代中国发行时间最长、影响最大的中文报纸之一。目前已有数家公司对其进行了数字化处理，如爱如生、大成老旧期刊全文数据库等。从用户数量和使用效果来看，以爱如生数字化技术中心建设的数据库为优。它"收录自1872年4月30日创刊至1949年5月27日终刊共27534号，首尾连贯，完整无缺"，录文包括全部新闻、副刊和广告。在呈现方式上，有三窗点选式全图页面，影像和录文逐页对照，时间与区位自由切换等优点。同时配备强大的检索系统和完备的功能平台，可进行毫秒级全文检索和一站式整理研究作业。总计全文约18亿字，影像约42万页，数据总量约300G①。

《申报》对华侨华人进行了大量报道，《申报·索引》也专门设置了"华侨、华工"专目。受《广东华侨史》编修办委托，笔者承担了"民国《申报》有关广东华侨史料整理与研究"项目，在实践中，发现《申报》中所含华侨史料具有以下特点：

首先，华侨史料的体量较大。在《申报》中，记录了包括广东在内的各地华侨相关史料，其中较为集中在粤、闽籍华侨群体中。对于这两个区域的华侨史料，其记录范围几乎遍布全球，而尤以东南亚为最；而在中国国内，其记录范围可小到县区，如笔者先后以"开平+华侨/侨胞"、"新会+华侨"等方式搜索，都可查找到大量史料。

其次，华侨史料类型较多，侨政侨务、侨经侨汇、归侨难侨、侨民教育等几乎均有涵盖。在《申报》的报道中，最有特色的当属"游记类"、"通讯类"的涉侨史料，如《南洋游记》、《南洋通讯》、《欧游通讯》等，因为这些史料较为原汁原味地记录华侨在海外的情形。

最后，华侨史料的精准性不足。研究华侨华人史，绕不开史料中的外

① 爱如生数字化中心《产品介绍：申报》，http://www.er07.com/home/pro_134.html。

国的国名、地名，以及华侨出国与归国人数、侨汇数量等涉及计量方面等史料。纵观《申报》相关类型的史料，有部分内容精准性明显不足。比如，华侨旅居在外，其所在地区的名称并未统一，一个地方的名字常出现不同的称呼，对现今的越南称呼有"安南"、"越南"，对现今的新加坡称呼有"新嘉坡"、"新加坡"等。在报道华侨出国与归国的人数、侨汇的数量时，常用一些概数词来进行描述，甚至出现前后矛盾的现象。

三、数字人文视野下华侨华人史研究的迷思与困境

大数据的出现，改变了收集、整理与分析研究史料的方式，拓展了史学研究的新方向，同时也促使学者对大数据时代史学的未来发展进行思考。纵观现有学术研究状况，国内学术界对传统历史研究受到的数字化冲击也进行过相关思考，大多数学者注意到了信息技术发展带来的史料数字化、网络化等表面现象，称之为"四化"[1]，然对个体史学工作的指导意义十分有限。电脑终究不能代替人脑。在数据史学的迅速发展下，也有一些学者对数据史学表现出诸多的担忧，有人将"传统史学"与数字人文时代的"新史学"直接对立起来，[2]也有学者提出了"信息技术革命会'终结'人文学科吗"这样耸人听闻的问题。[3]

与其他专门史研究一样，华侨华人史研究离不开史料的支持与运用。正如前文所言，华侨华人史的专题数据库建设已取得不错的成果。但是，有更多的史料还淹没在与近现代史相关的史料群数据库中，如晚清期刊全文数据库（1833—1911）、民国时期期刊全文数据库（1911—1949）、大成老旧期刊全文数据库等，收录有很多华侨华人史料。以笔者的使用经验来看，综合不同数据库的史料，一方面可以最大程度地收集史料；另一方面也会带来一些意想不到的新问题，如果这些问题没有处理好，反而会影响史料的收集与运用。

---

① 杨文新：《信息技术与史学"四化"》，《福建教育学院学报》，2002年第1期，第79页。
② 李振宏：《论互联网时代的历史学》，《史学月刊》，2016年第11期，第97—113页。
③ 徐英瑾：《信息技术革命会"终结"人文学科吗？》，《文汇报》，2017年1月20日，第11版。

（一）关键词选择的问题

华侨华人史研究，是历史研究中的一个广大领域，涉及不同的时期、不同的主题，侨政、侨务、侨汇等内容错综复杂而又自成体系。数据库的运用为研究者提供了极大的便利，因"检索的结果可能极大地扩展了学者们搜寻资料的范围与数量，并帮助他们在不同类型的资料之间建立起联系，推进分析思考，不过这种搜寻资料的路径，本来就是传统考据学所要求的，只不过学者们常受条件之限，不太容易做到而已①"。对于每一个具体研究主题而言，研究者都期待能"涸泽而渔"。但事实上，在运用数据库的过程中，往往采用的是"标题"和"关键词"等方法来获得相关史料。关键词的选择方法，其思路一般是结合研究主题的需要，选择与主题相同或相近的词来作为查找史料的切入点。从表面上看，这是一个较为完美的选择，但在实际操作过程中，也会遇到不少的困境与难处。

首先是"同称不同指"。这是指相同的一个对象，文献中会用不同的词汇来指称它。依靠检索数据库来完成资料的收集，是一条不错的选择路径。但面对同一个主题的词汇，史料中往往有不同的称谓来加以表述，它们之间意义虽差别不大，但如果在没有全面搜索的基础上来进行遴选，得到的史料肯定是不完整的。这是一条相对集中的史料收集方法，但研究者非遍览史籍难以尽知。以本人所从事的"民国时期《申报》广东华侨史料收集"研究项目为例，里面涉及几个核心概念的分解与集中，稍有考虑欠缺，则极有可能导致史料的遗漏。从整体上说，上述研究项目涉及的关键词有三个："广东华侨"、"广东"、"华侨"。搜集民国时期《申报》有关"广东华侨"的史料，在数据库中输入"广东华侨"四个字进行查找，仅得文献21篇；分别输入"广东"、"华侨"则会出现大量并非适合本课题的史料。但实际上，从主题意义上而言，我们就要考虑"同称不同指"的问题了，其原则亦是围绕"广东华侨"来展开，根据数据库的特点，运用整体或组合的方式进行搜索，如通过"粤侨"、"广东华工"、"广东+侨胞"、"广东+侨工"、"粤籍+华侨"、"粤籍+侨胞"、"粤省+华侨"、"粤省+侨胞"等方法来

---

① 包伟民：《数字人文及其对历史学的新挑战》，《史学月刊》2018年第9期，第6页。

进行查找。例如以"粤侨"一词在数据库中查找，可得文献2562篇。

表1 "民国时期《申报》广东华侨史料"部分关键词史料搜集情况

序号	关键词	史料条数	备注
1	广东华侨	21	其中还有1条史料是广东华侨协会、2条涉及广东华侨工业联合会
2	广东华工	0	
3	广东侨胞	9	其中有为侨胞服务的广州金门大酒店广告史料4则
4	广东侨民	2	
5	广东+华侨	242	其中有多则关于广东华侨合资保险公司、华侨俱乐部等主题史料
6	广东+华工	15	其中无关的广告史料6则
7	广东+侨胞	33	其中有为侨胞服务的广州金门大酒店的广告史料4则
8	广东+侨民	10	
9	粤省华侨	10	其中有无关的广告史料4则
10	粤省华工	0	
11	粤省侨胞	1	
12	粤省侨民	2	
13	粤籍华侨	20	
14	粤籍华工	1	
15	粤籍侨胞	12	
16	粤籍侨民	3	
17	粤+侨	3493	其中含招生史料百余条，上海粤侨商业联合会史料300余条等无关信息
18	粤+华工	22	
19	粤侨	2523	其中300余条为"上海粤侨商业联合会"相关史料

（注：本表统计数据源自爱如生数字化技术研究中心提供的2017版《申报》数据库）

通过以上的以"广东"或"侨"为相关关键词进行搜集，可以发现大量的广东华侨史料，这既说明这些词语在当时的传播与接受的情况，也一定程度上佐证了与广东华侨华人史相关的史实。

其次是"同指不同称"。从抽样的角度来说，我们把"广东华侨"史料进行上述不同主题的抽样，却不能得到想要的全部史料，因为同一指称下的名词可以进行不同内涵的划分，这就涉及"同指不同称"的问题了。"同指"的内容要所需史料的"指"的具体内涵，包括所"指"内容的时间、地点、主题等都在考虑范围内。在此基础上，再来考虑选用不同的"称"来搜集史料。仍以本人所从事的"民国时期《申报》广东华侨史料收集"研究项目为例，我们要对"广东"、"华侨史料"两个指进行细分，可以得出很多不同的搜索路径，对"广东"而言，除了从宏观的"粤"来查找，还可以通过以下两个方法找寻：一是选择近代以来广东华侨人群比较集中的地名（包括侨居地、归侨地）来找寻史料，如"开平+华侨/侨胞"、"潮汕+华侨/侨工/侨胞"、"暹罗+侨"、"暹罗+粤"、"东南亚+侨"、"东南亚+粤"等。需要说明的是，如果选择境外华侨聚集地较为集中的地名作为关键词，常常是以"区域名称+侨"、"区域名称+粤"来找寻。二是选择与"侨"相关的史料内容。侨的内容非常广泛，甚至包括了一般意义上的政治、经济、文化等方面的内容而外化为"侨政"、"侨经"、"侨务"、"侨汇"、"华侨会馆"等史料。具体见下表：

表2 "民国时期《申报》广东华侨史料"部分关键词史料搜集情况

关键词	史料条数	关键词	史料条数	关键词	史料条数
广州+侨	625	惠州+华工	0	暹罗+侨	994
广州+华工	11	惠州+侨	18	暹罗+粤	46
广府+侨	0	嘉应+华工	0	东南亚+侨	8
广府+华工	0	客家+侨	4	南洋+客家	10
新会+侨	47	南洋+华工	99	美国+侨	1977
恩平+华工	0	北美+侨	120	美国+粤	236
恩平+侨	2	粤东+侨	47	粤+港侨	15
台山+华工	0	粤东+华工	2	澳门+粤	0
台山+侨	20	南洋通讯	36	侨+澳门	86
江门+华工	0	华侨在全世界	16	南美+华工	8
江门+侨	12	暹罗漫谭	2	南美+粤	16
潮州+华工	1	欧游通讯	81	澳洲+华工	8
潮州+侨	159	碧瑶游记	18	澳洲+粤	19

关键词	史料条数	关键词	史料条数	关键词	史料条数
汕头＋华工	13	天南通讯	4	南亚＋华工	0
汕头＋侨	249	抱一通信	31	南亚＋粤	2
潮汕＋华工	1	南洋通信	43	日本＋华工	228
潮汕＋侨	44	旅美观察谈	413	日本＋粤	422
潮梅＋华工	1	南洋＋粤	808	欧洲＋华工	59
潮梅＋侨	26	南洋＋侨	6140	欧洲＋粤	36

（注：本表统计数据源自爱如生数字化技术研究中心提供的2017版《申报》数据库）

通过上述关键词的选择变换搜索，可以发现：一是民国时期《申报》所载的"广东华侨史料"分布非常广泛，使用者要想通过部分关键词来"涸泽而渔"并非易事，本人在实际搜索的过程中，发现了表面上看起来密切相关，但却没有任何记录的关键词，如"四邑＋侨汇/侨工/侨民"、"开平＋侨工/侨民"、"新会＋侨民/侨工/侨汇/侨胞"、"雷州＋侨"、"嘉应＋侨"、"广东华侨协会"、"高州＋侨"、"粤＋出国宣传"、"航业消息＋汕头"、"航业消息＋粤"、"南洋教科书"、"侨校教科书"、"华校教科书"、"东南亚＋粤"、"东亚＋粤"、"东亚＋华侨文化"、"没落中的广东华侨经济"。当然，《申报》没有对应的文字报道，并不说明这些相关内容就不存在。二是通过这些不同的关键词的搜索，我们会得到大量来源相同的史料。因为不同的关键词，可能又出现在同一则史料中，这就需要使用者进行选择和剔除。

（二）史料具体内容的整理问题

新技术的应用催生了大量以史料为基础的数据库。有学者认为，从表面上看，在大数据时代飞速增长的历史学数字资源，似乎为研究者"穷尽"史料提供了更多的机会与可能，而事实上，"穷尽"史料变得更加艰难。[①] 在笔者看来，"更加艰难"的判断虽有待商榷，但也有一定道理，因为"网络学术资源数字化的对象是分布在世界各地图书馆及档案馆的著作、论文、

---

① 胡优静：《历史学数字资源利用的误区及其应对》，《史学月刊》2017年第5期，第26页。

档案、照片、音频、视频等史料，其中绝大部分是研究者无法亲眼目睹去求证的，在这种情况下，逐一核对所有原始文献就成了几乎不可能完成的任务"①。其实，如何理解这个"艰难"是关键。在笔者看来，其难处不在于史料的获取，而在于对史料的整理。因为，"图像化方式制作的史学数字资源相当于直接看到原始史料，故可不加辨析地使用。而事实却是数据资源更需要辨析，且与传统史料相比更加困难。以前学者仅需要核对原文，如今除了在数据资源基础上核对纸本原文之外，还需对那些无法获得纸本的档案和图片资源进行审慎地辨认、句读以及资料来源的考证"②。

首先是文字的讹误问题。史料的搜集与整理，其核心在于史料中的文字，文字的正确与否直接影响史料的价值。在数据库背景下获得史料的方式，要么是整个文本下载，要么是采用文本复制的形式下载。《申报》数据库的就是以第二种方式来运行的。笔者通过实际操作发现，该数据库文字讹误的问题比较严重。大约有两个方面的原因：一是民国时期使用的繁体字与现今使用的简体字存在差异，极易出现错讹，这种情况在《申报》数据库中大量存在。如"里"的繁体为"裏"，与"裹"颇为相似，使用者在史料查找与运用过程中极易出错。二是因报纸本身破损，无法识别而导致错讹，如"黄氏继谓惠州十属同侨此举，与一般救灾团体□灾之作风有多少不同，希望我侨胞切实帮□"，③其中"□"中的字已无法辨认。正因为如此，在搜集与整理《申报》相关史料的时候，使用者要针对原文，通读之后再加以理顺，才能统计运用于研究工作。

其次是史料文字内容是否吻合的问题。在中国历史文献的记载中，文本字面含义与史实之间常常存在错位的情况，这就使得史料的辨识变得更为艰难，事情变得更为复杂。国内史学界目前多数冠以"数字人文"、"大数

① 解志熙：《刊海寻书记：〈于赓虞诗文辑存〉编校纪历兼谈现代文学文献的辑佚与整理》，《中国现代文学研究丛刊》2004年第3期。
② 相关学者的观点见胡优静：《历史学数字资源利用的误区及其应对》，《史学月刊》，2017年第5期；张耀铭：《数字人文的张力与困境：兼论"数字"的内涵》，《吉首大学大学报》（人文社会科学版），2020年第4期等。
③ 《回国代表谈南洋惠侨爱国爱乡，筹集百万救济难民，每一侨胞决捐家产十份一》，《申报》，1938年12月6日，第3页。

据"或"数据库"的研究项目，"往往只是将文献材料扫描后存储在电脑里，既没有为材料构建系统，也不具备任何检索分析功能"。即便少数能够提供检索功能的数据库，也"只是将过去的纸本印刷进行数位化后原封不动地搬置于网上"，使"检索不过是索引功能的强化"，其"逻辑仍是传统的，并没有因应数位化时代的前进而有新的变化"。这种"文献数据库"解决的只是史料存储问题，或能兼及检索及远程查阅等，尽管也有着重要的学术价值，但数字化后的史料却仍无法直接被电脑分析，新技术不能真正介入研究的核心，还算不上真正的"数字人文"。[1]

史料文字内容吻合与否的问题，使笔者在日常研究工作中常常感到困惑。由于不同关键词的使用，导致史料内容大量增加。对于某一史事，常常难以确定哪些词汇应该被纳入检索关键字的范围，而且检索出来成百上千条的结果，常常绝大多数与研究主题并不相关，但也必须对检索结果一条条地分析阅读，徒然增加工作量。以对1949年《申报》广东华侨史料的搜集与整理为例，通过各类关键词搜集到的史料字数达数万字，但阅毕之后，只剩下3000余字与本项目相关，效率着实不高。

史料文字内容吻合与否的问题，还表现在具体研究中史料内容的互相"打架"。这一点在报刊史料中尤其明显，因为是来自不同人物、不同渠道的报道，导致大量相同主题的内容存在不同的表述，尤其是在数据方面体现得更为明显。例如，每年经汕头出国的人数常常出现不同的数据。有时说"一年中经汕头往暹有五万七千人"，[2]有时说"潮梅各县人民，每年经汕出口往外洋者平均在十万名以上"，[3]有时说"人民为环境所迫，多漂渡海南谋出路，经汕头出国人士，每年平均约一十二万"，[4]数据大相径庭，其中当然有符合新闻宣传的需要，数量尽可能要吸引读者眼球，但站在研究者的角度而言，却显得不太适用，还需要第三方史料尤其是相关机构的档案史料加

① 梁晨：《量化数据库："数字人文"推动历史研究之关键》，《江海学刊》，2017年第2期，第162—164页。
② 《暹罗限制华人入口新例》，《申报》，1927年8月14日，第9页。
③ 《汕头征收华侨出口费，以检验为理由每名征收一元》，《申报》，1936年11月28日，第9页。
④ 《潮梅移民新动向，从南洋转向琼崖与闽西发展，当局合作人民乐于舍彼就此》，《申报》，1937年6月24日，第9页。

以证明。

根据不同史料记载建立起来的各种数据库，看似精确、广泛，实际是将复杂、立体的描述性历史文本转化成平面化的数据，一方面给学者带来了一定便利，另一方面也抹杀了相互间的差异性。如何应对存世记载零散、数据库统计分析难以保证结论普适性的问题，有待深化研究。华侨史研究亦是如此，现今，当数字人文在国内史学界兴起时，我们应特别重视这些"前车之鉴"，在重视史料数据化处理、永久保存和开发各种新技术手段的同时，更应关注如何能通过数字人文来扎实有效地推动华侨史学研究。这一过程看似主观，事实上可能更接近史实，"在'传统'的以全文阅读为基础的研究中，成熟的学者往往可以通过对不同案例的全面考量，判断其典型性，才举为例证"。①

四、数字人文视野下华侨华人史研究新进路

近年来，在华侨华人史相关研究中，研究方法大多使用的是文献研究法。这本身并没有错，但是"难道所有的问题都可以用一种方法解决，是否把查阅史料与研究方法相混淆"？②基于数据库建设而逐渐成为学术热点的数字人文研究，可能在方法上为华侨华人史学发展提供重要支撑和新的进路。

（一）整体史视野下问题意识的凝练与升华

整体史观、问题史意识是年鉴学派的最重要主张之一，近几年来在中国史学界产生了深远的影响，华侨华人史研究亦不能例外。二者结合，既包括整体史观下的问题意识的凝练，也包括问题史意识下的整体史料与史实的观照。

史料的宏富，为研究者提供了深厚的史料基础，但没有问题史意识这个"牵牛绳"的话，则易变得杂乱无章，因为史料不会自己说话，"研究者只有利用科学的方法才能让材料之间的关系有机地联系起来，解决重大问题，

---

① 包伟民：《数字人文及其对历史学的挑战》，《史学月刊》，2018年第9期，第6页。
② 王炳林、李鹏飞：《党史研究方法的调研与思考》，《党史研究与教学》2020年第4期，第10页。

揭示历史真相"。①问题史意识的凝练，能帮助我们在大规模史料的基础上找到展开具体研究的切入点，达到整体史视野下问题意识的凝练与升华，给研究者提出更高的要求。一方面，学者需对相关史实与史料有整体的了解与掌握。还以笔者《申报》相关研究课题为例，《申报》本身史料体量不小，堪称是近代中国的"百科全书"，涉侨史料多，以整体史观的方法加以观照，可最大程度地完成史料的收集工作。另一方面，《申报》也仅是史料载体的一种，要想对相关历史有更深刻的理解和认识，需要有更多的史料源。这时《申报》就起到了线索和引导的作用。我们以此来按图索骥，慢慢走向以"华侨史"为中心主题的史料群，如包括政治、经济、文化等多领域史料的"近代'南洋'史料"群、"琼崖华侨史料"群等。"借助丰富的数据资源及其附带的各项细致的检索条目，能够最大限度地查找到与研究课题相关的史料。实际情况则是研究者预先设定的思路往往成为搜寻和筛选数据的藩篱而不自知。囿于研究者自身对各种数据资源的掌握程度及检索方式的不同，其筛选的原则是否能够最大限度地获取与课题相关的数据直接关系着其'穷尽'史料的广度与深度。"②史料的丰富和数据处理便捷化，使华侨华人史研究能够在更宽广的视野和更深入的社会系统中得到拓展。

　　《申报》中"华侨华人"史料数量庞大，可切入的"问题意识"亦较多。传统的侨务研究、侨政研究、侨汇研究自然囊括其中，因此有大量诸如广东华侨史料、福建华侨史料等研究课题；但细读之后，海外华人史料、归侨集中地形象塑造等新的亮点跃然纸上，从而吻合了历史学科本身的进步之所在。"遵循着实证主义史学的理想，历史学科的进步就在于不断地占有和扩大研究对象的资料，之后再进行大量的分析、计算，最终综合和归纳出更加真实、客观和可信的历史知识。"③计量统计的应用使研究者对海量数据的处理变得更为便捷，也使研究者对过去习以为常的结论有了更新的认识和判断。

---

① 王炳林、李鹏飞：《党史研究方法的调研与思考》，《党史研究与教学》2020年第4期，第11页。

② 胡优静：《历史学数字资源利用的误区及其应对》，《史学月刊》2017年第5期，第27页。

③ 顾晓伟：《大数据时代史学的人文关怀》，《史学月刊》2017年第5期，第20页。

(二) 在跨学科视野中深化华侨华人史学"史料群"实践

在数字人文背景下，深化华侨华人史研究，必须深化跨学科意识与"史料群"意识。华侨华人史研究虽说是历史研究的一个面向，但其本身也是一个多学科集合研究的领域，包括政治史、经济史、文化史、人口史、城镇史、社会结构史、国际关系史等领域，而在媒介视野下的华侨华人史研究，还包括了传播学、媒介学等领域。"随着出版业的蓬勃以及图书馆的现代化，再加上网际网路和数位资料库的普及，一位文史工作者往往有机会掌握前人未曾寓目的材料，并在较短时间内透过逻辑推理的布局，填补探究历史细节时的隙缝"，[①]这为在跨学科视野中深化"史料群"实践提供了可能。

如何开展这种实践，需要侧重于"数据库+深度解读史料"。在日常研究中，不仅要利用文献数据库，还要量化数据库。"所谓量化数据库是统指各种能够涵盖一定地域范围的、具有一定时间跨度的整体性大规模个人或其他微观层面信息的系统（一手）资料。"[②]华侨华人史研究也是如此。以本人所从事的"民国时期《申报》广东华侨史料收集"为例，我们可以找到大量相关史料，如"华侨采办国货相关新闻"、"旅暹华侨史料"等，通过深入解读可以发现，若用经济史、国际关系史的角度来切入，这些问题可以迎刃而解。

总而言之，数字人文背景下的华侨华人史研究需要进行深刻的转型。坚持以实践为本位，问题意识为导向，借助数字人文的相关理论与方法，从而推进华侨华人史学科的建设，推动华侨华人史研究走向科学化、现代化和社会化，是该领域学术研究的客观要求与发展进路。

---

① 黄一农：《e—考据时代的新曹学研究：以曹振彦生平为例》，《中国社会科学》，2011年第2期，第190页。
② 梁晨：《量化数据库："数字人文"推动历史研究之关键》，《江海学刊》，2017年第2期，第163页。

南洋来风：民国时期南洋粤侨的形象塑造

——以《申报》为中心

　　研究历史，要置身于历史时空的情境与语境，研究民国时期南洋华侨华人史亦是如此，毕竟"南洋"这个词现在已不再是研究中所使用的热门词汇。南洋，是一个有特殊历史含义的地理名词，"以地理疆域而言，约等于今天的东南亚（Southeast Asia）"，但在用于研究二战前"东南亚华人时，更符合当时的称法应该是南洋华人"，因为"'东南亚'这个地理名称是在第二次世界大战期间因为盟军划分战区之便，才正式被启用"。[①]这一点在《申报》中相关新闻报道中体现得亦是非常明显，如在1919年登载的一篇文章中提到，"南洋群岛亦称马来群岛，又称东印度群岛，岛屿棋布，宛如一盘散沙，属亚属澳，聚讼纷纭，莫衷一是，近世地学家由地质及生物上考察，始判定两洲之界，于是两洲在南洋各有其领地，其地总面积得六百余万方里，人口约四千余万，华侨居四分之一"。[②]或许正因为如此，在《申报》中检索"南洋"，结果多达150271条，但以"东南亚"检索，可得到的内容却少之又少，仅得973条，从中可以看出，至少在民国时期，"南洋"的概念是比"东南亚"更为时人所接受的。需要指出的是，南洋研究与东南亚研究是"鲜明地代表了两种不同时代、不同学术传统、不同意识形态和不同族群、国家与文化霸权建构的诉求、分野与碰撞"[③]。

　　南洋研究在20世纪二三十年代正式兴起，相关著述不断涌现。大凡研究华侨华人史的学者，几乎没有不对南洋情有独钟的，即使涉及的范围看起来在南洋之外，与南洋无涉，但在探索研究华侨华人的行迹演化时，其背后

---

① ［新加坡］黄贤强：《跨域史学：近代中国与南洋华人研究的新视野》，厦门大学出版社2008年版，第3页。
② 《南洋归客谭》，《申报》，1919年10月31日，第14页。
③ 吴小安：《从"南洋研究"到"东南亚研究"：一位中国学者的观察与思考》，收录于李晨阳、祝湘辉主编：《〈剑桥东南亚史〉评述与中国东南亚史研究》，世界图书出版公司2010年版，第400页。

也多多少少有一个南洋的影子，以之作为比较的基准或参照系。可以毫不夸张地说，没有南洋，也就没有中国华侨华人史，南洋实际上构成了中国华侨华人史研究中一个不可或缺的神圣空间。关于南洋研究的内容，南洋研究泰斗许云樵认为："其实所谓'南洋研究'，包括一切学术研究在内，不论哲学、宗教、社会、经济、教育、语文、自然科学、应用技术、文学、艺术、历史、地理都可以作专门的研究。不过有许多学问是有共同性的，譬如自然科内的火山研究，虽然在南洋有做专门研究，但在世界其他地方，也作同样的研究，地方色彩的意味降低，使人不觉得它是南洋的专门研究。地方色彩最浓的是史地研究，因此一般人常把南洋史地研究作为南洋研究的代表。"①不能否认的是，"南洋研究的元素既有吸收介绍批判西方殖民研究的大量成果，又有以中文资料的发掘、中国视角的关怀、中国原乡暨当地华侨社会的面向为己任"。②笔者无意去论讨论二者的异同，而是试图置身于民国时期，探讨那一时期南洋粤籍华人的相关史实。

杜赞奇认为，认同不是单一的建构，而是在许多想象形式组成的相互冲突的表述网络中建构的，一种身份认同所标识的是与其他身份认同的"相对位置"，"即使是最小的民族的成员，也不可能认识他们大多数的同胞、和他们相遇……然而他们相互连接的意象却活在每一位成员的心中"。③共同体的认同并非唯一的、一成不变的，而是在特定时空与历史情境中，具有不同的形态与内容。作为一个典型的现代共同体，和民族、国家一样，跨国家的区域也是经由想象建构的。想象并不等于虚构和捏造，"区分不同共同体的基础，并非他们的虚假/真实性，而是他们被想象的方式"。④因此，"谁在想象"、"想象什么"最终决定了共同体的样貌。学界对于海外的华侨华人的形象与文化认同等问题展开了诸多的研究，既包括对不同区域的华侨华人

① 许云樵：《50年来的南洋研究》，收录于刘问渠主编《这半个世纪（1910—1960）：光华日报金禧纪念增刊》，槟城：光华日报，1960年，第133页。
② 吴小安：《从"南洋研究"到"东南亚研究"：一位中国学者的观察与思考》，收录于李晨阳、祝湘辉主编：《〈剑桥东南亚史〉评述与中国东南亚史研究》，世界图书出版公司2010年版，第405页。
③ ［美］本尼迪克特·安德森著，吴叡人译：《想象的共同体：民族主义的起源与散布》，上海人民出版社2003年版，第6页。
④ 同上。

形象塑造研究，如《19世纪末20世纪初古巴华人形象的构建与塑造》①等，也有不同区域里华侨华人群体的文化认同研究，如《代际传递视阈下马来西亚华裔群体的多元文化认同》②、《东南亚华人文化认同的内涵和特性》③等。本文依据《申报》所载的民国时期粤侨在南洋的相关史料，运用"共同体想象"的理论架构，来梳理民国时期南洋粤侨的形象塑造的相关问题。

一、知识来源：《申报》中南洋粤侨的形象由谁来书写

近代东南亚与广东之间的突出特点可概括为人员流动性大。这种流动性来源于粤人往返东南亚、职业工种多样以及"都是中国人"的特殊文化认同形态。民国时期，粤人下南洋出现人数更多、范围更广等现象。按照人文地理学的理解，区域不仅是一个具有固定边界的物理场所，也是活生生的人们生活的"地方"。阿格纽认为，"地方"包含自然因素、社会因素和个人情感因素，"地方"是人在物质环境中确立身份认同的结果。④"南洋"对于粤人而言，是谋生之地，更是他乡，他们一方面渴求通过在南洋的打拼，以改善留在家乡亲人的生活。广东作为中国去南洋人数最多的地区，其异质性、交流性令人注目。事实上，广东在亚洲版图中是一个另类，未去南洋而又想去南洋的民众，与已去南洋回来或想回来的民众，对于南洋区域性认同保持着一种的复杂关系。因此，在考察华人世界共同体想象区域的不同层面时，广东是一个典型样本。正如海登·怀特说："对于历史作品的研究，最有利的切入方式是必须更加认真地看待其文学方面。"⑤《申报》话语所建构的区域共同体想象与认同，正好是这种跨种族、跨国家等特征建立起来的标志性案例。

---

① 赵越：《19世纪末至20世纪初古巴华人形象的构建与塑造》，《八桂侨刊》，2021年第1期。

② 朱锦程：《代际传递视域下马来西亚华裔群体的多元文化认同》，《八桂侨刊》，2020年第4期。

③ 张晶盈：《东南亚华人文化认同的内涵和特性》，《华侨大学学报》（哲学社会科学版），2021年第3期。

④ Agnew, J.*Placeand Politics. The Geographical Mediationof Stateand Society.* London: Allen and Unwin, 1987.

⑤ ［美］海登·怀特：《元史学：十九世纪欧洲的历史想象》前言，陈新译，译林出版社2004年版，第1页。

需要说明的是，南洋粤侨的形象塑造过程是渐进的，正如《申报》报道的那样，"南洋群岛天然为吾国南部尾闾，闽粤之民，侨居是间者以数百万计。辛亥光复，华侨毁家纾难者不乏其人。迄乎近日，回国办实业及遣子弟回国就学者踵相接。于是国人始渐知华侨，而南洋遂亦渐为国人所注意"。①通过对《申报》南洋粤侨叙事模式的具体实例进行分析，我们可以看出《申报》是如何将提升东南亚粤侨的集体记忆融入相关的书写中，从而广泛影响受众的。从这个角度看，《申报》关于南洋粤侨的历史纪录，成功地建构了民国时期南洋粤侨的历史形象，塑造了民国时期南洋粤侨的价值观念，讲好了民国版本的"南洋粤侨故事"。那么《申报》中南洋粤侨的形象由谁来书写？经过梳理史料，我们可以发现，大体有三种情况：

首先是来自"电"文，具体而言又包括国内电文和"译电"。"十九世纪后期，国人自办报纸的蓬勃发展使得简单、纵向的信息传播系统向信息网络转变。电报网络以强势姿态延伸在清朝大地上，突破时空限制，推动信息传播进入新时期"。②《申报》既会刊登"通电"，如《旧金山华侨请逐龙济光电》、《旅美粤侨请逐龙济光电》③等，也会刊登来自地方的电文。对于与华侨的相关信息而言，广东本身就是一个信息的集散地，除了首府南京的相关电文之外，其他的电文大部分来自汕头、广州等地区。民国时期，汕头"为中国南部对外惟一之商港"④。《申报》通过不同的渠道，利用汕头侨务资源丰富的特色，开辟"汕头通信"、"汕头专电"、"译电"等专栏发布汕头涉侨的相关消息，使国内的侨务消息外传至海外，同时也使海外的华侨信息传到国内，达到国内与国外的信息互通。⑤就内容而言，这些电文较多的是涉及粤侨的相关政策，或者对一些具体情形"通报"式的描述，一般不会特别具体。如1914年"广州电"载："日内南洋停工，华侨纷纷回粤，党人

---

① 《橡皮锡矿工之苦况，商业前途之隐忧》，《申报》，1922年9月23日，第7页。
② 司茹雪：《民国时期"全国通电"研究：以〈申报〉为中心》，上海师范大学硕士论文，2020年第9页。
③ 《旧金山华侨请逐龙济光电》、《旅美粤侨请逐龙济光电》，均见《申报》，1916年7月2日，第3页；《汕头罢运风潮影响南洋》，《申报》，1928年10月12日，第9页。
④ 《申报》语，并不符合事实，广州也是对外贸易的商港。
⑤ 相关研究见笔者拙文《集体记忆与侨乡形象：民国时期报刊中的汕头——以〈申报〉为中心》，《闽南师范大学学报》2021年第1期。

乘之，散布谣言，人心非常惊慌。"①此后的大部分电文都是如此。此外，《申报》还会刊登类似"特约路透电"的电文。

其次是前往东南亚者的亲历与口述，构建起可靠的心态史内容。由于近代南下星马的华侨多为劳工，文化水平并不高，无法通过文字来记载自己的活动，以供后人研究之用。不过，随着近代沿海口岸的开埠，清朝使节的出访，加上新加坡总领事和槟榔屿副领事的先后设立，国人对包括星马在内的海外诸国的了解越来越接近真实。这些讯息通过《申报》等近代媒体的传播，使内地有关星马的异域想象也越来越清晰。当然，随着时代的变迁，人们对星马的认知也必定不断发生变化，这就有待于新的讯息来提供异域想象的素材。站在读者的角度而言，"对于受众来说，亲历者的出现往往可以让人更加信服，亲历者的讲述往往能够在增强可信度的同时，形成感染力"。②因此，《申报》往往对某人从南洋归来做演讲等进行报道，如"余友某君新自南洋归。余以其地多华侨，特进叩侨民状况，兹得其所举述之如下，虽凌杂无序，亦可窥见一斑，谅亦留心华侨者所乐闻也"。③在这众多的报道中，南洋粤侨的形象也得到传播。

再次是文学作品式的方法呈现，以故事性内容满足受众需求。南洋粤侨，无论怎么想象，对于当时国内的人们而言，都是充满好奇的。对于媒介《申报》而言，当时能够接触到这些片段信息的，则多为《申报》所能发行到的区域，然而这一区域有限，且买报纸阅读的仅为有文化的知识阶层。众所周知，除非亲自到异域，否则我们头脑中的异域都只是由各种渠道传来的片段信息所拼合而成的影像，更多的是属于个人对异域的想象。而带给民国时期中国人的异域想象，更多的是借助于报纸和传闻，故而《申报》有关南洋粤侨的新闻报道，就成为知识阶层建构星马印象的有效渠道。《申报》在这方面，可谓是下足了工夫。《申报》在其知名栏目《自由谈》上时常刊登《南洋归客谭》、《南洋闻见录》，他们除了刊登一些类似《南游杂记》④的

---

① 《广州电》，《申报》，1914年8月28日，第3页。
② 刘言武：《史实再现与媒介形象：BBC一战历史纪录片的社会历史分析》，《现代传播》2020年第6期第121页。
③ 《南洋归客谭》，《申报》，1919年10月31日，第14页。
④ 武幼如：《南游杂记》，《申报》，1926年2月17日，第19页。

文学作品，另外还通过邀请由特约员平生①所撰写的作品，由旅行记者抱一所撰写的系列的专题报道《抱一通信》、《天南通讯》等，以细腻的文字来呈现南洋粤侨生活上的点点滴滴。

此外，《申报》还会转载其他报刊的与南洋粤侨相关的新闻，如《粤报纪澳门华侨之传单》中明确注明"粤省某报载"。②如此既丰富了《申报》南洋粤侨消息的来源，也拓展了世人了解南洋粤侨的渠道。

二、"诉苦"与"树标"：民国《申报》粤籍华侨媒介书写的逻辑

作为民国百科全书式的媒体《申报》，对南洋华侨有大量的记录。南洋研究是以南洋华人为研究中心的，"中国文化、中文媒体、中文教育和华人读者应该是南洋研究的重要文化依托"。近代星马华人史始于槟城的开埠，自此之后，一批又一批的华人移居南洋，在这些人之中，广东籍人占有绝对大的比例，在《申报》中常常见到类似于"新加坡、马来群岛华侨，虽多属广东等省人士"③的表述。至于广东人移民南洋等地为什么比其他区域的人更多，《申报》中亦有学者进行过分析："我国同胞赴海外谋生者甚众，而其中尤以粤籍者为最多，盖广东为濒海之区，与外间关系颇为密切，且生性耐劳，善于商贾，勇于劳作，在海外所得代价较高，谋生较内地为易，而勤俭积□，将余汇返祖国，以维家属之生活，亦足供温饱。"④此点后世学者也多有论述，此不赘述。从历史阐释的专业视角与现代解读来看，"自1960年代以来，历史哲学领域内最为重要和核心的争论就是，历史学学科以何种程度本质上乃是认知、理解、解释和重建过去的一种叙事性模式"，⑤本文无意进行资料汇编，而是尝试在先行研究的基础上，以《申报》的有关内容，采用诉苦理论与身份认同理论，分析民国时期南洋广东华侨（以下简称粤侨）

---

① 《战事起后之广东》，《申报》，1914年10月25日，第6页。
② 《粤报纪澳门华侨之传单》，《申报》，1915年10月30日，第6页。
③ 《申报》，1936年6月7日，第3页。
④ 《农历岁晚华侨汇款归国激增》，《申报》，1939年2月14日，第5页。
⑤ 见Geoffrey Robert为其所编The History and Narra tive reder撰写的"导言"，转引自彭刚：《叙事、虚构与历史：海登·怀特与当代西方历史哲学的转型》，《历史研究》2006年第3期，第38页。

的形象塑造及其身份认同，并在此基础上，对民国时期粤侨书写进行整体把握。如此看来，从《申报》与南洋粤侨形象塑造的关系变革角度切入，能为我们了解近代大众报刊如何通过常态化的方法介入海外各华人群体的日常生活，提供个案视角。

（一）不仅仅为诉苦

"苦"，语义学的意义是"使痛苦"的意思，与"甘"相对应。① "在原有文化网络中，何为'苦'？'苦'的表征是什么？'苦'从何来？不同阶层的理解、体会是不一样的，他们大多会根据自身的经济、社会、生活地位出发，做出自身的多样化的解释。" ② "诉苦"理论，目前学术界通常运用于解放战争时期的新式整军运动、土改运动、抗美援朝运动等相关问题研究中。当"诉苦"作为一种动员机制和理解路径，《申报》是如何运作的？换句话说，为读者诉说南洋粤侨什么"苦"？南洋粤侨的"苦"怎么"诉"？诉苦运动在读者（包括国内与境外）中是如何发挥其动员和理解作用的？"诉苦"理论所涵盖的内容，可宽可窄。"最宽泛意义上的诉苦，则基本上就可以按此词的字面意义来理解，即人们讲他们的苦楚，他们往往并不像标准型'诉苦'那样传导什么历史意义，而只是要说明他们有多么的苦。" ③ 而作为媒介的《申报》，"媒介不再是社会之外的一个单独存在，而是作为社会和文化的一部分发生着影响" ④，它要向它的读者发出和传递出相关声音，东南亚华侨在中国近代史上起着非常重要的作用，"革命之母"说早已深入人心。

① 中国社会科学院语言研究所词典编辑室编：《现代汉语词典》，商务印书馆2000年版，第727页。

② 陈益元：《诉苦、斗争和阶级划分：革命走入乡村实证研究——以湖南省土地改革运动为中心的考察》，《史林》2016年第4期，第148页。

③ 方慧容：《"无事件境"与生活世界中的"真实"：西村农民土地改革时期社会生活的回忆》，杨念群主编：《空间·记忆·社会转型："新社会史"研究论文精选集》，上海人民出版社2001年版，第485页。方老师认为诉苦所指可以极为宽泛，也可以极为狭窄。最狭隘意义上的诉苦，就是最标准的诉苦，即叙述一个苦难的受三座大山压迫的故事，结尾处总是农民觉悟了，并起来反抗。

④ 侯东阳、高佳：《媒介化理论及其研究路径、适用性》，《新闻与传播研究》2018年第5期，第36页。

东南亚华侨所受的苦，与国内人们所受的苦的内容不一样，甚至可能是双重的，大量的华侨是因为在国内生活困苦而被迫出走南洋谋生，同时也有大量的华侨在南洋的生活却并没有想象中的那么"甘"，他们在异地他乡，吃苦受累，甚至还可能会受到排挤而过得苦困不堪。他们的这种遭遇，国内的人却往往难以获知，因此，站在媒介的角度而言，报道海外华侨的苦难生活，一方面能满足国内读者对海外同胞信息的好奇心，另一方面也成为塑造民众的国家观念之重要途径。

首先，这些报道对打算出国人士起到反面教材的作用。众多华侨在东南亚的苦困遭遇说明，并不是所有人去了东南亚都过得很好。19世纪末20世纪初是中国历史上人口外流最多的时间段之一，出洋谋生，成为多数出洋人的一种"愿景"，出洋后真能过上光鲜亮丽的生活吗？这是不确定的。在《申报》中有大量的报道，例如"潮梅人士在暹生活、行商者占十份之三，耕田者占十份之五，驶船、伐木、捕鱼、开垦、筑铁路及各种劳力工作约占十份之二。故在暹罗国中穷乡僻港、山深林密之处，皆有华侨踪迹"。[1]这些关于东南亚华侨的苦难生活的种种报道，向读者传递出东南亚华侨苦难生活的讯息，让国内的读者了解到在东南亚生活的真实一面，从而令更多的人能安于其所处的现实生活。

其次，以苦引苦，虽苦亦爱国。通过对东南亚华侨的苦难生活的描写，引导民众对自身生活的反思与影射，更重要的是，大量华侨的生活虽不富裕，但却通过侨批等方式反哺家乡的建设，对国内民众起到爱国爱家的示范作用。世人更多的是想象到华侨的光鲜亮丽的一面，却没有看到他们艰辛的生活场景。而让人们在看到华侨在海外生活困难的前提下，依然不断地支持国家的各项事业，无形中为华侨群体塑造了一种"爱国"和"爱家"的正面形象，如《申报》就多次报道"旅暹华侨为数甚众，其中以粤闽籍居大多数，该国商业枢纽大多在华侨之手。平时对于祖国关怀甚切"。[2]

最后，以苦为机，引导政府、民众关注华侨，促进政府完善相关机制、

[1] 《暹罗限制华人入口新例》，《申报》，1927年8月14日，第9页。
[2] 《各团体请筹备与暹罗通使》，《申报》，1923年2月1日，第14页。

机构的建设。国民政府早期对于海外侨民的政策并不完善，《申报》不断地发出呼吁："吾国人民侨居外国各埠经营实业者实繁有徒，外则殖民于异邦，内则输金于祖国，具爱国之热忱，富殖产之能力，此吾政府国民所不容忽视者也。"[1]在东南亚地区，"因无领事驻扎，侨胞无从发展"。[2]例如在暹罗，"我国未尝与暹立商约，派遣公使，致侨民多受痛苦"。[3]正因为如此，《申报》曾大量报道民国时期华侨与东南亚涉侨机构设立的相关新闻，先后发表《各团体请筹备与暹罗通使》[4]、《中暹订约驻使事件在暹华侨共有七十余万人》、《荷属占裨埠中华总商会成立》[5]、《华侨热心乡国事业与出入口之困难》[6]等文章，深入说明海外华侨在推动相关涉侨机构成立的巨大贡献。

尤其是在二战期间，华侨积极支援国家的形象深入人心，起到很好的示范作用。在一定程度上，"诉苦"也成为一种海外侨民的动员机制，"诉苦是中国革命中重塑普通民众国家观念的一种重要机制。这种机制的作用在于，运用诉苦运动中形成和创造出来的种种'技术'，将农民日常生活中的苦难提取出来，并通过阶级这个中介性的分类范畴与更宏大的'国家'、'社会'的话语建立起联系"。[7]

（二）更是为粤侨立标

"华侨为革命之母"之说广为传颂，为海内外华侨华人所津津乐道，它"高度概括了华侨为中国革命出钱出力、毁家纾难的杰出贡献，虽然在逻辑上有不够准确之处"。[8]在辛亥革命前后，"孙中山的革命活动始于华侨社会，革命组织的首批成员和最早的赞助人多为华侨，华侨为辛亥革命的成功

---

[1] 《外洋各埠华商之近况》（静观），《申报》，1919年1月27日，第6页。

[2] 《南洋游历团抵西贡后之报告》，《申报》，1922年4月3日。

[3] 《暹罗一角》，《申报》，1925年10月9日。

[4] 《各团体请筹备与暹罗通使》，《申报》，1923年2月1日，第14页。

[5] 《荷属占裨埠中华总商会成立》，《申报》，1924年8月7日，第13页。

[6] 《华侨热心乡国事业与出入口之困难》，《申报》，1925年8月11日。

[7] 陈翠玉：《江北县地权变动与社会变迁1949—1953》，知识产权出版社，2016年版，第5页。

[8] 黄晓坚：《关于孙中山与辛亥革命几个重要史实的辨析》，《华侨华人历史研究》2011年第3期，第22页。

作出了巨大的贡献"，①这是不容置疑的。孙中山去世后，海外华侨对家乡的贡献并没有减弱。作为当时中国代表性的媒介，《申报》自然没有放弃这个阵地，就像1905年前后革命党人大量使用"华侨"一词一样，他们或者为整体华侨立标，或者为部分侨领立传，继续书写"华侨"与"革命"这对"难解难分的孪生兄弟的故事"②，给世人留下当时华侨华人的鲜活形象。

首先是为南洋粤侨整体爱国爱家"群体画像"。粤侨，作为一个在东南亚有一定数量和特色的社会群体，面对乡梓这一共同的想念对象，他们在一定程度上形成了既有别于东南亚土著人，又有别于国内同乡的一种独特分类，正因为这种分类"遵从分类与认同在先验上的情绪情感和行为逻辑，维系和构建有利于类别稳定的分类经验与群体意识，有利于形成高黏合度的群体认同"，③因此他们的社会分类与群体认同，是"个体"与"群体"共同的需求。而对于身居国内的读者而言，对于海外粤侨要形成持续的群体认同，形成难以消磨的"集体记忆"，④达成基于认同建构的集体记忆传递，就需要有多种途径的共性社会信息传播。毫无疑问，《申报》在其中充当了重要的角色。

在《申报》中，我们可以阅读到大量类似《海外侨胞关怀乡梓，昨又汇粤两批赈款》⑤、《回国代表谈南洋惠侨爱国爱乡，筹集百万救济难民，每一侨胞决捐家产十份》⑥、《惠阳博罗灾黎遍地，急济会救济东江难民，先拨药物托惠阳商会施赈，南洋惠侨昨再汇返一万元》⑦、《南洋各属侨胞征募技

① 黄晓坚：《关于孙中山与辛亥革命几个重要史实的辨析》，《华侨华人历史研究》2011年第3期，第22页。
② 黄晓坚：《"华侨为革命之母"考辨》，《八桂侨刊》，2011年第2期，第11页。
③ 陈越柳：《分类与秩序：群体认同的行为基础与现代困境》，《中南民族大学学报》2020年第4期，第51页。
④ 详见管健、郭倩琳：《共享、重塑与认同：集体记忆传递的社会心理逻辑》，《南京师大学报》（社会科学版）2020年第5期。
⑤ 《海外侨胞关怀乡梓，昨又汇粤两批赈款》，《申报》，1938年6月28日，第3页。
⑥ 《回国代表谈南洋惠侨爱国爱乡，筹集百万救济难民，每一侨胞决捐家产十份》，《申报》，1938年12月6日，第3页。
⑦ 《惠阳博罗灾黎遍地，急济会救济东江难民，先拨药物托惠阳商会施赈，南洋惠侨昨再汇返一万元》，《申报》第279号，1938年12月22日，第3页。

术员返国服务，参加者已达百人即将来港》①等报道。这些报道中，使用大额数字的"侨汇"、"侨捐"等能体现海外粤侨爱国爱家的字眼，使读者了解到南洋粤侨愿意为家乡出钱出力，毁家纾难，在所不惜，实现了群体社会学意义上的"人们在集体记忆的生成和传递过程中，不仅会根据时空关系把集体记忆信息置于特定的情境和结构，还会整合共同的信念以及分享认同过程"。②而这个过程，对于国内的读者而言，也是建构侨民"爱国爱家"的社会集体记忆的过程。

其次是为南洋粤侨侨领立传。所谓"侨领"，是指产生在一定历史时期，致力于热心华侨华人事业、深受侨团人群爱慕和崇敬，与祖（籍）国和侨居国有关组织保持正常交往关系的华侨华人社团领袖及其著名人士。他们"作为广大华侨华人的重要组成部分，是其中的精英群体，是海外炎黄子孙支持中国革命和建设事业的先锋与中坚"。③从形式上而言，《申报》对南洋粤侨侨领的书写主要有两种：一是专门立传形式，以显著的标题，明确地为某一侨领立传。如《吴倚沧先生事略》④、《南洋败子叶韩进》⑤、《马玉山死得其所》⑥。值得一提的是，《南洋败子叶韩进》系著名的"吉隆坡之父"叶亚来之子的传，国内鲜见其相关史料，这为我们了解叶氏家族，提供很好的史料。二是以某一种方式间接为侨领立传。如《热心党国之华侨徐统雄抵沪》中介绍说："南洋华侨徐统雄，国民党新嘉坡支部部长，其赞助祖国革命及南洋华侨教育事业约有二十余载。"⑦又如《暹罗华商领袖廖葆三逝世》详细介绍了廖保三："暹罗中华总商会会长廖葆三君，原籍广东，早岁离乡，在暹罗经营商业，以忠厚敦朴为人称道，凡四五十年，信用尤著。凡旅

① 《南洋各属侨胞征募技术员返国服务，参加者已达百人即将来港》，《申报》，1939年3月7日，第5页。
② 管健、郭倩琳：《共享、重塑与认同：集体记忆传递的社会心理逻辑》，《南京师大学报》（社会科学版）2020年第5期，第73页。
③ 徐华炳：《论侨领角色扮演、类型及其价值观》，《浙江学刊》2012年第3期，第219-220页。
④ 《吴倚沧先生事略》，《申报》，1927年9月20日，第5页。
⑤ 《南洋败子叶韩进》，《申报》，1928年3月9日，第17页。
⑥ 《马玉山死得其所》，《申报》，1929年10月30日，第21页。
⑦ 《热心党国之华侨徐统雄抵沪》，《申报》，1928年11月13日，第16页。

暹侨胞之各种经营，均得廖氏之助力，即暹罗两代国王，亦均敬礼有加。"[①]对于《申报》而言，它更多的是想"兹先陈其概略，俾当世立言君子，与我同志，得览观焉"。[②]

（三）两种共同想象体中的张力与统合

杜赞奇认为，报刊也可以创造与民族国家相对的另一种共同体表述，"虽然民族主义理论把自己置于表述网络中的特权位置，自视为一个囊括或维系其他认同的主身份认同，但实际上它只是众多认同中的一个"。[③]对于南洋粤侨而言，他们虽置身于东南亚，有着长期的海外生活与时代的特殊背景，但民族文化认同却没有被弱化。对于中国国内读者而言，民众对于侨居海外的人们的看法，亦与内地有所不同。如何将二者的鸿沟消除，媒介当仁不让地充当了桥梁。正如安德森指出，现代民族国家的出现和崛起，与时间观念的改变、印刷术的普及等息息相关，现代民族国家的存在，很大程度上依靠人们对这个"想象的共同体"的心理归属。在安德森看来，这种相互连接的意象就是经由报刊建构的，因为报刊史无前例地给予了人们想象自己的同胞"同步存在"的能力。《申报》恰恰呈现出这样的一种能力，实现民众对于南洋粤侨共同想象体中的张力与统合。

首先是"受欢迎"与"被排斥"的张力与统合。从地理位置上来说，南洋地区与广东较近，正如《申报》所言，"南洋群岛天然为吾国南部尾闾，闽粤之民侨居是间者以数百万计"，[④]地理位置的邻近，一是便于两地间往返，二是两地生活习俗上差异较小。而广东人成为南洋地区"受欢迎"的人，主要是因为广东人的勤劳，他们不问职业，但求谋生，以暹罗地区为例，"在暹罗华侨达七十余万之多，据去年海关调查，一年中经汕头往暹者有五万七千人。在暹京盘谷，潮语几成为该处普通话。潮梅人士在暹生活、行商者占十份之三，耕田者占十份之五，驶船、伐木、捕鱼、开垦、筑铁路

---

① 《暹罗华商领袖廖葆三逝世》，《申报》，1926年4月8日，第14页。

② 同上。

③ ［美］杜赞奇著，王宪明等译：《从民族国家拯救历史：民族主义话语与中国近代史研究》，江苏人民出版社，2008年，第7页。

④ 《橡皮锡矿工之苦况，商业前途之隐忧》，《申报》，1922年9月23日，第7页。

及各种劳力工作约占十份之二。故在暹罗国中穷乡僻港、山深林密之处，皆有华侨踪迹"。①可见潮汕地区前往暹罗的人数之多，以及潮汕人在暹罗从事行业的种类之多。其实不仅暹罗如此，在东南亚其他地区也是如此，广东人均起着筚路蓝缕、开荒创业的重要作用。

粤侨在南洋地区的艰辛努力，除了经济地位上获得相应的提高外，政治地位并没有得到改变，而受当地政策的影响较大。民国时期，多个东南亚国家出台"限制华工"的政策，尤其是20世纪30年代，受西方经济危机的波及，东南亚地区的经济活动也受到影响，如"因南洋一带树胶业衰落，树胶价值一落千丈，从前树胶每担值三四百元，近竟跌至十余元，树胶公司及工厂相继倒闭。此外平日锡米亦为南洋出口货之主要品，近又因价跌，存货堆积，销路停滞"。②因为经济的衰退，南洋粤侨在当地成为"被排斥"的对象，使得大量的粤侨被迫再次回到家乡。东南亚地区政府采用种种限制政策驱赶华人，或减少华人入境。在《申报》上有大量的此类报道，如"《潮汕人士出洋激增但南洋各埠均增税限制入口》"③、《越南政府驱逐华侨》④、《安南华侨被逐回国》、⑤《马来半岛限制华工后潮梅出口华侨约减十万人》⑥等。这些报道言之凿凿，其形可悯，其势可恶。《申报》对此类事件展开报道最主要目的应该有两个，一是引起国内读者的关注，二是促使国家层面的相关干预政策出台与落实，认为"如我国政府不提出交涉，则限制华工入口条例将无期延长"。⑦

从1912年到1949年不到四十年的时间内，大量广东人走出国门，涌向东南亚等地区，期间又有大量粤侨因种种原因回到国内。"受欢迎"的与"被排斥"的成为广东人在东南亚地区的一种"贴标"，两种共同想象体中的张力与统合在《申报》中得到鲜活的体现。究其深层次的原因，经济因素

---

① 《暹罗限制华人入口新例》，《申报》，1927年8月14日，第9页。

② 《分批回国在汕头及香港登岸，失业原因系树胶锡米业衰落》，《申报》，1930年8月13日，第8页。

③ 《潮汕人士出洋激增，但南洋各埠均增税限制入口》，《申报》，1939年1月13日，第8页。

④ 《越南政府驱逐华侨》，《申报》，1930年1月8日，第7页。

⑤ 《安南华侨被逐回国》，《申报》，1929年11月23日，第9页。

⑥ 《马来半岛限制华工后，潮梅出口华侨约减十万人》，《申报》，1930年9月2日，第9页。

⑦ 同上。

在当中起着重要的作用，因为这些华侨要养活自己，他们"节衣缩食，始获区区寄回祖国家乡，以给养其父母妻儿者，或一月一寄，或间歇数月而后能一寄，多则十余元，少则三两元"①，所以这时的侨汇数量惊人。以1924年为例，"南洋群岛华侨汇入祖国之款项，在民国十三年共达洋四五九五〇〇〇〇元，十四年为四三一〇〇〇〇元"。②这种经济的巨大张力，使得粤侨大量涌向东南亚，即使有时他们会受到不公正的待遇。

其次是"富裕"与"贫苦"的张力与统合。《申报》以一纸媒介，通过众多的南洋粤侨的形象书写，给读者留下他们"富裕"与"贫苦"的形象。这两种看似矛盾的现象，对于身居国内的民众而言，粤侨作为一个集体身份被个体自觉接受，甚至可以得到更好的经验：投身南洋。而投身南洋反过来又强化了"南洋粤侨"集体身份的真实感。"粤侨"身份就在这种共同经验中被不同的个体自觉接受。一个利益相关、情感相连的共同体开始浮现。

南洋粤侨"富裕"的形象，主要表现在两个方面：一是通过侨汇巨量的数字来呈现，给人一种直接的"富裕"观感。以1924年为例，"若以南洋华岛华侨之每人平均二七元为标准，则在民国十四年中，该三国华侨之汇入款当有六六四二〇〇〇〇元，二者合计共达一〇九五二〇〇〇〇元"。③这类报道在《申报》中大量出现，如"汇归国内政府者，已达三百数十万金"④、"筹集百万救济难民"⑤等，这种巨量的数字，特别显眼，对于南洋粤侨"富裕"形象的塑造也尤为得力。二是南洋粤侨的富裕不是飞来横财，而是可以通过勤劳而致富，普通民众也是可以达到的，这点对于普通读者而言，尤其具有号召力。在《申报》中，时常有这样类似的表述："侨民大半为闽粤人，且多大资本家。考其南来之历史，大都为本国谋生乏术，骤闻南洋富饶，毅然决然，结伴南渡。盖若辈既无家室之累，去祖国犹投宿之逆旅，无所牵挂，一至南洋，或从事种植，或经营矿业，不数年而家拥多金，富埒

---

① 《华侨对汕邮新例之呼吁》，《申报》，1928年12月17日，第11页。
② 谢富兰：《惊人之华侨汇款》，《申报》，1928年8月21日，第25页。
③ 同上。
④ 石颜也：《记南洋侨胞之爱国心》，《申报》，1928年9月14日，第21页。
⑤ 《回国代表谈南洋惠侨爱国爱乡，筹集百万救济难民，每一侨胞决捐家产十份一》，《申报》，1938年12月6日，第3页。

王侯。"①《申报》对南洋粤侨的职业亦有较多的报道: "新加坡华侨商店六千七百六十五间,一百一十业务内,类别之,以左列五种为最多: 五种之中,以什货商居首位,咖啡商次之,代理牙行又次之。此足以证明华侨商店固多,但属中间性质。从业籍别之,树胶、九八行、米业、汽车、瓷器、索络等多属闽人,什货多为广府、嘉应人,布匹多为潮人,咖啡多为琼人,典当多为大埔客人,皮鞋多为嘉应人,西药闽籍参半,中药多为广府客人。"②他们"大都身外无长物,惟凭其商业天才,与节约俭朴,从而积蓄小资本,经营小贩,渐次成为大商家"③,最终"握南洋经济上之霸权者,我华侨也。虽当局叠用其高压手段,而侨民含辛茹苦,饮忍不与较,犹复出其才智,操奇计赢致千万之富,至若有百万或数十万之产者,犹卑卑不足道也"。④这种普通人亦可达到的"富裕者"目标,也在一定程度上起到示范的作用。值得说明的是,《申报》还塑造了南洋粤侨"为富且仁"的形象,我们经常可以读到《记南洋侨胞之爱国心》、⑤《马来亚潮侨救济潮汕难民》⑥等类似的报道,这在一定程度上吻合民众传统文化意义的心理认同。实际上,粤侨对于民国时期广东经济有至关重要的影响,"粤籍侨胞足迹遍全球,不特广、肇、潮、梅、海南等地民间经济多藉侨胞汇款回国,即广东全省经济建设和教育诸端,亦凭华侨资力发展。年来粤省政治及建设未见进步,复因在外侨民感受不景气的影响,致海外资源输锐减,民间疾苦日甚,足见广东在外侨民华业,影响该省人民生计甚巨"。⑦因此,我们在《申报》中较少看到粤侨在东南亚艰苦生活的报道。

《申报》对南洋粤侨的"贫苦"叙述,更多的是通过对归侨的形象来达成。正如前文所述,在民国时期,东南亚部分地区的政府对华侨采取限制甚至是驱离的政策,受这些政策的影响,大量的粤侨不得不回归家乡。《申

---

① 《南洋归客谭》(上),《申报》,1919年10月31日,第14页。
② 丘斌存:《论华侨商业之势力与改进》(下),《申报》,1946年10月9日,第9页。
③ 丘斌存:《论华侨商业之势力与改进》(上),《申报》,1946年10月8日,第9页。
④ 《南游杂记》,《申报》,1926年2月17日,第19页。
⑤ 《记南洋侨胞之爱国心》,《申报》,1928年9月14日,第21页。
⑥ 《马来亚潮侨救济潮汕难民》,《申报》,1939年12月21日,第8页。
⑦ 《谢作民谈推进侨务》,《申报》,1936年12月2日,第15页。

报》对这一类归侨的报道，在一定程度上代表着南洋粤侨"困苦"的形象。如"最近（1930年，笔者注）南洋回国华侨日见增多，查一星期以来，由南洋一带返汕头者计不下六七批，每批或数十人或百余人，此项侨民以苦力为多，当返祖国登岸时，面容皆有菜色，一若几经饥寒者也"。① 又如"去年（1931年，笔者注）汕头方面，常有从南洋各地解回失业之华工到埠，鸠形菜色，为状极惨"。② 这样的书写，直观地表述出他们在东南亚生活得并非那么如意。

报刊不仅仅是一个记录者，更是一个交往的场域，政府、民众你来我往，一言一语、一举一动都暗示着与这个区域、与生活在这区域中的人们千丝万缕的联系。《申报》打开了广东民众公共参与的入口。广东民众是当时《申报》的读者对象之一，在相关报道中，侨居东南亚的"粤人"作为一个共同体被反复提及。每个人所感知的"南洋粤侨"似乎都不同，主体在群体与个体之间转换，利益单元在共同利益与个体利益之间徘徊，"下南洋"成为不同人群的选择，而《申报》则变成了一种"关系"。③

三、结论与余论：民国时期南洋粤侨形象塑造的媒介话语伦理

民国时期《申报》关于南洋粤侨的书写中，渗透着社会无意识与媒介化写作经验，从形式层面来看，当中融入了大量侨民生存经验与侨民生活语言，在涉侨群体中的情感设定、语言表述等方面都有很多经验，投射了南洋粤侨的生活与生存体验，折射了20世纪中国社会中的时代欲望与现代性想象，构成其文化先锋性的一部分，正如媒介社会学所关注的对象和产生的影

---

① 《南洋华侨失业回国，分批回国在汕头及香港登岸，失业原因系树胶锡米业衰落》，《申报》，1930年8月13日，第8页。

② 《潮汕出洋人数锐减，去年比前年减去一大半》，《申报》，1932年1月25日，第8页。

③ "关系"，是在社会学的层面和意义上加以使用，与社会网络分析的思想接近。根据边燕杰的总结，西方社会网络分析方法之中的关系（tie），指的是人与人之间、组织与组织之间由于交流和接触而存在的一种纽带联系。详见边燕杰：《社会网络和求职过程》，载涂肇庆、林益民主编：《改革开放与中国社会：西方社会学文献述评》，香港：牛津大学出版社，1999年，第3页。

响一样。①，运用"共同体想象"的理论架构，"回到历史本身"，立足于《申报》南洋粤侨书写的经验，在此基础上建构民国时期南洋粤侨的形象，以传播的关系视角来进行检视，以往有关南洋粤侨研究的报刊认知史，更多的是注意到了报刊"信息传递"的关系维度，而遮蔽了其所蕴涵的"公共交往、意义生成"的其他关系面向。由此新闻纸"只是一个工具被使用的自然发达史"，而非"作为传播与人类存在和交往的关系"。作为新闻纸的《申报》，成为勾连各方的中介关系，实现了"同一时间的知识和思想之分享"的交往偏向②，而这过程，也恰好是南洋粤侨形象塑造的过程。

---

① 媒介社会学是一个将媒介（传播）研究与社会学所关注的社会秩序、冲突、身份、制度、分层、社区和权力的问题联系起来，一来将媒介置于社会结构及权力运作中来考量，二来将媒介作为中介变量，来关注经由媒介所产生的社会影响的研究领域。
② 黄旦：《报刊是一种交往关系：再谈报纸的"迷思"》，《安徽大学学报（哲学社会科学版）》2012年第6期，第97页。

集体记忆与侨乡形象：民国时期报刊中的汕头

——以《申报》为中心

1860年，汕头被开辟为对外通商口岸，发展到20世纪二三十年代，被冠以"惠潮梅之通衢"、"南华重要港埠"、"华侨出入国的主要港口"和"侨汇的集中点和转汇点"等称谓。毫无疑问，汕头之所以在短短一百多年的时间里，从一个城镇成长为中国的"著名侨乡"，其独特的区域地理条件发挥了巨大的作用。大量华侨源源不断地从这里走出国门，或者再度回到家乡，汕头的侨乡文化特色也渐渐突显出来。提及汕头，人们总会有意无意地将它和华侨联系起来，华侨、归侨、侨房、侨汇等，成为了人们描述汕头的关键词。

汕头在向现代化城市演进的过程中，其城市形象不知不觉地被转换为"特色鲜明的华侨之乡"而为大众所接受，"汕头因侨而立、以侨而名，'华侨'已成为汕头特有的文化基因和城市印记"。①汕头这个不可或缺的文化基因和城市印记是基于汕头的侨史史实而被不断建构起来的，其中民国时期是非常重要的一个时间段。在这过程中，《申报》对汕头的华侨相关事实的报道特别多。《申报》所传播的不仅仅是政治、经济、教育、商业等信息，还有各种各样的社会文化观念。正所谓"媒介即讯息"，《申报》在"在承载和传递信息方面对市民价值取向、思想观念、生活方式以及文化素质的培养和塑造起着重要作用"，②因此探究民国时期《申报》对汕头涉侨的报道，可以成为探究汕头是如何被塑造成侨乡的一个重要切入口。学界关于汕头侨乡的研究，成果颇丰，大部分学者是以侨批等作为切入口的。笔者则另辟蹊径，以《申报》所刊汕头涉侨报道为切入点来进行探讨，因为"在空间上，这些媒介传递信息的行为构成传播，连接这里和那里，形成社会网

---

① 《讲述华侨故事共建和美侨乡》，《潮商》2019年第1期，第57页。
② 高学琴、聂长顺：《大众媒介与上海工部局市政管理：以〈申报〉政府公告为例》，《江西社会科学》2018年第12期，第140页。

络；在时间上，它们传递信息的行为构成传承，连接以胶和现在，形成文化延续性"①，进而从传播学、历史学角度探讨《申报》在汕头侨乡文化塑造方面所做的努力，以及大众传媒在汕头近代化与城市化进程中所起的引领作用。

一、样本研究背景与理论前提

正如美国著名的人本主义城市规划理论家凯文·林奇认为："城市，是人的城市，因为人是城市的营造者，有什么样的人，就有什么样的城市。"② 汕头开埠前的大规模移民史，以及鸦片战争后、汕头开埠至中华人民共和国成立之前的海外潮汕社会形成的历史，是如何通过近代最具影响力的中文报纸之一的《申报》来塑造汕头"侨乡"的形象？本文拟借助集体记忆理论来加以阐释。

由法国社会学家莫里斯·哈布瓦赫提出的"集体记忆"（Collective Memory）理论被看做是西方记忆理论研究的基石。③集体记忆与"具有普遍性的，充满矛盾与断裂"的历史记忆不同，④是"有质地的、三维的、可触摸的并与现实相关的存在"，⑤它可以从三个方面推进历史研究：促使人们探究纪念活动、历史意象、仪式等公众纪念的历史价值，关注口述历史与亲历者讲述的历史价值，重视集体记忆与身份认同的关系。⑥德国学者扬·阿斯曼认为文化记忆中必然存在一个以象征物为核心的"凝聚性结构"凝聚集体共识。"凝聚性结构"在时间维度上连接族群的过去与现在，将过去的重要事件和人们对它们的回忆以某一形式固定和保存下来，并不断使其复现获得现

---

① 雷吉斯·德布雷著，刘义玲译：《媒介学引论》，中国传媒大学出版社2013年版，第5页。
② 凯文·林奇著，方益萍等译：《城市意象》，华夏出版社2001年版，第126页。
③ 相关理论见莫里斯·哈布瓦赫：《论集体记忆》，上海人民出版社2002年版，第10—39页。
④ 李娜著，李娜译：《集体记忆、公众历史与城市景观多伦多市肯辛顿街区的世纪变迁》，生活·读书·新知三联书店2017年版，第29页。
⑤ Robin Wagner-Pacifici, "Memories in the Making: The Shapes of Things That Went", Qualitative Sociology, Vol. 19, No.3, 1996, P302.
⑥ 李娜著：《集体记忆、公众历史与城市景观：多伦多市肯辛顿街区的世纪变迁》，生活·读书·新知三联书店2017年版，第29—30页。

实价值。① 现今城市传播研究者认为，城市在过往的历史中，会形成一些带有城市自身特征的文化符号。② 而这些文化符号，既是时人留下的时代印记，更是靠他人以种种的形式被记录、被传播开来，渐而为人们所共知。正如我们现在将"侨乡"这一个集体共识牢牢地与汕头串联在一起一样。

关于《申报》在中国近代史所起的文化作用，学界已有诸多论述。笔者认为，《申报》"是近代上海读者最多影响最大的中文报刊，记载了我国近一个世纪的朝代更迭和风云变幻，被称为一部不可多得的历史百科全书"，③ 这个评价是较为中肯的。站在城市文化研究的角度而言，《申报》通过政府公告、亲历者说、地方新闻等种种方式，记录了汕头侨乡发展的相关信息，基本上满足了城市文化研究中关于城市文化的"三大论"（即"本质论"、"功能论"、"发展论"）的相关文化内涵。通过爱如生数字文化中心所提供的《申报》电子版，笔者以"汕头"、"汕头+华侨"、"汕头+华工"、"汕头+侨汇"等涉及地方侨史的相关关键词进行搜索，所得结果内容丰富，整理这些史料，对我们理解汕头"侨乡"城市文化的形象具有重要作用。

学术史研究中的"汕头"，其区域界定往往不尽相同，既有是否包括现今汕头属县的区别，也有是否包括如今潮州在内的区别。如汕头侨史研究名家林金枝老师，曾界定汕头为"指目前汕头市辖下的潮州市和揭阳、潮阳、澄海、饶平、普宁、揭西、惠来和南澳等八个市县"；④ 胡乐伟博士在其文章中则界定汕头为"仅指今汕头市区，不包括下辖的南澳等地"；⑤ 李宏新老师在《潮汕华侨史》中也指出，"'汕头'开埠便是'潮州开埠'，两者为同一概念。因为汕头当时不过是潮州府的一处外港，开埠通商就城市而言当然是指

---

① （德）扬·阿斯曼：《文化记忆：早期高级文化中的文字、回忆和政治身份》，北京大学出版社2015年版，第46页。

② 刘新鑫：《城市形象塑造中文化符号的运用》，《当代传播》2011第3期。

③ 马慧娟：《广告对青年女性形象的建构作用：以20世纪30年代〈申报〉图片广告为例》，《当代青年研究》2013年第6期，第12—13页。

④ 林金枝：《近代华侨在汕头地区的投资》，《汕头大学学报》（人文社会科学版）1986年第4期，第105页。

⑤ 胡乐伟：《近代汕头的侨资房地产业及其对城市发展的影响》，《汕头大学学报》（人文社会科学版）2014年第1期，第30—37页，第94页。

府城潮州，而贸易的具体地点则为汕头"。①这种区域的界定，对于史学研究而言，最大的问题在于史料的认定。笔者也无法确定《申报》中不同文章所指称的"汕头"是否有明确的地域界定。因此，笔者只能根据民国时期的行政区域划分来对"汕头"进行界定，即本文认为《申报》中的"汕头"系当时政府行政意义上的"汕头"，尤其是指1921年后的行政范围，因为1914年设广东省潮循道，道治在汕头，曾一度改驻潮州城，辖境相当于今汕头、潮州、揭阳、汕尾、梅州、惠州、河源7市。而事实上，《申报》所提及的上述地方相关涉侨新闻都被以"惠属"、"客家"等名义进行区分，从侧面印证了"汕头乃惠潮梅之通衢"②的说法。1921年3月，沙汕头（汕头旧称）设立汕头市政局。1921年7月，汕头市政局成立汕头市政厅，与澄海县分治。1930年，汕头市政局设汕头市，隶属广东省政府。1936年属广东省第五区，署治驻潮安县，后迁往汕头，第五区辖境今汕头市、潮州市、揭阳市和丰顺县。由此亦可见，从行政意义上说，这与林金枝老师的主张是比较接近的。

汕头系由韩江出海之泥沙冲积而成，"区域地理条件是城市发展过程中的基础和背景，无论自然地理条件还是经济地理条件，都对城市的形成与发展有一定的影响"。③在清嘉庆二十年（1815）以前，汕头已然成为潮汕地区最重要的港口和商埠以及海道出入的门户，《澄海县志》记载："沙汕头，地临大海，风涛荡涤，有淤泥浮出，作沙汕数道，前有海澳，由放鸡山而入，东对莱芜，西通潮阳之达濠、后溪，为海道出入门户。"④发展到20世纪30年代，汕头港进入"空前鼎盛时期，在往来外洋船舶及转载货物吨数上，1932年至1937年连续6年均列当年全国第三位；1938年列全国第四位，1939年列全国第六位；日侵期间封港无计；1946年至1947年连续两年列全国第四位；1948年列全国第六位，1949年1—10月列全国第三位"。⑤事实上，除了港口之外，通过汕头出入的华侨数量、侨汇的数量亦是非常巨大。其中侨汇

---

① 李宏新：《潮汕华侨史》，暨南大学出版社2016年版，第139页。
② 《关于提倡国货之消息》，《申报》，1919年7月10日，第10页。
③ 严艳、吴宏岐：《历史城市地理学的理论体系与研究内容》，《陕西师范大学学报》（哲学社会科学版）2003年第2期，第56—63页。
④ （清）李书吉纂修：《澄海县志》，载《中国地方志集成》，上海书店出版社，2003年版，第39页。
⑤ 李宏新：《潮汕华侨史》，暨南大学出版社2016年版，第131页。

部分①，据谢雪影《潮梅现象》一书的资料统计，"潮仙地区的侨汇：一九三〇年是1亿元，一九三一年是9000万元，一九三二年为7500万元，一九三三年为7000万元，一九三五年为5000万元。"②而在民国38年的时间里，到底有多少人从汕头移居海外，并无确数，据李宏新估计，"其数量大约是100万"。③如此大体量的数据，对于新闻行业而言，自然而然会成为重点的关注对象，从而进行大量的报道。笔者借助《申报》数据库，以"汕头+侨"为关键词进行检索，可得相关报道249条（其中有部分涉及外侨在汕头的报道等无关报道近60条）；以"汕头+华工"为关键词进行检索，可得相关报道19条；以"汕头+华侨"为关键词进行检索，可得相关报道103条（其中有汕头华侨印刷公司广告8条）。这些材料经过笔者的初步整理，形成近10万字的民国时期汕头涉侨史料集。

二、《申报》对汕头作为侨民出入口岸"始发站"形象的塑造与建构

（一）"汕头出发"：从汕头出洋相关问题的叙述

民国时期，从汕头出国有诸多的便利。常识告诉我们，出国与国内的人口流动最大的区别是，出国是需要本国政府许可，同时要获得对方国家同意的。因此，一个城市要成为本国国民出国的出发地，为便于民众办理出国事宜，既需要设有签证审批机构，又需要有相当数量的驻外使领机构。而这一切，在近代的汕头，都较好地具备了。汕头于1860年1月1日开埠，意味着"潮汕地区从元末开始近700年的或松或严的海外迁徙限制，至此不复存在"。④从汕头出洋，不再有法律层面的障碍。发展到民国时期，汕头作为

---

① 关于潮汕地区侨汇的研究成果颇丰，主要见袁丁著《跨国移民与近代广东侨乡》，中华书局2019年版；陈春声著《近代华侨汇款与侨批业的经营：以潮汕地区的研究为中心》，《中国社会经济史研究》2000年第4期；戴一峰：《网络化企业与嵌入性：近代侨批局的制度建构（1850—1940s）》，《中国社会经济史研究》2003年第1期；陈丽园：《华南与东南亚华人社会的互动关系：以潮人侨批网络为中心（1911—1949）》，博士学位论文，新加坡国立大学，2007年等。

② 谢雪影：《潮梅现象》（油印本），民国汕头时事通讯社刊本，12—16页。

③ 李宏新：《潮汕华侨史》，暨南大学出版社2016年版，第159页。李老师在该书中根据《汕头海关志》、《汕头市志》、《潮海关史料汇编》详细列出了汕头口岸1869—1949年旅客出入口数据，见该书第165—169页。

④ 李宏新：《潮汕华侨史》，暨南大学出版社2016年版，第137页。

出国出发地的重要性，更被政府所认识到，于是在汕头设置侨务机构，办理侨务事宜也变得顺理成章。例如"汕头及烟台、伊犁、阿山、塔城什等市县政府追加发给出国护照机关"；①1936年，谢作民担任广州侨务局局长时，立即"斟酌情形，设立汕头等处分局，办理侨务事宜"②，此后于当年的9月17日，便发布"该局刻已正式成立，该会为使全国侨政完全统一及发展侨务起见，决在江门、汕头、海口增设三侨务局，已于十六日以会令发表麦坚石为江门侨务局长、马立三为汕头侨务局长、何祥为海口侨务局长，接新任三局长，均系侨委会委员"③。1943年，国民政府在汕头设立侨务办事处。正因为被冠以政府许可的名义，再加上确实有众多的人员从汕头走出国门，作为媒体的《申报》更会密切关注这一地区的侨务事宜。

正如前文所说，人们走出国门，还需要目的地国家的许可。一般而言，目的地国家的许可审批，都是由使领馆来完成的。汕头开埠以后，驻汕的使领馆机构陆续出现，"这些机构对于潮汕移民的影响，起码包括两个方面：一个在于华工出国的交涉、干涉；一个在于外贸频繁、潮人移民增多后带来的移民问题"。④据《广东省志·外事志》载，自1860年起，英国始设驻汕英国领事馆，先后有法国等13个国家在汕头设立领事机构，"其总数仅次于广州（17个）"，"至太平洋战争爆发前，各盟国已无领事机构，战后则仍有英、荷、挪等国领事驻汕"。⑤《申报》大量报道了外国领事在汕头的史实，尤其是日侨、德侨等，因日本、德国牵涉到两次世界大战，所以在汕的日侨也颇受影响。⑥

《申报》对汕头作为华南地区重要出国出发地的形象塑造，除了使更多的读者知晓之外，更多的是使其"口岸"形象深入人心，包括政府官员在内的大多数人员选择从这里走出国门。

---

① 《发给出国护照机关外部公函知照》，《申报》，1930年8月17日，第13页。
② 《谢作民日内将赴粤》，《申报》，1936年8月22日，第7页。
③ 《侨委会增设侨务局》，《申报》，1936年9月17日，第9页。
④ 李宏新：《潮汕华侨史》，暨南大学出版社2016年版，第140页。
⑤ 李宏新：《潮汕华侨史》，暨南大学出版社2016年版，第140—141页。
⑥ 相关的报道见《申报》1912年3月14日、1918年7月26日、1937年5月27日等。特别是1937年还爆发了著名的"汕头事件"（汕头日侨青山清迁居，拒报户口殴伤警官案），引起了中日双方政府领导层的关注。

正如《申报》所言，"潮梅各县人民，每年经汕出口往外洋者平均在十万名以上"，①汕头成为潮汕地区人民出国的出发地的重要原因，除前文所述之外，还有其他原因，一是汕头的出国航线多，有海外侨民设立的航线，如"汕头郭通合号为安南侨商郭某所开，现为开发西贡汕头之航路"，②华暹线中"汕、港、暹之轮船只有华暹公司两艘，暨黉利行等三四艘而已"。③此外，还有各洋行所设的航线，如"汕头、西贡间之航轮公司虽有顺成洋行之夏善、轮德记洋行之华庚轮行驶"。但到20世纪30年代以后，华南的航业几乎为外人所垄断，"汕、厦、港粤各埠为我国沿海最要之航线，中国商轮因受时局关系，辍班休航者几达二年之久，洋商利用时会得寸进尺，此两年中南华沿岸航权为其垄断殆尽，今日反客为主，华商船几无存立地位"。④对于打算出国者而言，航线归谁所有，并不是他们最关心的事，他们关注的是有无到达相应目的地的航线。除了航线之外，汕头地区还有众多的华侨团体，帮助打算出国者解决相关困难。1929年成立了"岭东华侨互助社"，互助社的种种举动也进入了《申报》的视野，如1931年报道："汕党部对万鲜案力持镇静，二十二日华侨互助社始发宣言。观各界声援，不买日货，不搭日轮，舆论激昂。"⑤1936年，汕头华侨互助社发出保护华侨出国的呼吁。⑥华侨互助社，在一定程度上成为当时准备出国或出国归来者的"利益共同体"而深入人心。

或许正是因为民国时期汕头具有种种出洋的便利，除了大量广东本地人从汕头出国之外，一些其他地方的人也选择从汕头出国。如《申报》曾记载"中国红十字会赴暹代表杨小川、王培元昨日来电，已于十四日抵汕头。颇

---

① 《汕头征收华侨出口费，以检验为理由每名征收一元》，《申报》，1936年11月28日，第9页。

② 《航业要讯》，《申报》，1923年2月1日，第13页。

③ 相关的报道见《战事影响之华侨状况》，《申报》，1914年9月4日，第6页。华暹公司于1921年关闭，"额定资本千万，专行盘谷与汕头、香港等处，而组织未良，内讧甚烈。欧战既作，人方乘机发展，而此唯一之华暹航业竟于破天荒之战争风云中呜呼毕命（1921年），实为最可痛惜之事"。

④ 《外轮垄断南华航业》，《申报》，1930年11月23日，第13页。

⑤ 《汕头反日运动》，《申报》，1931年7月24日，第8页。

⑥ 《汕华侨互助社建议保护华侨出国，严厉取缔船公司与客栈》，《申报》，1936年4月8日，第8页。

受该地侨商欢迎，业已乘船经往暹会出席与议云"。①《申报》对这类信息的刊载，更有利于说明从汕头出国的便利，事实上，这些报道为汕头作为出国的出发地做了更具体的、持久的宣传。

从汕头出国，既是政策所允许，交通又方便，其一跃成为华南地区较佳的出国出发地便水到渠成。在《申报》中，常常能读到"一年中经汕头往暹者有五万七千人"②、"汕头为中国南部对外惟一之商港，每年移民往南洋群岛者约十六万人以上"③、"潮梅各县出洋谋生之同胞每月过汕放洋者数逾万人"④等报道，这种间断式的、带有夸张式的表述，形成集体记忆，作为出国出发地的汕头城市形象，也就逐渐深入人心。

（二）并非易事：汕头作为出国出发地的负面报道

上文叙述了汕头作为出国出发地的种种便利，但在《申报》的相关史料中，也存在大量对于汕头作为出国出发地的负面新闻，在一定程度上，也形成了从汕头出洋并非易事的集体记忆，具体而言，主要有两方面：

首先，汕头作为口岸存在乱收费的现象。看到每天从汕头出洋的大量人口，使得汕头的相关官员生出了"歪心思"，他们以出国侨民为下手对象，从中获得非法收入。这种乱收费及剥削现象，对作为主张"有闻必录"的《申报》而言，自然不会错过，1936年，《申报》对"汕海港检疫所前因向出国人民收检验费一元，曾遭反对。兹复每名勒加照相费六角，又惹起纠纷"一事进行了广泛而深入的报道，引起了政府、华侨团体的关注，"旅业公会及华侨团体，顷仍联电侨务委员会请求取消"。⑤此后，《申报》先后刊登了《来函》⑥、《汕出国侨民覆验有沙眼》⑦、《汕头检疫所虐待出国同胞一斑，华侨团体呼吁救济无效，检疫所最近竟变本加厉》⑧等文章，发表各

---

① 《赴暹红会代表之行踪》，《申报》，1922年11月21日，第14页。
② 《暹罗限制华人入口新例》，《申报》，1927年8月14日，第9页。
③ 《汕头罢运风潮影响南洋》，《申报》，1928年10月12日，第9页。
④ 《汕头检疫所虐待出国同胞一斑》，《申报》，1937年3月10日，第9页。
⑤ 《汕头征收华侨出口费，以检验为理由每名征收一元》，《申报》，1936年11月28日，第9页。
⑥ 《来函》，《申报》，1937年4月10日，第7页。
⑦ 《汕出国侨民覆验有沙眼》，《申报》，1937年3月22日，第7页。
⑧ 《汕头检疫所虐待出国同胞一斑，华侨团体呼吁救济无效，检疫所最近竟变本加厉》，《申报》，1937年3月10日，第9页。

方对此事的评论。虽有《来函》驳斥《申报》的报道"殊与事实不符"，称"敝所对于侨民，素以和平诚恳态度相待"，[①]但亦不能减轻民众对此事的愤怒。

其次是存在船票价格飞涨的问题。民众从汕头坐船出国，所乘坐的船只往往是私营或是外资的船舶，买票坐船，本应该是"你卖我坐"的商业性行为，但因为从汕头出国的人员数量巨大，当票价有所变动尤其是较大变动的时候，"船票价"的上涨也能很快地衍变成一种"公共事件"。如1937年3月，"船位因求过于供，船票价格大涨，往星洲之大舱票原定三十五元者，飞涨至一百五十元，犹须在旅馆中久候方能购得，且票价由船公司及客栈操纵"，并且经过统计，"闻去岁操纵船票者获纯利七十余万元，此皆从华工身上榨取出来之汗血也"。[②]此后，《申报》又陆续刊登如《汕头外轮增收客票》等文章。需要承认的是，汕头市政府在整个过程中并非坐视不管，如1931年，"汕头外国轮船公司垄断星洲南洋航线致遭各界抵制，并由旅业公会通告各客栈各派伙伴为纠察队，组成十八队，每队二十八人，轮流在水陆检查监视，不许赴南洋者乘搭该外国轮船公司船只"，"时张市长延见代表问明情形后，即下一手谕，令外轮公司对新加坡客票不许加价，照原价每客三十六元"。[③]这种由政府出面调整船票价格，遏制船票价格快速上涨的做法，在一定程度上响应了民众的呼声，但在《申报》中类似的报道并不多。

《申报》动用了其丰富的资源来报道"汕头检疫所虐待出国华侨"、"船票价格上涨"等事情。站在媒体的角度而言，一方面是这些报道详细记录了这些事情前后的相关史实，包括不同人群的态度；另一方面，是当这些报道成为众人所熟悉而衍变为"公共事件"的时候，既能吸引读者的眼球，也能表明媒体自身的立场。但对于汕头而言，这种文字的描述，尤其越是尖锐词语的描述，给他人留下一种从汕头出国不易的集体记忆，从而影响了汕头"侨乡"正面形象的塑造。

---

① 《来函》，《申报》，1937年4月10日，第7页。
② 《潮汕当局改善待遇华侨办法，华侨过去备受压迫，今后当可避免痛苦》，《申报》，1937年3月22日，第7页。
③ 《汕市府调处外轮加价案，加价问题将根本打销，旅业公会纠察队撤去》，《申报》，1931年4月2日，第7页。

三、《申报》对汕头"回归地"形象的塑造与建构

正如前文所述，汕头作为华南地区的重要口岸，除了有大量人员从此地出国外，同时也有大量侨民从此地回国。汕头成为他们"回归地"的重要选择，他们或者是重回潮汕地区，或者是以汕头为中转站，再去其他地方。《申报》对此亦有大量的报道，塑造出一个较为全面的形象。纵观相关报道可发现，汕头亦有成为归国华侨"回归地"的具体举措。1932年，在受到汕头华侨互助会投诉"潮海关稽查对入国华侨苛扰，经民庞令萧监督整饬稍敛迹。惟此外洋布匹头厘糖，捐局味海京果捐商品检验所，市府侨务股出洋问话处，乃各公安分局稽查。每当归侨登岸过关后，沿途多受检查十数次，遇有自带御寒洋毡，受人馈赠之雨遮、饼干、生果等，多被带局扣留，强加苛同，成充公"后，[1]便筹备成立相关的机构，"召集各捐局、公安局、海关等筹设统一检查归国华侨机关，免侨商行李在海中及登岸叠受稽查、警察苛勒扣留、翻箱倒篑之苦"[2]，通过实施较为成熟的入境程序，以便利归国侨民。

（一）落难而回汕头

出国后的华侨，大部分人从事的是体力活，以此谋生。但这种生活的稳定性较差，一是容易受到当地政府的排挤，暹罗等地发生多次的排挤华工事件，大量的潮汕华侨被逼回国；二是容易受到当地经济的影响，如1931年"南洋群岛因树胶、锡矿跌价，政府限制出产，因此工商不振，失业归国华侨日众"。[3]据初步统计，从1912至1949年，《申报》对此的报道二十余次，其中较为密集的是在1929—1931年期间和1932—1936年期间，每次都对归国侨民的出发地、数量进行了详细介绍。[4]此外，还存在非法出国的侨民被遣回国的事件，如1936年，"在暹罗盘谷方面，被当地政府指为潜行入境有六百余人，悉遭拘留、处以苦工一百日之后，再押解回汕。此外如星洲、安南、荷属东印度等地亦有同样事件发生。故三月二十七日，太平洋号轮船由西贡

---

① 《华侨请汕当局改善归国华侨待遇》，《申报》，1932年11月17日，第7页。
② 《汕市府筹设统一检查华侨机关》，《申报》，1932年12月17日，第8页。
③ 《汕头救济失业归国华侨》，《申报》，1931年3月18日，第9页。
④ 如《安南华侨被逐回国》中载"安南华侨被逐回国，乘广利、元利到汕一百七人"。详见《申报》，1929年11月23日，第9页。

回汕，载来被驱逐回国者四百余人"。①此类大量的归侨形象描写，在一定程度上说明，华侨在海外的生活并非如人们想象的那么美好。

这些落难回汕的侨民，大体是"在乡中典卖产业，或向亲友借贷得数十元川资"才得以出国的，他们并不富裕。②对于汕头政府官员来说，如何收容这些落难归侨是需要认真处理的民生问题。他们一方面受到上级政府的指导，如1931年，"建厅令潮梅航政局，凡失业回国华侨在汕未设招待所前，携有广州失业救济委会正式印函者，舟车免费，乘坐归乡"。③1931年，广东省级政府部门"设法收容，并拨洋一万元交陈，在汕设立华侨招待所收容之"；④1938年，"最近暹罗政府非法逮捕我侨胞五千人，此事发生后惊动各方，迭经当地侨团分别电向中央及侨务委员会报告，请设法交涉释放，国府经令外交部侨委会办理。暹罗政府自经我国提出交涉后，已将被捕之一部分侨胞释放，其中有八百余名为潮籍之侨胞，获释后被驱逐出境，经于本月一日返抵汕头。省府主席吴铁城业经电知汕市委何彤妥为收容，分别设法安置。同时汕头各界同胞对被逐侨胞，亦深表同情，已决定予以种种援助"。⑤一方面组织地方各种机构来帮扶归来的侨民，主要通过医院、华侨互助会、华侨招待所等方式展开。如1929年"元利轮三日由西贡运被逐大帮华侨抵汕，广、肇籍一百二十人，闽、潮、梅、琼等籍四十人，华侨医院招待返乡"。⑥《申报》对汕头照顾难侨的叙述，从一定程度上，对汕头"侨乡"的正面形象塑造有积极的推动作用。

（二）因商务等事宜而重回汕头

自1889年新加坡华侨在汕头创办福盛号经营出口商至1949年汕头解放为止，"近代华侨在汕头地区的投资企业共4062家，投资金额达79777058元。

---

① 《汕华侨互助社建议保护华侨出国，严厉取缔船公司与客栈》，《申报》，1936年4月8日，第8页。
② 同上。
③ 《粤省救济回国华侨》，《申报》，1931年3月2日，第7页。
④ 《汕头救济失业归国华侨》，《申报》，1931年3月18日，第9页。
⑤ 《旅暹侨胞释后被逐，派代表返国报告经过，本港潮侨将请政府提出交涉》，《申报》，1938年10月4日，第4页。
⑥ 《申报》，1929年8月6日，第7页。

占近代华侨投资广东总额三亿八千六百万元的20.7%，占华侨投资全国企业资金总额七亿元的11.37%"。①如此数额的投资，《申报》的相关专题报道却很少，仅见如《暹罗华侨希望开辟中暹航线，许葛汀正与招商局接洽》②等数文。按常理，大量的华侨回乡投资应该能引起媒体的关注，然而报道如此之少，究其原因，或是大量涉侨商务信息与其他内容相重合而淹没其中，从而没有形成专题性的系列报道。

四、《申报》对汕头"涉侨信息集散地"形象的塑造与建构

民国时期，汕头"为中国南部对外惟一之商港"③（《申报》语，但并不符合事实，广州也是对外贸易的商港）。《申报》通过不同的渠道，利用汕头侨务资源丰富的特色，开辟"汕头通信"、"汕头专电"、"译电"等专栏发布汕头涉侨的相关消息，使国内的侨务消息外传至海外，同时也使海外的华侨信息传到国内，达到国内与国外的信息互通。

首先是《申报》刊登了大量国内涉侨信息，包括侨务机构设立、侨汇、侨情等。作为"例行公告"似的机构设立信息，更多的是一种介绍，细阅《申报》中关于机构设立的信息都非常简短。《申报》对汕头相关涉侨机构所实施的相关政策，易于引起读者的重点关注。"在南洋与潮汕地区，众多侨批局通过合作构成了侨批网络，服务着潮汕华侨及侨眷。"④其中对于汕头民信局的改组、潮汕路局增加银信运费等问题引起了广泛的讨论。⑤民国时期，汕头已然成为粤东地区的侨汇集中地与中转站，但站在媒介的角度来

---

① 参见林金枝等编：《近代华侨投资国内企业史资料选辑》（广东卷）第一篇，福建人民出版社1983年版。

② 《暹罗华侨希望开辟中暹航线，许葛汀正与招商局接洽》，《申报》，1937年2月4日，第13页。

③ 《汕头罢运风潮影响南洋》，《申报》，1928年10月12日，第9页。

④ 胡少东、孙越、张娜：《近代潮汕侨批网络构建与特征的量化分析：以1936年侨批局登记详情表为证据》，《中国经济史研究》2017年第5期，第59—69页。

⑤ 《申报》这些讨论内容非常之多，如《汕民信局改组之争点，交部拟改为特种邮寄代办处》，《申报》，1930年5月5日，第9页；《侨信局仍照旧章办理，华侨联合会电汕头批业公会》，《申报》，1930年6月24日，第13页；《华侨联合会请减侨信邮资》，《申报》，1930年7月6日，第14页；《潮汕路局增银信运费，华侨联合会电请免增》，《申报》，1930年12月15日，第10页；《续请维持潮汕路原定银信邮费，侨联会致铁部电》，《申报》，1930年12月21日，第14页。

说，对于侨汇的关注，可谓是方方面面的。从侨汇的数量到侨批机构的相关信息，在《申报》上都有大量的刊载，鉴于目前侨汇相关学术研究已经非常丰富，本文遂不赘言。而较为真实地（《申报》中所报道的数据相对于档案史料而言，明显存在虚数甚至是数据虚高的现象）记载了潮汕华侨爱国爱乡的相关史实，更是起到了号召力的重要影响作用，自然而然，与侨汇相关的汇兑机制、申诉机制等也就能为时人所理解，对民众关于汕头的侨汇集散地的形象塑造起到重要的作用：在这里，有大量的侨汇汇集于此；在这里，遇到侨汇的相关困难时，有相关的机构协助处理，等等。

其次是汕头乃海外华侨的信息集散地。《申报》中刊登了大量海外华侨的信息，从新闻选题或新闻策划的角度来看，对于汕头的关注，无论是从制度、理论还是报道实践来看，海外华侨的相关信息更多地为新闻媒体所关注。但选题、采写等具体工作，仍然需要由媒体从业者来实施，他们对富裕的海外华侨描写较少，因为这一个群体相对较小，这些报道更多的是对华侨苦难遭遇的书写。这种书写吻合媒体所担负社会监督的职责，站在媒体和读者的角度，关注海外华侨的苦难遭遇，"或是基于诸如公平、正义、道德、伦理、纲常、法律等阳春白雪的理由"，如在暹罗等地排华的过程中，就有大量的华侨个人或是团体通过《申报》表达相关的观点；但同时，这些报道也不可避免地有"基于猎奇、窥私、窥隐、宣泄情绪、看笑话、代入感强等下里巴人的因素"。笔者在考察汕头华侨在海外的生活情形时，见到较多的是类似于"汕头人在曼谷一带者最多，则为各种贩卖、耕种、造屋、包工、拉车及其他劳工，亦有为海员者"[①]，又如"潮梅人被骗赴暹惨况，五六百人到暹被拘，现均在狱候赎释放"[②]这样的表述，话里行间，更多地表现出一种轻描淡写。此外，《申报》还记载了较多的海外赈济汕头的消息，如1922年汕头遭遇风灾，"汕头风灾赈款，本埠法国侨商已集得三千元，天主教会亦捐助二千五百三十五元。顷接澳门消息，澳政府已汇洋五千元于汕头葡

---

① 《秘鲁排华案之夏容二使报告》，《申报》，1923年4月28日，第6页。
② 《潮梅人被骗赴暹惨况，五六百人到暹被拘，现均在狱候赎释放》，《申报》，1936年3月23日。

领事，充作赈款云"①。"潮汕地区是一个地缘和血缘叠合的乡族社区，宗族文化发达。"②这些正面或负面的报道，也使汕头成为了华侨的"信息集散地"。

五、结语

城市形象的建构常常被看做是地方的一种文化策略，并希望借此能够连接城市的过去与现在。③研究汕头的城市史，就离不开"华侨"二字。这也符合"要提取城市符号，应该关注代表性、典型性、普适性等基本原则"的说法。④华侨文化已然深深地刻入了汕头的历史发展轨迹中。当然，"任何一种文化的形象塑造，既取决于本身的力量，又取决于后代艺术家的选择"。⑤史量才于1912年接手《申报》后，坚持报纸的功能在于"有闻必录"⑥，使《申报》成为民国期间最重要的媒体之一。汕头在《申报》上所呈现的形象大致可概括为"始发站"、"回归地"与"信息集散地"等类型的集体记忆。"大众传播媒介对社会民众具有重要影响，尤其在城市近代化过程中扮演着重要角色，能通过对人们日常生活方式及价值观念的重复放映，形成对市民意识的整合。"⑦汕头就是这样，通过《申报》的种种不同类型的报道，给世人留下一个鲜明的"侨乡形象"。

---

① 《外人赈济汕头风灾消息》，《申报》，1922年9月21日，第14页。

② 黄挺：《潮商文化》，华文出版社2008年版，第191—222页。

③ 庄锦炜：《记忆的凝聚性结构：澳门城市"莲"符号象征体系的建构与传播》，《东南传播》2020年第1期。

④ 金波：《城市形象塑造中文化符号的传播研究：以平城魏碑为例》，《文化学刊》2020年第7期，第30—32页。

⑤ 同上。

⑥ 傅德华等编著：《史量才与〈申报〉的发展》，复旦大学出版社2013年版。

⑦ 高学琴、聂长顺：《大众媒介与上海工部局市政管理：以〈申报〉政府公告为例》，《江西社会科学》2018年第12期，第146—147页。

二　史料篇

整理凡例

一、"民国时期《申报》粤侨史料汇编（1912—1949年）"主要是依据《申报》影印版、《申报·索引》、《申报年鉴》等史料汇编整理而成。本编所指的"广东"，是当代行政意义上的"广东"，故并未收集民国时期隶属于广东的海南地区的相关史料。

二、各条目的史料以编年体的方式进行编排，只标发行时的具体年月日，不标报纸的发行号数。

三、本汇编均据《申报》原文照录，个别与本汇编主题无关之文字，则适当作了省略，在相应位置加注说明。

四、原文所使用的繁体字、异体字等，除地名、人名保留原貌外，一律改为现行规范汉字；因文字漫漶而无法识别的字，则以□代替；抗日战争期间，《申报》中出现大量的"××"无字表述，则保持原貌。

五、原文的旧式标点，改为现行的新式标点；竖排改为横排。

民国时期《申报》粤侨史料汇编（1912—1949年）

1912年3月22日　第14037号
孙总统之人道主义

　　孙总统令外交部禁绝贩卖猪仔及保护华侨，文云：兹据荷属侨民曹运郎等呈请禁止贩卖猪仔及保护华侨各节，查海疆各省奸人，拐贩猪仔，陷人涂炭，曩在清朝熟视无睹，致使被难同胞穷而无告。今民国既成，亟应拯救，以尊重人权，保全国体。又侨民散居各岛，工商自给者亦实繁有徒，屡被外人凌虐。然皆含辛茹苦，挚爱宗邦。今民国人民同享自由幸福，何忍侨民向隅，不为援手？除令广东都督严行禁止猪仔出口外，合亟令行该部妥筹杜绝贩卖及保护侨民办法，务使博爱、平等之义实力推行，切切，此令。

　　又令粤都督，文云：兹据荷属侨民曹运郎等呈请禁止贩卖猪仔各节，查奸徒拐贩同胞，陷人沟壑，曩在前清，草菅人命，漠不关心，致使被难人民穷而无告，岂惟有亏国体，亦本总统所痛心疾首，殷念不忘者。前曾令内务部编定禁卖人口暂行条例，冀使自由、博爱、平等之义实力推行。惟禁止猪仔出口，尤为刻不容缓之事，民国既成，岂忍视同胞失所，不为拯救？除令外交部妥筹办法外，合亟令行该都督严行禁止，务使奸人绝迹，以重人道而崇国体。此令。

1912年6月19日　第14125号
华侨不耐美国新苛例

　　旅港番禺工商局车茂轩等呈请粤都督，电诘美使将验视肛门苛例取销。奉胡都督批云：据呈华人到岷，无论工商、男女，先禁后验，至为苛辱，似此苛待，实难缄忍。候电北京外交部，请向美国公使交涉，取销苛例，俟奉电覆，再行饬知可也。电北京云：北京外交部鉴，小吕宋番禺公司来电，美国新出苛例，凡华人到岷埠，无论工商、男女，先禁数日，期满放出，又视肛门一次，辨其染疫与否。似此苛虐，殊辱国体，乞向美使交涉，请将此例取销为幸。粤都督胡汉民印。

1912年8月2日 第14169号
咨请优奖暹逻侨商

咨复中央外交部云：为咨复事。案据财政司呈称，案奉都督谕开，现准外交部咨开，六月初十日国务院交奉大总统发下，广东议绅余乾耀呈请暹罗华侨捐款，酌量给奖，并设公使领事一件，应由贵部察核办理，原件抄送等因。查原呈，内称去年九月间曾由该议绅函劝暹罗侨商郑谦和等捐银二十万元，当由广东财政司李煜堂收到银十万元。又据余之瑛集捐暹罗银四十余万元，分拨南京、中央政府、汕头三处，应请酌量给奖等语。本部于此项数目无案可稽，应请贵都督将此项捐款数目并收到月日，饬司详查声复，以凭核办，附钞件等由。准此，合谕贵司，仰将此项捐款数目并收到月日详查具实，以凭咨复核办等因到司。奉此，查槟角埠郑君谦和曾于去年十二月廿四号汇来银十万元，交都督北伐军财政部代收，就中五万元由法兰西银行汇上，于元月四号收到五万元由汇丰银行汇上，元月六号收到。查我粤当反正伊始，财政竭既，军需浩繁，全赖各侨商踊跃输将，以资接济。郑君谦和慨捐巨款，其热诚爱国，加人一等，方之子文，何足多让，自应从优奖励，以资鼓舞而励将来。兹奉前因，理合将查明各节呈复察核，转咨外交部优予给奖，以励侨民，实为公便等情前来。查郑君谦和，经商暹罗，热心祖国，从前粤有灾厄，无不捐款救济，以为旅暹华侨之倡。此次军兴，又能慨助巨款以济国家之困难，其爱国至诚，实堪佩许，应请分别优予给奖，以示鼓舞。为此，合咨贵部查照施行，须至咨者。

1912年12月13日 第14301号
命令

闽粤各省人民懋迁为业，转徙海外者，所在多有，以彼久居殊域，犹复眷怀祖国，先后来归。乃地方有司，往往抚辑无方，致情意每多隔阂。前清末造，亦有保护侨民之议，而奉行不善，实效未彰。方今民国肇兴，凡属中华国民，咸得享同等之权利，所有闽粤等省回国侨民，应责成各该省都督、民政长，通饬所属，认真保护。其有藉端需索，意存侵害者，务当随时查察，按法严惩，俾遂侨民内向之诚，益彰民国大同之治。特此布告。

1913年3月11日　第14398号
李子觐为葡属华侨请命

近有李子觐君因葡政府虐待侨民，于三月一日上书外交部，为侨民请命。其文云：葡属淛汶叻唎同盟分会觉群书报社正长赖泽春、副长李书堂、华侨选举会代表李子觐等呈。为拘杀焚掠，惨虐未已，迫得吁情恳请大部从速派员，俾免悬搁事。窃侨商等惨遭葡人苛虐、掠人戕命、商业损失一案，迭呈广东都督，咨明大部暨华侨联合会函呈查办各在案。二月初三日侨代表回国抵京后，据情陈请工商总长函致大部，兹奉工商部第五三一号批示，前据呈称葡人虐待华侨，损失人财各节。当经据情函致外交部核办去后，兹准复称查此案，迭准该处华侨及华侨联合会等来禀，业由备文照诘葡使，请其速转葡政府彻查究办，并函饬驻葡代办向葡廷交涉各在案。旋据驻葡代办复称，据葡外部电查，并无逮禁之事，其余须候其函复。惟在我之一方面，应否由部函请粤督就近派员前往调查，俾得其详确情状，再与葡外部切实交涉等语。当经本部函致粤督，请其派员前往调查，并饬葡代办仍向葡廷严重交涉等示，仰征怀保远人至意，侨等钦感莫名。惟案搁年余，被戕之罗兰、邓国民、钟壬生等三命，姓名确凿，拘禁之。钟让、杨其生二人惨在囹圄，且有被禁而致毙命者杨登一人，此为万目昭著之事，葡代办仅据葡外部一电，粉饰并无逮禁，足见葡人狡诈，毫无人理。然吾国国民之侨居异国屡被蹂躏而未获得交涉结果者，亦缘上下推诿，漠不关心，事悬日久，致受祸人声嘶力竭，而交涉事亦归泡影矣。故侨等对于部令请粤督就近派员调查，一则未敢奉命者，良由于此伏望大部痌瘝在抱，由京着委干员驰往淛汶详细调查，俾侨等冤戴覆盆伸雪有日，而大部与葡廷交涉亦较有把握也。国体、人命，关系非轻，为此迫得吁陈察核批示祇遵。

1913年6月30日　第14510号
老同盟员痛论强索革命费

　　其一　雷如川、梁侠雄致秋露、隆生、泽如、绮庵四君函云：自偿还革命运动费问题发生，凡我党人多怀疑惧，迭经谏阻不听，方冀有汪先生在，或可转圜。昨阅报载公等索还运动费书，良深悲恸，我辈当日运动虽属秘密，然其大略亦难欺人，河口失败以还，同人逃遁南洋，衣食多无所靠。庚戌而后，力谋大举，三月二十九之役，当时报告共费去一十八万元。失败后同志四散，公议实行暗杀，下年再图大举，内部复互相攻诘责骂汉民、毅生之贻误，四分五裂，分途进行。五月十一夕，提议多购暗杀，方以无款为词，只勉各人担任义务，各同志穷饿求恤者亦以无款却之。此无可讳言者。至九月十九反正，汉民到省，不名一钱，即夕借出商会款一万元，始有饭食，此亦人所共知。迨十月，孙先生初过港，汉民亦在粤库提取港纸二十万交与孙先生，始有费用。今忽谓有运动费一百四十余万之多，不特他部分齿冷，即本部同志亦立当瓦解也。不图公等竟以华侨代表，自称驻粤索还，不顾华侨之议其后，此等暧昧行为，他日分赃不匀，人思染指，公等自作自受，死不足惜。可惜我同志奔走多年，千秋万岁，我同盟会人、国民党人徒为中外人所唾骂也。哀莫大于心死，而身死次之。公等即不顾其后，而既假华侨之名，华侨必深愤恨，我辈末路，更何有啖饭之所乎？事关我党存亡，用敢苦口忠告，使天下后世不至骂我党全无一人，并冀唤起同人急为猛醒。语曰："过而能改，善莫大焉。"弟终冀诸公之悔悟也。除忠告汪先生勿受此十万秽物，免至身败名裂外，谨此掬诚相告，尚希熟察，并请筹安。盟弟雷如川、梁侠雄鞠躬。

　　其二　梁龙腾致广东报界公会函云：近阅报章，载有胡汉民拨粤库银，偿还美洲南洋华侨于庚、辛二年资助筹借革命费二百余万圆，并给其僚属游学费数万圆之举，若果属实，是海外华侨从前一切义举，均被胡督污蔑殆尽矣。胡督个人，自有公论批评，龙姑勿言。惟此举与华侨名誉有关，龙不得不略为表白。龙未抵美洲，美洲华侨资助革命费，其为捐与借，龙不得而知。至南洋一带，龙曾任新嘉坡《中兴日报》笔政三年，在暹罗《华暹新报》笔政三年，此二报均同盟会机关报，如有为革命在南洋筹款者，此二报必先鼓吹，故在南洋筹革命费，龙颇知其大凡。以龙所知，华侨所捐之款均怀一种复国热诚，不计利害而慷慨解囊，并无所谓筹借收条，或有或无，即有收条亦不过昭示此款之已为统筹部收到而已，岂冀他日之偿还乎？他不具论，即龙于数年中亦捐有百数十元，然并未有收条，余可类推。如辛亥三月二十九之役，暹罗同盟会中捐款七千余元，失败后又捐千余元，此皆龙所与列者。又武汉起义后，暹罗华侨捐款三十余万元，内汇粤政府十万元，南京政府十万元，此捐款之捐启为龙所起草，汇南京政府十万元亦龙所主张者，然当时均作义捐，并非借款。今胡督拨还华侨革命费，谓为借款，究不知其果何所指？可疑一。即果有所谓借款，亦必因起革命时捐款未足，暂由个人担任筹借者而已。然此亦少数，何至有百余万元之多？可疑二。革命为全国事，非广东一省事，果革命费当偿还，应由中央支给，今独取偿于粤库。可疑三。革命费如应由粤偿还，何人任粤督均当如数支给也，固不必区区由胡督经手。今胡督必于其任内偿还，可知非胡任粤督则华侨此款无着，而此款之偿还为势力问题，非法理问题，明矣。可疑四。给还革命费，以李、陈二人之收条为凭，陈、李二人为当日同盟会公举收革命费之人，非粤人公举收革命费之人，同盟会为中国革命党之一部，非粤人所得而知也。今独由粤库代填陈、李所收之革命费，已属不公。且李、陈所发出之收条，以何时起止，何为范围，足以表明无从中作弊至滥领公帑，亦殊令人难信。可疑五。华侨捐资革命，乃热心复国之伟举，今要偿还，是当日之革命党不过一合资营业之公司而已，以义始而以利终，想必非出自华侨资助革命费者之公意。今胡督谓华侨屡次催问，可疑六。有此六可疑，龙谓即粤库充裕，亦当由省会电各埠华侨，征询同意，稽查实数若干，着李、陈二人将支数逐款列明，登出广东公报，以昭核实，乃可给领，固不能由胡个人任意妄支，以糊里糊涂了此大巨款，又况粤库如洗乎？至胡借口"有功民国"四字而拨巨款于私人，而此举直同强盗，又无论已。龙现在琼岛报编辑，因事回港，见胡此举实有碍华侨名誉，且于吾广东财政亦大有关系，如鲠在喉，不吐不安，欲著论登诸《琼岛日报》，尤觉迫不及待。爰草此呈请贵会分登各报，以代海外华侨舆论一斑，希如所请，曷胜翘企。梁龙腾启。六月二十一号缄自香港琼海通。

1914年3月28日　第14772号
粤中戒严后之情况

……新任爪哇总领事欧阳庚已于前月莅任，有函通告来粤，昨都督省长会名复书该领事道贺，并求该领事就近查察，内地党人如有在南洋诡谋倾害祖国情事，请随时电知，以便预防。又南洋各岛华侨所办学校，向多来粤立案，惟南洋各岛星罗棋布，其未报案者尚多，请查明电覆，以便互相维系云云。

1914年6月16日　第14852号
特约路透电

（广州电）新加坡各岛华侨运柩三千四百具回粤埋葬，当道恐有私藏军火情事，拟开棺查验。

1914年6月27日　第14863号
黄锦镕冒充英人

汉口日前正法伪造湖北官钱局钞票党人黄锦镕一名，已纪前报。闻黄经军法处讯供时，冒称系英国籍，经该处派员调查并至英领署访问，知该犯实系华侨，原籍广东香山，在英国爱尔兰生长，现由某党首指使来鄂伪造纸币。兹正法后，其妻已经伦敦会教堂收留为女教员，闻亦华侨女，年二十一岁，科学甚好。

1914年8月28日　第14925号

（广州电）日内南洋停工，华侨纷纷回粤，党人乘之，散布谣言，人心非常惊慌。

1914年9月4日　第14932号
战事影响之华侨状况

暹罗华侨昨得暹罗消息云，此次欧洲战端一开，暹罗商务大受影响，而以我华侨为甚，盖营商于暹罗一国者，以我华人为领袖，华人之中又以潮郡为多。自欧洲启衅后，各国皆自守。其国际法，商船往来，因此阻碍，缘航行暹国之轮船，以德人经营者为最多，德既与英法为敌，其船固不能达香港、安南、新加坡等处。然暹罗之出入口货俱以香港、新加坡为枢机，目下来往于汕、港、暹之轮船只有华暹公司两艘，暨黉利行等三四艘而已。以故每次开行，货物堆积如山，搭客异常挤拥，而该公司亦藉此时机，船票骤起倍价，商务因大受影响。除土货外，概增倍价，如罐装牛奶等，从前每罐只售四十丁（暹币一丁约当我国小钱八枚有奇），今则增至七十丁有奇，观此足见一斑。

新加坡华侨

英德宣战后，新加坡异常震惊，粤省侨民返里，每次轮舶到港几及千人。其无家可归及年老废病者，现由驻叻领事将人数汇交港督递送回省，由警厅送交华侨安集所妥为安置。

1914年10月8日　第14966号

（广州电）南洋华侨因失业而回广州者，前后已有三十万人，省中已派专员一人，照料其事，乱党即将起事之说，实无根据，华员谓当道刻在香州（译音）开办工厂，以安插失业之人。

1914年10月25日 第14983号

战事起后之广东 特约员平生

　　自欧洲战事发生以来，粤省受其影响最大。粤地濒海，商人长袖善舞，经营海外商业者最多，近则庄口一律停办货物，出口货无人过问，昔之著名商店，今已门可罗雀，其失业者不知凡几矣。而因商业停滞之故，出口货物绝无收入，金融亦大受影响。省港贸易往来，向来港纸高水不过数元，即当前岁变乱时，最高之率亦不过十元左右。惟今则竟高至十七元零，昂贵极矣。故凡业洋货者，皆疾首蹙额，引为大苦。转瞬年关一届，则商业倒盆者必居多数。至改良土货，提倡实业，此亦多属空言。所谓土货，除土织各种布、土制火柴，皆日用所必需者也，然实则原料仍多来自外洋。故自战务发生以来，土布原料供不及求，近则纫织者将有停机之患；火柴行所需药料全靠德国，由港进口，现此项药料无从转运，营业者不得不停歇，从前火柴每盒仅值铜钱三文者，近日涨至铜钱十文，虽加起两倍而仍有市绝之患；至于造币厂购买生银必需港纸，因港纸价昂，所购生银成本极重，几无赢利之可言，故近日亦颇为竭蹶。兵工厂则军用所关，然近亦将工人酌为裁去，盖因欧战影响，凡制造原料，各国多禁止发行故也。昨李巡按使特与实业科长罗惇景筹议办法，略以铅、锑、樟脑、硝磺为制造原料之大宗，而吾粤皆有出产，拟将兵工厂存款拨出，经营各矿，则所有制造原料无须外求，计每年可溢利二百三十万元，于实业、财政两方面均有裨益。此虽补牢之策，然非目前所能见效也。

　　粤省商务疲困已极，而华侨回国者又纷至沓来，先后抵省者不下二十余万人。省城既由警厅特编警队专司保卫及查察，此外如潮州、惠州、韶州、琼州等皆特设华工事务所，专司招待，然此辈华侨无业者实居多数，抵省以后，既由当道用交通巡船送还原籍，然在籍一无生业，亦非地方之福也。调查华侨回国者以南洋群岛为最多，而在南洋当工者以惠州为最盛，今惠州各县失业华侨举目皆是，博罗县知事裴锡钊曾一再详请派兵到县防护，又电请严防土棍勾结党人起事；而惠阳县三洲田地方又喧传有外来党人预备起事，其事虽无实据，但此多数失业者屯聚于此，实为可虑也。若言振兴实业以安插侨民，刻下惟兴筑大沙头一事已见诸实行，其他如经营香洲商埠、开辟东沙岛、开采广西富贺煤矿，均属画饼充饥，无甚条绪也。

1915年7月10日　第15233号
证人有意规避

英籍粤人徐景明，因华侨合众保险公司股本纠葛与股东黄少泉（即黄天林）涉讼，迭经公共公廨传同两造人证会讯，并因见证洪淡人所供不实，判候复讯核断，嗣洪因病不到，延代表律师到堂代辩，饬候传保着交在案。昨晨由廨饬探将洪之保人陈菊甫传案讯据，供称洪因病前往松江就医，请宽限，函催来申云云。王襄谳与英领康君会商之下，以洪有心规避判陈，押限下礼拜一将洪淡人交案再核。

1915年8月15日　第15269号
党人牵涉华侨

粤省香山人刘华民，侨居美国十余年，富有资财，于前年回国，近被在粤缉获之党人梁某等七名供词牵涉，由龙上将军通电各省一体查缉。江苏冯上将军接电后，昨已转饬本埠军警各机关协同侦缉矣。

1915年10月30日　第15345号
粤报纪澳门华侨之传单

粤省某报载，澳门华民维持国体联合会近刊之传单布告略云：敬启者，本会请准澳门政府，于本月十日民国纪念日，假座捷成戏院，开华侨全体大会议，决议本会成立。今将章程付上，请烦查收，速速通告国民，继续发起，协力进行，选派代表加入本会。先行电覆，并望高明勿吝教诲，以匡不逮。俾得以中华国民全体代表名义，限期十一月一日以前，呈请肃政史、参政院弹劾及向平政院控告，并电诉欧美各国政府及国民，记念初年，承认中华民主共和国体美意，曲予保全，使我中华全体国民维持民主共和真正意愿，得以表现于世界，以尽国民责任而免再受君主专制之毒，当为我汉、满、蒙、回、藏五族爱国同胞所乐为赞助也已云云。

1916年4月18日　第15509号
澳州华侨致唐伍电

唐、伍二公鉴：龙踞粤垣，侨民誓不承认，乞联各界，电龙解职，另组政府。怡朗书报社叩。

1916年7月2日　第15584号
旧金山华侨请逐龙济光电

广东报界公会公送肇庆岑都司令鉴：龙督喉粤各团，捏李肇祸，电欺华侨。得电共愤，乞协李逐龙，并惩助龙各团首领，侨任筹饷，盼覆。驻美旧金山中华总会馆代表全侨，黎协南、伍炯堂、林寿国、黄觉流、林文锦、邓循隆、陈秉鉴等。印东。

旅美粤侨请逐龙济光电

《民国日报》转广肇公所各报馆各团体鉴：龙拒李祸粤，侨愤乞逐。旅美香山代表林寿国、刘殿生等。东。

1916年11月25日　第15730号
开会欢迎华侨纪事

本埠工商研究会、国货维持会，因驻英属新嘉坡总领事官胡维贤及参议院华侨议员沈智夫均因公晋京，于前日趁英国公司邮船回国，道出沪地，特于昨日假北市钱江会馆开欢迎会。下午二时开会，首由工商研究会正会长杨小川报告开会宗旨，略谓现值商战时代，我国工商界对于国外贸易素不讲求，胡总领事、沈参议员在外有年，洞悉国外商情，热心提倡国外贸易，故我工商界开会欢迎，俾得指示进行方针，使国人各尽能力，共谋利益等语。次胡领事答言："鄙人此次因公回国，主张创办华侨公司，专办中国各种实业，并设陈列所，拟向农商部条陈意见，俾华货得以畅销，是以先行至沪，与工商界接洽，共策进行。"次沈议员答言："鄙人在英有年，见华侨贸易极为发达，我国人急宜图之。鄙人晋京就职后，当竭力提倡，同谋利益。"次国货维持会会长王文典起言："我国国货现已逐渐改良，运往国外，颇为华侨所乐用，惟受他国人假冒影响，往往真实国货亦疑为影戤而弃之，以致华货未能畅销，深望各人注意，急谋发达云云。"演说毕，各用茶点，至五时始行散会。

昨晚（二十三日）六时，中华国货公司亦假岭南楼欢迎新加坡总领事胡维贤暨华侨参议员沈智夫二君，与席者如工商研究会会长杨小川、谢复初、东三省官银号总理董兰芳及陆君略、黄少岩、洪善长等诸君，对于工商事业各抒所见，讨论一番，尽欢而散。

（编者注：沈智夫，广东惠阳人。）

1917年3月16日　第15833号

（广州电）此间有名望之华人，均以中德绝交为憾，但谓政府与国会，无论有何举动，彼等必抒诚赞助，俾一致对外云。暹逻华侨代表请粤省长转达北京政府，谓华侨愿政府与暹逻交涉，缔结商约，暹逻今共有华侨数百万人而无祖国保护云。（十四日）

1917年3月17日　第15834号

（北京电）暹罗华侨代表请粤省长转呈政府，请订商约，为谋开放中暹商务及外交往来，侨民可得保护。

1917年3月25日　第15842号

抱一通信（十四）

非岛之华侨

　　余所见美国、日本各埠华侨，未有如非立宾华侨事业之发达者也。全岛各地侨民约六七万，其与非人感情之厚无论已，即非政府之美人，亦颇蒙其重视，惟商人多、工人少，大商多、小商少，故流品整齐而智识亦高尚。

　　华人在非岛之商务占全岛百分之七十，种类以进出口业为大宗，余如航业、米、木、酒、布、杂货等皆有之，虽小小岛屿，必有华人，又善经商，和平迁就，能合社会心理，设与非岛人各开一店，人皆乐就华人之店。贸易去年统计营业税之出自华人者占百分之六十五，邮局则每一局均雇用一华人，使阅信而之写华文者。印花税、通知单书华、英、西班牙三国文字，亦可见华人在非之势力矣。旅非之华人，以福建漳、泉二属为多，广东人居至少数。初来皆赤手经营，不数年遂以致富，盖其利率厚，年息四五分尚为普通之率，现家产达千万元以上者十余人，百万者数十人，每年以金钱寄回闽粤者，不下一千万。虽其富力较之南洋英荷各属华侨不无逊色，然其急公好义、慷慨乐输，殊不甘居人后。有商会，有教育会，有善举公所，有公共医院，有公墓，有学校，有阅书报社，有日报馆，有俱乐部，皆华侨以其自力创办者。

1917年6月29日　第15938号

西南形势之京中所闻

　　近据外报广州通信，谓侨居于美州、澳州、南洋及各国之粤籍商民均纷纷致电广东政府，若广东果向北方各督军宣战，则彼等均愿协助款项，现在广东已经决定为南方北伐军之根据地。云南督军唐继尧所派之代表刻已来粤，日与官吏商议出兵事务，李烈钧亦以此事甚形忙碌，一俟两广巡阅使陆荣廷抵省即将正式宣布出兵，而以陆氏为南军总司令。陆为西南方面最有势力之人，故西南各省均拟推戴陆为盟主。前闻陆氏对于此次政局异常冷淡，并以息事宁人、和平解决为宗旨。近日广东集议出兵，引领盼望陆氏荣戟遥临，以定誓师日期，未审陆氏最近所持之态度，又复何如？兹据香港特电云，陆氏曾致岑春煊氏一电，大要谓议会既被解散，共和已濒危，殆广东督军陈炳焜及李烈钧等计划六省同盟，以冀拥护共和，并求余为盟主，但余患足疾，难膺斯任，敢请足下速来，以组织军务院云云。

1917年11月22日　第16084号
不许应募公债之布告

本邑县公署前日发出第一百九十八号布告云：案奉江苏督军、江苏省长通令，准财政部电，准陆军部函开，探闻粤军政府在各省暨南洋、美洲募债五千万元，查结党倡乱，借以骗财，势所不免，应请台端查明，如有其事，迅即通饬各属严禁购募，并晓谕民间，勿被欺朦。倘有私自应募者，将来政府概不承认等因，通令遵照办理等因，奉此，除查禁外，合行布告，仰县属诸色人等一体遵照，特此布告。

1919年1月27日　第16506号
外洋各埠华商之近况　　静观

吾国人民侨居外国各埠经营实业者实繁有徒，外则殖民于异邦，内则输金于祖国，具爱国之热忱，富殖产之能力，此吾政府国民所不容忽视者也。兹以调查所及，述其近况如左：

华侨之在外埠也，以南洋为最多。所谓南洋者，其范围甚广。暹逻之华商在彼国京城设有商务总会，入会之户约六百人，每年会中用费约华银六千元。其毗连暹逻之越南，中国商人亦设有商务总会一所，商业多数在西贡，每年所用会费与暹之商会等。惟越南为法所属，一切商业亦颇发达。缅甸亦与前列二国相接近，现为英之属地，仰光乃其商业中心。华侨之居斯邦者，男女合计约有二十万人，其中从事于商业者约十万人；从事于工业者亦九万余；设有商务总会，会员一千七百余人。侨民以闽粤两省为最多，此固不仅仰光一地为然也。英之属地在南洋者尚有槟榔屿、新嘉坡、霹雳、雪兰、麻株巴辖数处，为华商荟萃之所，各埠均设有中华商会，就中规模较大者首推新嘉坡，会员在千人以上，每年支出会费约华银二万余元。美之属地在南洋者，有菲律宾岛，其中小吕宋（即麻尼拉）及苏禄两埠华商亦复不少。小吕宋早有华侨设立之商务总会，会员颇多；苏禄华商虽较少，近亦设有华商总会矣。

南洋各岛，昔日本在葡萄牙、西班牙两国国徽之下，自两国国势不振，属地大都脱其羁绊，荷兰乃代之以兴，故荷在欧洲虽属小国，而在亚洲南洋属地之广则当首屈一指。我国人民，占一廛以经营商业于其属地者，略分之可得二十余埠。此二十余埠者，多半已有商会设立，其设立时期且有远在前清光绪三十年间者，试举著名各埠，则有泗水、三宝垄、梭罗、巴达维亚、渤良安、日惹、峇厘、多隆五公、坤甸、望加锡、安班兰、万里洞、松柏港、巨港、山口洋、日兰、把东、棉兰，其大部皆属于爪哇。我华民在此经营实业，颇占势力，并考其历史，固已经悠久之岁月，而论荜路蓝缕以启山林之功，则我华人更无庸多让也。美属之檀香山，虽孤悬大洋之中，我国人民经营工商业者亦及一万余人，并闻斯地华侨颇知注重教育，公同组织之华童学校颇多。澳洲则南澳一部分华人颇众，经营矿业，极有势力，有南澳华商总会，设于克列（埠名），会长朱和，颇有能力，雪梨亦有华商会一所，合计华民在澳洲之总数约达三万人。

南洋及澳洲各埠中，凡属华商较众。商业较繁之区，我国政府无不设有领事官以管理之，既用以平其纷争，且借以保护其殖业，计仰光、新嘉坡、斐律宾、爪哇、泗水、把东、檀香山、澳洲均设有总领事一员、副领事一员，惟槟榔屿则仅设副领事一员。又昔为德属之萨摩岛，华侨人数虽不多（不足三千人），以其地方较为重要，近亦增设总、副领事各一员。年来南洋各埠领事对于保护侨商、调查实业，尚不乏勤于职务之人。

其在日本之华商，则以长崎、横滨、大阪、神户四埠为最多，惟无较大之工商业，比之南洋，殊不逮也。各埠均有华商总会，长崎、神户两处政府并为之设领事官，至就侨民之籍贯，一检查之，则以江苏、浙江、山东、福建四省之人占其多数，绝不似南洋各埠，到处均闽粤人也。朝鲜之京城、仁川、新义州、釜山、元山、甄南浦六处皆有华人之商业，而尤以新义州之华商为最多，直隶、山东两省之人占其多数，农、工、商三界均有之。在昔我国夏布销之朝鲜境内者为数甚巨，华人业此者实为大宗，近数年来此项商业已将绝迹矣。各埠华商大半已设有商会，除元山、甄南浦政府仅设副领事一员外，余均设总、副领事各二员。

俄属海参崴最称大埠，华人在此经营工商业者约四万余人，亦以直、鲁两省之人为多。昔年陆是元任领事，颇能尽心引导华商，并详析调查工商状况，报告政府，继任者殊难媲美前人也。该埠华商于前清光绪三十年即设有总商会，当民国之初，俄之官府颇有干涉举动，谓华商不应在俄境内设立商会，勒令将商会名目取销，近早言归于好矣。惟该处因近年西比利亚一带风鹤频惊，又兼羌帖价值大跌，华商境况颇为不佳。其他若俄属之双城子、伯利、驿马河三处，华商亦有经营于其间，且已设立商会矣。

华侨之在美洲者，美国纽约有一万余人，最多为工，其次为商；英属坎拿大之域多利、温哥佛二处则各有二万余人，亦以工为多。二处均设商会，并置有领事官，其属于坎拿大之小埠，若都朗度，若满地可，近来亦有华商会之设立，可知该处工商各业已渐启发达之机。此外若旧金山，则华人在此营业者，合工商两项计之约及二万人以上。至墨西哥、秘鲁、厄瓜多、古巴诸国，工商各界，华人均有，民国以来亦已结合团体，设立商会。在美之华侨当以粤、闽两省之人占其多数，无异于南洋各埠，而粤人之势力尤优。至于在欧洲之华人，为工为学者近亦渐众，容另述。

1919年2月17日　第16520号

旧参议院华侨议员沈智夫为赴巴黎和会请求各国取消苛待华侨条例致海外侨胞书

敬启者：智夫谬承推举代参国政，三载以还，无甚建树以答侨胞之期望，日夜扪心，良用於恧。然凡关于华侨之利害疾苦，亦已知无不为，为无不力，至对其备受外人种种不平等之苛待，尤为抱痛在心，极谋补救，徒以苦无时会，不得不默尔而息耳。今何幸人道战胜强权，公理大明于世，各国复悟兵凶战危，为祸至烈，图消除国际间之恶感。联开世界大会于巴黎，以谋全球永久之和平，而张人权、人道主义于天下。智夫反覆焦思，认为我华侨声诉疾苦千载一时之机会，用在国会提议，咨请政府切饬赴欧世界和平会大使，提议要求各国尽行取消其苛例，以彰人道之公而苏侨民之困，然犹以政府之提请仍属一方之事，而侨民亦应自行请愿，以取并进之功。以是之故，智夫亟思南返调查筹划，赶赴巴黎，以为我侨胞申请，盖若舍此时会而不图，终无复出黑狱之一日。嗟我华侨，亦神灵之胄矣，乃环顾各国之民，罔不得平等之待遇，独我华侨则不然。智夫世居海外，凡耳所闻、目所见，亦已引为至耻极辱之事。我侨胞亦有具同情思所以祛之者乎？天下事自在人为，决无绝对不可能者，况苛例纯由于国界、种见而生，实至不公不平者也。方国家主义盛行之际，各国或不以为非今当大同主义实现之初，友邦必深自省悟，根已动矣，拔之何难？且苛例本悖乎人情，更非根于法理情理之不中者，当难久持勿衰。百事皆然，岂独乎此当欧战之初开也？德乘累胜之权威，大有席卷欧陆、包举全球之势，浅见者流，亦鲜不以德必能逞其志矣。曾几何时，一蹶莫振，循受城下之盟，是知徒恃强权弗顾公理之不可以长久立也明甚。智夫有见于此，窃虽不敏，亦敢决此等苛例之不克永存焉。虽然，世使亦有无代价之事乎？夫物之易求者，其值或低；物之难得者，其价必高。理势之所必然，当为吾人所洞悉。历考各邦苛例之起原，大抵由于过重己国若民之利益，而借口他人习惯之不良，自治之不力，遂不惜违背情理而为之，主因已在此矣。乃欲其抛弃久享之利权，甘从世界之公理，岂得谓之易易？幸际兹列国惩于战祸之剧烈，群思□隙之潜消，知谋世界之和平在图国际之互相尊重耳，使非然者，则以智夫之愚，曷敢徒凭理论之正真，罔顾事势之困难，贸贸然谓所志之必得行哉？且主是会之盟者谁，非力助协约国之美总统威尔逊氏乎？威总统者，非尝宣言发皇人权、人道主义及人类之应平等待遇乎？而美国者，又非慨然渐予非律宾人民自治之实权乎？论者谓美国之民眼光恒及乎全球，而不仅限于新陆，有泱泱大国风。吾观于此而益信，惟美亦有苛待华侨之特例也。此次威氏已有维持公道之宣言，吾知美必能仗义执言，而先自除之以为各国倡，可无疑义。今时势虽可乘，情理虽可恃，而吾人若不亟谋自治，恳切呼号，恐不足以促各友邦之反省，而间执其口因，以立除其苛例，是所不可不自觉也。夫所谓自治、呼号云者，在智夫视之，则以为一种无上之代价矣，请得一毕其说。夫"人必自侮，而后人侮之"，先哲垂训，今古莫殊。我华侨之在海外也，起居饮食不能尽合乎卫生，公共场所鲜克全守其秩序，事实虽掩，莫可讳言，然亦只由列国风俗习惯之不同，原属弗足轻重。乃以耳目之所激刺，竟足为致怨之阶，而取缔条例遂因之以起。我华侨乃不知自治以绝其源，复罔识联合以维其后，例之日苛，有由来矣。自治之道维何？窃以为，首宜组织华侨，联合机关，以振兴教育、研究工商、联络感情、互相劝助、谨守法律、重保公安为主旨，是诚为赴世界和会请愿所必先举之问题焉。请愿之道维何？先宜调查虐待之详情，并联合一气，以为进行之援助，果居者均具坚苦卓绝不拔之精神，及不达其志弗已之决心，智夫虽不才，亦安敢有所爱惜而不为我华侨请命，冀挽狂澜于既倒，而奋折翼于已坠耶？语有之曰，至诚能动天地、泣鬼神、贯金石、感草木，况同为人类，宁有不可感动者哉？乃若焦唇烂舌，忍辱任劳，亦已思之深、虑之切矣。虽无包胥之才，信具坚贞之志，名利可弃，生命可捐，而此目的不达，则此心何忍？此身何安？且智夫忝为华侨议员，代表民意，大义所在，良心所知，其敢当仁而让，规避艰苦乎？故智夫此行，国内人士闻者莫不壮之，而政府诸公亦极为赞许，因并任为宣慰，奉宣至意，咨询疾苦，而与我侨胞一宣叙也。启程在即，晤觌匪遥，谨布往怀，唯我海外父老昆仲共鉴之。民国八年二月二日。

1919年2月24日　第16527号
天南通讯（二）　*旅行记者抱一*
海防之侨务　米之问题　今总督之政策　侨民之两大希望

　　法属之印度支那，即古之越裳地。今析为东京、安南、柬蒲寨、老挝、交趾支那诸部，而以法总统所任命之安南总督统治之。吾船自香港西行，穿琼州海峡至东京湾，以抵于海防，其地为东京属，若未来之目的地西贡，则为交趾支那属。

　　由海防坐火车行三小时，达东京都城法总督所驻地河内，再由河内坐火车，分二支：一东北行过谅山达镇南关，以近接吾广西之龙州；一西北行三日经老开、蒙自而达云南省城。吾国人之赴云南者，咸取道于此，以国内交通行政之不修而假道国外，予闻之，不胜其慨叹，而行者习焉，相与安之矣。

吾船之抵海防为阴历大除夕，天气如扬子江头春末夏初，侨童争于浓碧之树阴中，燃爆竹以迎新岁，其陈列品若盆栽之牡丹、山茶皆怒开，公园有伟大之铜像，其人名瞿辉丽（Jules Ferry），以一八三二年生，一八九三年殁，则始事经营此地之法人也。大公园在红河之滨，畜大虎、大熊等动物，去市可十里，沿途皆水田植稻，使非远处有高耸云表之椰林，一若归吾苏松故乡矣。

海防之重要产物为米为丝。米之出口往年仅二百万石，至去岁即民国七年达三百万石，仅海防一地其增进之速已如此。从前米价每石有仅一元者，今至劣之米每石须五元，以故农民生计颇充。海防本无甚市面，今则日渐发达，进步甚速，而以米商业十之八九皆属华侨，故侨商咸欣欣以度乐岁。

此间之米，大抵由华商运往香港，除转运日本外，兼运广东各地，故凡安南、暹罗、印度一带，以米换得之金钱，其一部分固吾中国人物也。吾中国地非不宜稻，且非不产米，而以种种之禁令，防弊之无术，乃至断绝流通，而转使一大部分之人民仰食于国外，岁流出金钱无算。今吾上海方在研究粮食问题，自记者言之，无论行政当局与社会人民，皆不可不注意研究。其解决之方法，不外改正条约，或就条约善为解释，而为限制的、自动的出口，一面抽取税金，提出一部分，趁春耕时于宜棉地之外，奖励植稻，使产额与消数同时增加，国民受经济增进之利，而不受食粮过昂之害。凡此计划，须联合有关系各地方行之，且须联合官民两方面行之，断不可支支节节，各自为政。至防弊之法，诚宜郑重研究，但行政者不宜因此中弊窦滋多，而仅以禁绝出口了事；社会上亦不宜因提议此问题之易惹嫌疑，而以绝口不谈了事。意者苟真为人民谋福利，而非为个人保流俗之名誉者，必不出此也。

今之安南总督萨罗氏（Sallaot），曾任法国教育总长，为平和社会党人物，对于属地，主张用开明政策，而反对高压手段。前曾一度任此职，为旧党攻击而去，今重来已二年有余，励行教育，于都城设立各种高等专门学校，并设大学，不论法国人、中国人、安南人皆可入学，受同等待遇。对于中国极意提倡亲善，盖醉心于和平新潮流者。但此间一般官吏多系旧派，尚习用其向日之手段，盖世界任何地方皆有新旧两派之互争，而新派日趋于优势，此则全球大势所趋，莫可违也。惜吾舟过此仅一宿，不及往河内与萨氏相见一谈，并纵观其学校。

海防华侨自十六岁至六十岁者，前五千人，今仅三千人，以工厂因欧战停歇，工人散归，故连妇女计之一万人，河内都城一千人，十之九皆粤籍。法国之待遇华侨，法律上并无不平，但事实上待华人不及白人，待下等之华人不及上等，如审判机关并无特别，而事实之结果往往如此。华人之最感不平者两大端：一为人头税，以其事业之大小定为三等，凡十六岁至六十岁皆须纳之；一为旅行护照，如由海防至河内，或至西贡，虽同在属地，亦须向官吏声明事由，领取护照，不得自由如日本人，两者皆无有也。现以萨罗氏之主张亲善，请求免除，萨罗氏允为提议。此等事吾国政府初未注意，而侨民亦无复有向政府要求交涉者，知要求亦无效也。海防华侨有中华会馆总理赵君弼卿，系公举之华民代表。有男、女小学校各一所，皆用粤语，而每周授国语一小时，其经费以演戏收入为大宗。吾辈往游，正在预备新年演戏。安南人亦多通粤语，用华文，衣华服。惟鸦片盛行，街头小屋，可登楼吸食，亦可购取，门外榜曰芙蓉阁、曰琴韵轩，卖买皆华人，见之恻然，然街道服物颇整洁。

1919年2月27日　第16530号

天南通讯（三）　旅行记者抱一

米商之限制　教员之限制　教育之现状　丝绸业之可为

记者既于海防口外度旧岁，三日而抵西贡，由西贡车行一时许至堤岸。此地华侨统计有四万人，为安南全境华人最多之埠，其最大之商业为米，年出口三千万石，十之八九皆归华人。居留政府忌之，乃责令华商各将一九一四年至一九一八年五年间，每年运米出口若干、运往何地、装配何船、是何种类，限期一一报告，俟查明后，限定各华侨之米粮出口营业，不得过于五年间平均数之半，余由法人为之。各侨商推举代表向官厅请免无效，此一事也。

又有一事，堤岸州官通告各华侨，凡教书之教员，一要中国侨民；二人情纸字据要完全；三在安南居住满五年，在设馆地方满二年方合格；四年岁要在四十以上；五须由本帮帮长证明其身家清白；六须经医生验过无疾病；七须有考验教员合格文凭，等等，见之骇然。据闻其所取缔仅指私设之学塾，然记者终于侨民教育前途，不免有履霜坚冰之惧，而就其条文以观，所最不可解者为四十岁以上之限制也。

华侨所设学校有：穗城高等小学，为广州帮所立，学生三百二十余人，本年添办中学，用广东语；有闽漳两等小学，福建帮所立，学生六十余人，用福建语；有义安小学，则潮嘉帮所立，学生数十；有坤德女学，学生亦数十；而最可惜者为中法学校，创立于民国初年，当时中法两国商家捐款二十余万元，实收十一万，内法人五万，余皆出自华人，校地大可百亩，系华商谢君所捐，校舍宽敞，殆可容千人，而现在仅有学生二十三人。叩其不发达之原因，当时建筑耗银十余万，余款数万，不数年用罄，仅校长法人之年薪多至一万法郎，款尽停歇，今虽规复，而校长以市长兼任，由市之学务部长遥领校务，无人负责，年薪仍须四千元，规定年招学生二十五人为一班，四年招满百人。一切校务取决于中法合组之校董会，华董虽占多数而无人能发抒意见。功课每周法文二十一时、华文十二时。

侨商中最大之资本家为闽人黄仲训，所开荣远典资本一千万元，其他一二百万元者甚多。

机器碾米厂，俗称火较，全市有十二火较，皆华侨所有，现为法人以重金收买其四所。十二火较之最大者曰南隆，资本数百万，每天出米一万余担，未被收买。

大宗出口除米以外为鱼干，年值一千万元，此外肉桂、砂仁、豆蔻等均由华商经运出口。

安南人所用丝绸十之九皆粤产，少数为东京河内产，愈薄愈适用，为进口一大宗。我产丝织绸地方之商家，盍派人前往调查，此中大可为也。瓷器原销景德镇货，今悉为日本所夺，因华货价昂故。

日本商人不多，闻法人划定其营业区域，不欲其散往乡间，然商务上之势力乃日增一日。

吾游安南，叹吾侨民营业之能力不下于英、荷、美属，而教育尚不免有逊色，失今不图，前途未可乐观。谋侨务者，大宜注意焉。

1919年3月29日　第16560号
南洋华侨联袂回国

昨有南洋侨商何照轩抵沪，带有霹雳华侨学生何邦彦、古炎，拟送入南京暨南学校肄业，特到华侨学生会报名，述及到粤时，尚有学生七名，由广东翟省长招待送入学校矣。何君在南洋，对于社会公益异常出力，曾任霹雳华侨教育会副会长。此次送学生回国，拟顺道往北京、日本各处游览，并调查祖国实业情形，预备回南洋时报告诸侨商知悉。又有侨商丘光盛，世居南洋把东，现经温伟堂君引导，携眷回国，亦同时到沪，调查香港、上海商业情形，由华侨学生会招待，不日拟往苏州、镇江、南京、北京、日本各处游览云。

1919年4月7日　第16569号
旅美观察谈（六十三）　一之

所谓赖移殖而扩张声势者，若美利坚之新大陆，更有一种至显著之征象。美国方面，建设事业甚多，其有赖于他国侨民之迁入者甚亟，众擎易举，独木难支，势之所在，不容强也。设美境而不许他国侨民源源续至，以助成其发展，则今日之美国安得有此蓬蓬勃勃之现象乎？美国最西之一大城，夙昔以产金著，华侨以其地势崇高，相传犹有金山之名，美民以兹重要商港为美利坚太平洋岸咽喉，西望雄关，复有金门之号。盖美利坚之产金，犹墨西哥国之产银也。我国银行家通用名词尝有"美金墨银"之别，吾人苟于此等名词，细加审察，则所谓美之与金及墨之与银者，不独在彼两国有历史上关系，即如我国冒重洋、涉重险远行数万里外之侨民，似亦不得不以此金字与此银字为其开山元祖极大纪念之符号耳。

以美国论，当其草莱未辟、宝藏未兴之时，最先渡美而助其西部诸州之开拓者，实为我中国粤籍之侨民。金山正埠（San Francisco）最早发生之大事业，亦即金矿之发掘也。白人体质，不任艰苦，故当时之充矿工者，华侨中实不乏其人。其后宝藏既兴，草莱既辟，彼都人士日夕从事之铁道事业，乃更与采矿事缘附以生，而彼时充苦役事敷设者，又泰半皆华工。此华工之渡美，实为供应其所需求，已属无可疑议者矣。

所甚痛者，我国侨工既尝有功于美，而获得一切天然发展之机，我国政府绝未加以掖导，付诸训练，而使之成商业战略上极有能力之劲卒耳。我国侨寓美洲之民，漫无趋向，不可究诘，譬之以孤军入重围，主将失道，听令无从，虽有盈千累百之散兵，亦惟有束手以待毙耳。故加州议员中有排斥中国人者，屡提条例，日益加严，而中国之商务终至奄奄无生气也，虽各馆中常有循例翻译之调查报告，亦正所谓庄周之论，不足以济鲋鱼之涸辙矣。

1919年4月8日　第16570号
马来半岛　*旅行记者抱一*
富豪陆佑　公益家张文炳　大盗　教育　教育会

自新加坡乘火车，渡海，上马来半岛，沿海西北行一日夜而达槟榔屿，其间经过地方，若柔佛，若芙蓉，若吉隆坡，若怡保，若太平，皆极富庶，华人随地皆是，宝藏犹未尽泄也。论最近华侨大资本家，必推陆佑。陆佑，粤人，本黄姓，幼为人奴，流徙至海外，以开锡矿起家，其富几不可以数计。英属各埠到处有陆佑街，街两旁建筑物皆其产也，仅吉隆坡一埠，陆佑年收屋租一百五十余万元，其他各市集为陆佑所创建者，不胜枚举。吉隆坡为雪兰峨州首都，兼为霹雳、彭亨、芙蓉、雪兰峨四联邦施政之中心地，凡四联邦及雪兰峨本州立法、行政、司法之总机关皆集于吉隆坡市之一隅，其旁为邮局，为银行，为警厅，皆极大之建筑。游其间者，但觉峻宇嵯峨，干云蔽日，环以高花大木，匝地成阴，恍如身游欧美名都，不可方物，而不知此伟大之基址，皆我华侨大富豪陆佑所捐赠，英政府感之，因总名此建筑曰陆佑屋。前三年陆佑殁，殁之日仅其遗产印花税之纳于居留英政府者，已达四百八十余万。

今请再述一人，张君文炳者，居马来半岛之龙邦埠。初，马来半岛火车票、行李票、行车时刻表以及一切广告，皆仅用英文、马来文，而无华文，华人苦之。张君乃向铁路公司要求添用华文，不理，讼之于法庭，不直，以无佐证也。未几，而华人之购三等票者，纷纷坐头等车室，诘之，咸以不解英文、马来文，对公司照章重罚之，罚金既缴，照章给予收据，数年之间受罚者，不知凡几。张君乃悉以送诸法庭，讼遂得直。今则三等车票及车站一切布告皆兼用华文，每站至画一自鸣钟形，以针之所指示开车时刻，旅客同声称便，而不知张君之为此一事奔走谋画，历时九年，耗费更不知凡几矣。其生平行事，大率类此。近又为华人要求华烛税率，须与洋烛同等，正在进行中。其所居龙邦无一匪类，来者令其指明欲往之地点，计其用资若干，而三倍给之，故匪类不敢留亦不忍留。张君本富有资财，尽倾于革命事业及上述之公益事业，而绝不后悔。

吾述陆佑以代表华人殖产之能力，述张文炳以代表华人公益之热诚。虽然，仅一马来半岛，类于陆张者已不可尽述，其他各地，又岂胜述哉！

怡保、太平之间，有大盗焉，窟于深山中，器械精良，手段高绝，皆粤之广州人。其出也，先遗书富豪，责送若干金于某地，不理则劫之。自欧战后，居留政府兵警之力薄甚，竟不能制，余至怡保之前一月，怡保市受害甚烈，或曰此群盗乃龙济光余党也。

马来半岛之教育，余二年前尝遍观之，今皆有进步。吉隆坡著名之尊孔学校，以五万金购地十四亩于山麓，以九万金建筑校舍，教室、商事实践室、商品陈列室咸备。在鸠工中，校长宋君木林、总理何君小褚、校董叶君隆兴等热心与能力可惊也。雪兰峨、霹雳二州，各成立一华侨教育室，合学董教员共同组织，咸有欣欣向荣之象。

1919年4月13日　第16575号

北京通信（二）　桂生

暹罗华侨之维护问题

　　旅居暹罗华侨三百万人，以福建之漳泉、广东之潮汕人占大多数。彼等自前明时代，已移殖于该地，中间经过前清三百余年，为时久远，生息日繁，以人口论已占暹罗人口中之七八矣。华人在暹势力非特其他各国人所弗及，即暹罗本国人，亦莫逮焉。凡暹罗之大商业、大工业、大农业，悉在吾华人之掌握，故暹罗者，吾华族极好之殖民地也。舍华人之农、工、商业而外，暹罗即无所谓农、工、商业；舍华人而外，暹罗即减少其人口之七八。质言之，有华人方有暹罗，无华人即将不成为暹罗，良非虚语也。

1919年6月5日　第16628号

游欧笔记（续）　陈义

　　殷君之就侨校之聘也，江苏教育会曾以电约该校派人至船招待，至是未见该校人至，殷君又不知校址之所在，遂邀余等上岸访查，后询至南洋英属教育总会，始得该会庶务何君送余等至校。时校长涂君开舆外出，职员李君康源出而招待，邀赴上海楼晚餐。有顷，涂君亦闻信至。餐毕，返校留宿焉。夜间天气凉爽，窗外虫声四起，若秋意甚深然。

　　新加坡气候，一年如恒，温度约八十余度，所谓"万年无雪落，四季有花开"之地也。商人华人，居十之七八皆闽粤人。华侨两等学校三十五，学生有多致数百人者，中学校仅此一校，今春初办，有学生九十余人，分三班，教员皆聘自国内，经费充足，皆商人所输，现以校址狭小不敷用，正筹备另购地皮建筑，从事扩充。涂君号九衢，长沙人；李君安徽人。

　　二十四日上午，涂君导余等往游植物园，园广约三十余亩，中满植热带植物，古木参天，绿茵满地，行至绿阴深处，泉声瀺瀺，疑别有洞天，非复人间热带中矣。园中有一花室，群花怒发，余等在内少息，有一马来小孩至前跳舞乞钱，给以二十仙钱。余等备有汽水，命小孩取杯，以一芭蕉叶至，以之当杯盛水分饮。斯时也，心快神怡，形骸放荡，有与鱼鸟同游之概焉。出园，又赴博物院参观，其中搜集甚众，足广见识。十一时半返中校午餐，午后三时登船，四时起椗离坡。是日温度八十八度，夜子时雨，船中普通三等舱客至坡尽登陆，舱中铺位均拆去，满装货物矣。至是，船中华人，仅余及彭君二人而已。

二十五日，天晴，温度八十八度。夜半大雨，余卧甲板上，殊为所苦。

二十六日，晴。午前八时，船抵槟榔屿，泊离岸约半里，定午后三时开。检查官上船验护照后，余遂乘小汽船登岸，持涂君介绍函，往槟榔城平章会馆、华侨中学校，访校长许君克诚。既至，许君招待甚殷，导余参观该校一周。复赴钟灵学校，主讲是校者为余同行王君志超，邀共赴华兴楼午餐毕，时已午后二时矣，遂送余至海岸，乘一小艇登岸，须臾船开。此行殊仓卒，许君以植物园等处甚远，不及导余往游，余亦深以未能周览为恨，然于槟榔情形略得闻于许、王二君，此行亦不负也。是役彭君未与，槟城中校开办伊始，学生四十二人，分二班，校址借用平章会馆房屋，办法与新加坡中校一致，惟经费较之支绌耳。该校正筹备庆祝世界和平会，举行学校联合运动会，分十二门，学生认定各门运动者已有二百余人，此为该岛中之创举也。王君之夫人乃长沙周南女校毕业生，去岁来屿，掌群如女校校务，今春由母校聘来同学二人充当教员，且经费充足，校址优美，全盛时学生多至二百余人，亦华侨学校中之铮铮者。

槟榔一小岛也，气候与新加坡相似，统全岛之商业，不及新加坡一埠之盛。华人在此者多他处富商，以岛中空气新鲜，故卜居于此，而业商本岛者甚鲜也。岛虽英属，然财产地皮几尽华人所有，岛中橡树成林，制造橡皮，出息甚大。华侨两等学校，十九业拉洋车者皆广东潮州人，新加坡亦然，车较国内稍宽，可二人坐。

南洋英属各处华侨两等学校，共三百余校，中学校二，教育不划一，办法尚有不合法者，近来稍有起色，英人渐加注意。英政府及教会所办之学校甚多，收招华侨子弟，教以英文。此等学生类皆不识华文，其总数与华侨学校学生之总数，约为五与二之比。又闻暹罗对于国内华侨学校，限授暹罗文字、历史，已加干涉。以上皆许、王二君告余者。

二十七日至三十日，天晴，温度皆八十八度。自二十八日晚七时起，海中虽无波浪，而船行微摇动，想已行于印度洋内水深处矣。

五月一日早八时，船抵锡兰岛古伦母。

1919年10月8日　第16753号

爪哇通信（十四）

第十次通信　报告爪哇火山爆发事，均系实在情形，中段述爪哇土人共死有五千之谱，乃手民将"五千"误排为"五十"，遂致南洋阅本报者，咸怪通信者调查失实，可谓冤矣。上海杨交涉员电汇巴达维亚欧阳总领事荷洋六千七百余盾，以振华侨，欧阳即转汇泗水埠贾领事，就近调查，振济南洋华侨。七十余家之报馆，莫不持香歌颂上海商界之盛德，且谓其关爱华侨远胜于闽粤各处。盖南洋华侨多隶闽粤籍，故对于闽粤盼望尤殷，乃此番火山爆发，不闻闽粤各处发起振捐，独上海方面竭力筹募，因此益致其感谢之意。某华侨马来文报评论此事云，五十年以来，只闻中国各处常向南洋华侨募捐，未闻华侨有向中国募捐者，今上海商界有此盛举，诚可谓破天荒，然益见中国与南洋愈形亲密云云。窃详查十年以前，华侨多不愿回中国，今则妇人孺子多存一回国之感念，即闽粤侨商之心目中亦视上海为乐土，于此足见南洋华侨对于上海有特别之感情。预料将来中国商务发达于南洋者，亦必首推上海；以现时情形察之，华侨之用国货者，亦已以上海之出品为多矣。

近来抵制一事，中国方面似现冷静之象，而南洋各埠则愈趋热烈。九月三日，苏门答腊岛亚齐埠有雷珍兰、罗天锡（华人充当荷官专料理华人事者），因不赞成抵制事，当场被人用刀刺死。巴达维亚埠日商租华人房屋者，则令其限期迁移，足见南洋华侨之尚进行未已也。所愁者，现时市面无华货欧货以替代之故，商家多因以亏倒，巴达维亚大商店名为注册有限公司者，前日已倒闭数家，现闻摇动者尚多。前述粤籍华侨组织一百万资本之振兴国货公司，大约下月可望开始。闽籍华侨组织之中华国货公司原议一百万资本，嗣恐不敷，遂加添为两百万，闻须至十二月间始能办货，将商请汇丰银行为之担保，以期发展。现时汇水日涨，荷属汇上海之价，每两百八十盾始汇上海一百元。据银行消息，预料将来可涨至三百五十盾。此为中国货发展于南洋一大阻碍，未知我国商业用何法以解决此问题也。

……

1919年10月31日　第16776号
南洋归客谭（上）　多事

余友某君新自南洋归，余以其地多华侨，特进叩侨民状况，兹得其所举，述之如下，虽凌杂无序，亦可窥见一斑，谅亦留心华侨者所乐闻也。

南洋群岛，亦称马来群岛，又称东印度群岛，岛屿棋布，宛如一盘散沙，属亚属澳，聚讼纷纭，莫衷一是。近世地学家由地质及生物上考察，始判定两洲之界，于是两洲在南洋各有其领地，其地总面积得六百余万方里，人口约四千余万，华侨居四分之一。盖南洋虽地处热带，而有海洋之调剂，气候不甚恶劣，加之物产丰饶，土著愚鲁，华侨之自祖国至者，不啻登入天堂，且有惟我独尊之概（闻当时有势力者，割据一方，声势煊赫，俨如万乘之尊）。洎夫欧力东渐，为欧人所嫉视，种种苛政，罄竹难书，以国家无保护能力，惟有忍气吞声，致已至者辗转填入沟壑，而未至者亦裹足不前，今据其实数，只有三分之一耳，良可慨也。

侨民大半为闽粤人，且多大资本家。考其南来之历史，大都为本国谋生乏术，骤闻南洋富饶，毅然决然，结伴南渡。盖若辈既无家室之累，去祖国犹投宿之逆旅，无所牵挂，一至南洋，或从事种植，或经营矿业，不数年而家拥多金，富埒王侯。今之大资本家，犹多若辈子孙，故与之谈教育，未有不掩耳疾走或嗤之以鼻者，盖若辈心理以为我国有句俗话"识字，天下去得，不识字，寸步难行"，教育教育，特欺人语耳。而华侨学务之不发达，兹亦其一因也。

1920年4月16日　第16936号

游欧漫记（六）　楚僧

十八日午后三点半钟，由香港开船，热七十五度，船出海风浪较大，同行有未吃饭的五人。二十日下午三点钟，船进海防小港，两岸距离不过二十多丈，和大沽到天津的河相似，走一点多钟才到海防，热达八十二度。五点钟靠岸，无数安南人囚首垢面，至船侧担货物，阴雨霏霏，其状颇苦。停船时间表悬出，明早六点钟开行，和同行诸人上岸，炮声隆隆，不绝于耳，才晓得今天是阴历的正月初一日，各商店都闭门休业，有悬挂中国旗的，有挂法国旗的，至每店门首都是贴的红纸对联，不是"生意兴隆通四海"就是"春王正月"、"只见财来"等等，习结之于人，有这样的深，也可见中国以前文化的力量。街市很宽展清洁，两岸绿树参差，和我们南边三四月的天气相似。走了好久，天渐渐的黑了，才到一所华侨公立的侨英学校，去找到了一位姓彭名教员，同他谈了些天，谈的大概我写在下面：

海防是安南的东京，居民百余万人，每年人纳十元或十二元的人头税于法政府，重要的职业，如种田、小贸易、下等工作及拉车。在海防的黄包车有一千五百辆，每天车夫得七八角或一元或三角不等。法人在海防千余人，有统治及军警等官，华侨约七千人，以广东人为最多，每年每人亦须纳十元的人丁税于法政府。华侨多业小商，有高等小学两所，无华文报馆，国内报纸亦少能进口。日本也有五百多人，都是做小生意，但不纳税。这回因为抵制日货问题，日本人挑唆中国人与安南人的感情，华侨与安南人时有激烈的殴斗。我听国内的恶官僚，只一心去打抢，那还有眼睛看到侨民身上去。彭君和我谈时狠是愤极。

1920年5月28日　第16978号

旧金山琐谈（五）　白丁

初抵旧金山，颇想吃中国菜，乃访寻所谓"唐人街"（China town）者。唐人街亦处热闹之区域，有街三数条，皆为中国店，有中国报馆，有饭店菜馆，有中国旅馆，有中国古董店，中国人群集于此焉。

饭馆则有杏花楼、共和楼、上海楼，均大饭馆也。其中陈设则无一非中国式，有字画，有楹联，行草篆隶，各极其致，有八仙桌，有十锦椅，有茶几，有弥陀榻，举目四顾，几疑仍在祖国，横渡太平洋，犹如梦幻耳。

唐人街之华侨皆系粤人，所煮之菜全系粤菜，肴馔殊不适口。然在外国吃中国菜，觉得无味中另有一种滋味也。中国人之在旧金山，常为美人所轻视，因美人见唐人街之中国人，如此如此，故说起中国人，则心中轻视之心，形于面上矣。余辈为中国政府所派送之学生，资格、地位、程度，毕竟高唐人街之中国人数倍，但在平常之美人心中，亦看不起，一若与中国人为伍，是自失其身分也。

1920年8月29日　第17071号
南洋闻见录　陈时、梁绍文通信

第一　新嘉坡

（一）历史　新加坡，古名石叻，又名星洲，原来是柔佛王国的属地，即梁时由顿国、明朝叫他做马利甲，旧属暹罗，扼西欧的交通，据南洋的门户。一八一九年（即清嘉庆二四年）二月，英人礼佛（Raffles）带军舰到此，和柔佛的苏丹（酋长的别名）缔结条约，用交易的代价，除现交地价六十万元外，每年给该苏丹二万四千元，新嘉坡遂成英国属地。一八三七年，海峡殖民地政府即在此设立。

讲到新嘉坡历史，礼佛自然是一个很重要的人物。他父亲是做船主，一七八〇年七月五日他在詹米加岛（Jamaica，西印度群岛之一，亦英领土）的船上出世，十四岁在伦敦东印度公司做一个很有能干的书记，二十四岁到槟榔屿（Penang）在公司里帮办秘书。一八〇八年在麻剌甲（Malacca）时，他对于马来（Malay）的风土人情就十分留意，这就是后来他做很有光彩的事业的预备。一八一一年他随汶都（Loid Minto）一同到爪哇做了五年的副总督，他在政治上天才，那时就历练了一番。一八一四年，不幸他的夫人死了。一八一六年，英国将爪哇转给荷兰，他就卸职回英伦。在圣耶那岛（St.

Helena）在南大西洋中拜访拿破仑一次，就将他经历的情形和爪哇的将来同拿破仑大大的讨论了一番。一八一七年夏季，被选为苏门答腊和西岸孟加兰（Benkalan）总督，五月就同时续娶。他看到英国很需要东方贸易，一定要个深海港和好商埠，在印度洋与马来半岛之间，无论如何代价，非达到这目的不可。于是将他的意见与印度总督华林赫廷（Warren Hastings）商量，得他赞可。他就在麻剌甲旁边开了一个商埠，到了取得新嘉坡以后，英国在马来半岛的同化力至今牢不可破。马来全国之受英人支配，礼佛是创造者；英国东方势力，他是发起人。一八二三年，他回孟加兰，收拾服装返英伦，海行中被火，平时所搜集各种动植矿物标本都付之一炬。一八二六年七月五日，他在麦地西思（Middlesex）地方家中身故，年方四十五岁。一八八七年，英人在维司民特亚伯（Westminster Abbey）地方替他做了纪念塔，同时新嘉坡也替他树了一个铜像，去年是他占领新加坡百年的纪念，现任总督发起建设礼佛大学。我国人来南洋的历史还在千年以前，不知从何处纪念，更无人考究他的来历了，可叹！

（二）地理　本岛广袤，东西二十七哩，南北十四哩，周围六十七哩，全面积二百零六方哩，除几个小山以外，多是平地，顶高的山在布奇梯马（Bukit Timah），离城七哩，不过五百呎高，地土也不肥美。岛距赤道北角八十哩，在北纬一度十一分，东经一百零三度五十一分，每天时间较之格林威尔（Greenwich）早七点钟。从四围大海的侵蚀和古代动植物的性质研究起来，此岛一定是与苏门答腊、婆罗门、爪哇相连属的，并且与别的海岛内许多小岛，围绕海岸，成亚洲的屏藩。新嘉坡是受各种自然界的保障，在西面有苏门答腊岛，将印度洋的暴风挡住，在东有马来半岛挡住中国海的大风，前面有许多小岛，成天然外港保护地，海港水深，船容易泊岸，又无菲律宾、爪哇、苏门答腊等处的诸大山脉，从一切地理上情形看来，都可以证明新加坡是理想的良商埠，暴风激流俱不能侵犯城内海岸。许多船坞和码头在此，南边最末处有新海港船坞，东角有货车栈和电气工厂，系丹绒巴葛（Tanyang Pazar）开的，坞北有一小山名花北（Faba），三百呎高，山顶有灯塔（俗名升旗山），在这山上可周览海港风景。东面过西伯（Sibet）海湾，有小山名圣哲姆士（St.James），一半伸出海上。山顶有马来村落，名坎蓬加葛（Kanpong Jago），那地方很久就是以出产马来裙（Sarong）著名。海岸周围都是进出口船泊岸的码头，旅行人到了安逊路（Anson Road），就进了海岸北边。巴尔马（Polmar）山有马来村落和巴尔马浴室，附近有马来庙，并有中国寺院，名双林禅寺，建筑极宏伟，系闽人刘金榜所发起建造者，耗费二三十万，成立在二十年前，寺内和尚，闽人居多。市街繁盛的地方在礼佛码头以北，即约翰陂（John Pier）码头，百货轮转，生意繁盛，大多数货物出口都以此地为中心。商店最多的地方是柯乃桥（Collyerquay），各大银行与各大公司、邮电总局都在此地，前面有纪念中国陈金生的喷水泉（八十年前此人捐市政款三万元，最近工部局以此纪念他），礼佛铜像树在维多利亚院（俗名大钟楼）。前面是全市的中心，邮局后，北向新加坡河旁有许多木船，是很好的景致，有中国各样的船，有许多新新旧旧、长长短短的中国式和外国式的小房屋。总督府建在苏菲亚路（Sophia Road），辅政司、议政局、国库、工部局、高等审判厅建在土库，地方法院和警察厅建在大马路，此间地名最不统一，闽人、广人、潮人、英人、土人各有其名，各不相通。

（三）政治　行政权掌在总督手中，设参事会辅佐他，参事会由军队司令官、殖民地书记官、财政厅长、审计处长、殖民地土木局长等组织成之，余外有议政局，是一种立法性质的机关，总督自为议长，议员中官吏议员九人、非官吏议员七人，但七人中有五人系钦选，余二人由新嘉坡和槟榔屿商会选出，奏请英皇认可，其中中国亦有一名议员，也是总督派的，现任的为医学博士林文庆。总督兼任霹雳、雪兰峨、历珙理、西卑朗及嘭哼联邦的高等代理官，兼北婆罗洲高等代理官及总领事。殖民地所有自治团体中的议员，一半由纳税者选出，一半由总督任命。现任总督去年就任，是一位经济学家。

新加坡、槟榔屿、麻剌甲通称海峡殖民地，为英政府直辖。一八六七年四月一日，经英国国会协赞，由印度政府管辖分出，属于殖民事务大臣直辖。

司法制度是二级制，第二审归本国枢密院受理。殖民地适用的法律，系殖民各地所规定的规则，或英国、印度的法律训令，刑法采用印度的，稍加以变更，民法、诉讼法多以英国的审判法为根据。高等审判厅（Supreme Court）受理五百元以上之民事事件，及对于第一审和地方审判厅判决不服上诉的案件，全年除公共休息日外，每日开庭。刑事事件，新加坡、槟榔屿在两个月内，麻剌甲在一个月期限内，登官报公告，然后开庭，并受理对于警察审判厅之控告、审判。此外海事审判和破产的案件，亦时常开庭，并管理遗产事务及公司登录事务。地方审判厅（District Court）管理民刑事件，但民事上限于五百元的请求事件，刑事以轻罪为限，到了重罪就归高等厅管辖。地方厅因所在的地方不同，组织上亦有许多差异，警察审判厅（Police Court）对于简易的刑事事件得即决审判，五十元以下的民事亦得审判。中国在此设有领事馆，有总领事、副领事、随习领事，现在总领事为江宁之伍芷庵君璜，荷兰、美、法、日本等国均有领事，荷兰并在此设殖民局，管理入荷境事务。

新加坡海港内煤栈、埠头、船坞等都有数个炮台和水雷防护地。砲台上有铁甲大砲数尊，建筑费或达十万镑，由殖民地岁入中支出，英国政府仅供给大砲及军需品，卫成兵有砲兵两营（欧洲人）与土人兵一营、工兵半营、水雷兵一营、步兵两团，志愿兵无定额，财政依一九一七年的预算如下：

岁入

预算一二八五七六八四，实收入一九六七三一〇四，超过六八一五四二五，减少□□□□〇〇五。

岁出

预算一二〇四二八四三，实支出一一三六九三九二，超过二五九〇三一，减少二四九九〇五三。

（三）人口全数　男二四七一〇一，女一〇一九〇六。其中欧美人男四六五九，女一八三二；欧亚人男二五四三，女二七二八（此种人系混白种）；亚细亚人男二三九八九九，女九七三四六。平均每方哩人口一三九七·七九人，每年居民生产率，一千人中生二一·六九人，死亡率一千人中死五〇·一〇人。以事业分类，农业九八六人，工业八七三五人，商业四〇八五七人。最多数的人种不是马来人，却是中国人。中国人来在南洋有千年以上的历史，依一九一五年统计，有四〇四一八一人，籍贯福建最多，广东次之，此外各省人极少，称三江帮。福建以泉州、漳州人顶多；广东以潮州、广州及嘉应州人为多；福建人归国少于粤人，此间俚谚有"三亡六在一回家"之语，其实十人中尚无一人归者。这些人大概居城市多于居乡村，在新嘉坡与槟榔屿占人口全数之七八成，职业以经商占大部分，劳工次之，农业最少。此外还有几千人在水上生活，如水手、船家等，他们结婚、置产、养家禽均在水上，并有人一生未履陆地者。

中国人无论资本家和非资本家，在商业上的同化力都很大，且不可磨灭。虽殖民地政府行政方针，常不能抹煞中国人的意见、习惯。英国人当商埠初开时，居民不过几百人，自礼佛开放移民自由和贸易自由后，人口锐加，当一九一〇年已达三百万人。马来人和爪哇人系赤道底下的种族，比中国人耐热些，但性质懒惰，不善贮蓄，工作方面又现出许多弱点，所以遭自然淘汰，只能作粗笨贱工和小事业，常常不能脱奴隶的地位。依一九一五年统计，马来人有二五八七九一人，别的种族就是印度人，长身红头而蓄须的，即他们的悭吝富人，其余的多半是当警察、做路工，其中第一是孟加拉（Beogaly）人，第二是机蒂（Chitty）人，第三是花笛（Faroil）人。英政府近年将印度人移来不少，去年就有六七万。日本人自倡南进以来，到南洋的人日多，欧洲大战时藉国势及军舰的势力，秘密入口的不少娼妓占大部分，日本人以此种营业做他移民的先锋，许多人著书大言不惭的鼓吹，照他大正六年的统计，南来人口已经有八〇九四人了。中国人除政治外，在商业上地位却很巩固，许多人在开埠以前就到了此地，遗传几代，家产势力亦有根据，外人多称为东印度的多数级半岛顶有势力的民族。但是当商战剧烈的时代，若没有勇猛改进的精神，恐怕亦渐渐被淘汰了。

1920年10月3日　第17106号
新宁建立陈宜禧石像纪

九月一号，Kansas轮船由美国抵香港时，载来前铁路主任陈宜禧君之仿真石像一座，再由香港运至新宁县，以便建立于该总公司前面之空广场上。像下筑座以承之，像上建一石亭，四周则围以铁链。此像系一英国妇人所制，由中国慎昌洋行经理为泗邑人民向美国订造。陈君为挽近中国实业界领袖之一，此像为泗邑人民所公送，所以为彼经营新宁铁路伟业之纪念也。

陈君生平虽备尝险阻，然不因此而稍挫其志气，终能造成此铁路。自筹划经费、建筑工程，以至开车运转，曾无一外国人参与其间，不可谓非于中国实业界中独树一帜。君为广东新宁人，童年即赴美国以求机遇，一千八百六十一年至加利佛尼亚省，作工于矿田中，继至西亚德城，先为路工，后为包工，性勤劳节俭，因稍有所积蓄，从事铁路事业有年，进而为商，创立广德号，至今尚存。君经营事业三十余年，全城之人殆无不知有巨商建筑家及铁道包工陈君其人者，而且素秉热忱，凡本城公益之事多所赞助，众望所归，被举为本城商会及商业俱乐部之名誉会员。初，君在某铁路作路工及包工时，即以建筑铁路于其故乡为志，怀之有年矣。及稍有资本，乃□毅然以此为己任，周游美国各地演说，先告华侨以中国铁路之必不可缓，继言兴筑新宁铁路之机会，言词恳切，听者感动，不及三月而募款约二百万元。于是从事修筑，不避物议，举凡中国迷信风水不可掘坟筑路等说，置之不顾，经营惨淡，卒底于成。公司之股东以君成绩卓著，且为大股东之一，故公举君为新宁铁路之终身主任及总理，以增进公司之幸福，于是君数十年之素志终得偿矣。君慷慨好施，不吝资财，生平所捐慈善事业指不胜屈，惟往往隐名，故其总数未详。至于建筑此路之特别工程，观下面之记载，可见一斑。新宁铁路计自一千九百零六年动工，正线自北惯至斗山，长六十七英里；支线自新宁至白石，长十七英里。全路建筑费为四百三十万元，车站四十六处，火车头十六座，内美国式十三座货车及客车一百三十四辆，共计股东付出之股本三百六十三万元。近又建一大铁厂，能制造生熟铁品云。

1920年12月2日　第17166号
美国华侨被选为陪审员之第一人

美国波斯顿华侨欧锦堂君（译音），被举为该城某案陪审员之一（美国法律，凡刑事案件必须陪审员十二人，调查案中之事实及证据，以明案中之真相）。按：此乃华人之第一次被举为陪审员者。欧君年四十八岁，广东人，生于旧金山，有子女四人，二人在波斯顿，二人在中国云。图中之美国人系法庭执事人员，投信于欧君，摄此影时欧君正读法庭之通告也。

1921年5月16日　第17323号
南游通讯（八）　旅行记者抱一
暹罗之华侨　团结力与国语　热心提倡教育　教员须受考验

吾游暹罗，舟次晤一英人，为言"暹罗尽君等华人所为耳，脱华人尽携其所有以去，暹地且赤"。吾初疑其言之过，及登岸一览，则夹道红纸门联皆华文也，商店招牌皆华文也，默数沿街商店至少百分之九十八皆属华人。暹罗最大之商业为米，业此者皆设碾米厂。暹人能种，不能碾也，吾华人为之；不能运售也，吾华人为之。全国碾米厂大小约百家，尽在华人手。

暹罗全国人口九百万，吾华人及华暹混血者至少占十之七，纯粹之华人亦有一百万以上。其中分五帮：一为潮帮，人数最多，财力最雄厚；一为广府帮；一为客帮，则粤省前嘉应州属及其邻近共八县，操类似普通话之客话者也；一为福建帮，以厦门人为多；一为海南帮，则琼州人也。五帮分立，各设会馆而不相联合，惟总商会合五帮组织，然以人数有多寡，故议席之上亦惟潮人马首是瞻。商货往来，与汕头交通最便，亦最发达，每星期开汕头之船至少必有一回，故潮人往暹日益加多。

华人既占商业大多数，于是每年汇归其本乡之银钱为数甚巨，有操汇兑业之某君语余，仅彼一家去年汇往汕头者一千余万，其汇兑方法，大都由私家信局专递家信、银两者，零星吸收，而交由银行大宗汇兑。此私家信局，殊有益于侨民，有不识字、不能书者，可代为作书，代为读解，其寄递银钱，纯恃信用，然甚少贻误，故信用颇著。余于海外常见之，于潮汕乡村间亦见之。

暹罗航业，初时华侨锐意经营，合创一华暹航业公司，额定资本千万，专行曼谷与汕头、香港等处，而组织未良，内讧甚烈。欧战既作，人方乘机发展。而此唯一之华暹航业竟于破天荒之战争风云中鸣呼毕命，实为最可痛惜之事。今则大阪商船会社已于前年起，定期航行盘谷与南洋各埠间，其他接踵而起。据日使馆调查，各国商船之进盘谷者，日本已占第二位。

暹罗大宗产物，米之外惟柚木，此采伐权吾华人初亦稍稍有之，而以林务行政权操于英人手。英人组有四大公司，丹麦人组有一公司，全国森林几为五大公司垄断净尽。

从前华人服官暹政府者甚多，近年暹人锐意自立，除少数有血统关系者外，其纯粹华人服官者绝少，仅受勋位虚荣耳。

华侨之不统一、不团结，实为致弱之总根，而语言为其代表。南洋各埠，记者初次往游，惟爪哇国语发达最早，今则各埠大致通行，虽商界亦多能国语，未始非学校提倡之力。独暹罗华侨，通国语者犹少，以潮州人数最多，故大都解潮州语，而各帮自设学校，则各授其方言，当局者漫然不自觉。以余外来游客观之，甚愿其放大眼光，早早提倡国语，盖如欲团结华侨以保势力，则统一语言实其起点也。

暹京华人所立学校，属于潮帮者曰培英，规模最大，建筑费三十余万，学生四百四十余人；客帮所立曰进德学校，广帮所立曰明德学校，校舍亦皆特建；琼州所立曰商民学校，记者抵暹之日，适值成立开校日，购地筑舍共费四万余金；福建帮所立曰培元学校，皆小学程度。此外有玫瑰学校、盘谷学校、振坤女学、坤德女学、潮州女子、存真女学，凡十一校，总计其现在学生数约一千三百零八人，常年费预算十一校共暹币十四万零四百八十铢，旅暹同胞之热心教育可云至矣。而每一学生需费一百零七铢有奇，较内地所增甚巨，固由生活程度较高，而聘教员之困难，亦其一大原因也。

自暹政府前年颁布教育条例以来，凡任校长、教员者，依条文规定须通暹罗文言，于是华校校长、教员皆须赴考验。任职六个月，受验一次，验其读法、书法、默写、会话，是为初级；既及格，再阅六个月，行高级试验，除前次各项外加验作文。初级不及格，阅六个月得重行考验，如再不及格与高级试验不及格，以后即不得为教员，违者罚其校董，于是聘教员大困难矣。此法名为取缔一般私立学校，然暹罗无其他私立学校，有之皆华校也。

总之，吾可怜之数百万暹罗侨民，自身既无团结之能力，又无政府为之后盾，无公使，无领事，欲呼无口，欲行无路，日凭其天赋之本能与蠢蠢之土人奋斗，稍稍获胜，益遭居留政府之嫉忌，而多方摧折其心，犹念念不忘故国，念之愈甚，则遭忌也愈甚。吾为侨遑同胞悲，吾不仅为侨遑同胞悲矣。

1921年5月16日　第17323号
广州通信　平
孙就职后之财政问题

自孙中山就任总统后，在省城一隅而论，庆祝之声可谓喧闹一时，其始终未有庆祝态度表示者，惟省议会耳。当建议选举总统时，说者谓总统选出，对外可以增加信用，所拟定进行之程序，一选总统，二争关余。盖以财政为立国命脉，粤省今日之所急者，以财为首要。但以今日实事言之，外人对于总统之选举殊不重视。当省中庆祝最盛之时，香港华民政务司特为出示，禁止华人庆祝，旋又出示，谓奉港督谕"近有丧心病狂之辈，为孙文筹捐款项，孙文所设政府，匮乏已极，立见危亡，宜勿为其所惑"等语，其言外固已表示绝不承认之意。粤省需财，恃华侨为后盾；而华侨回国及财款之输汇，均恃香港为集中。民党中人以港官态度如此，恐与其进行计划有所阻碍，故力谋对待港政府之策，惟此种手段，恐亦难收良好结果。盖今日粤省势成孤立，人民既不赞成此次之选举，外省又协以谋我，桂系侵逼，日亟一日，军务一开，甚为危险。现粤当局筹饷方法，只有向华侨借款，以省中公产为抵押或变卖而已。闻军费结欠甚巨，财政机关穷于应付，金库长钟秀南业已辞职矣。其财政厅长廖仲恺又借升任财政次长脱离本职，省署决意改委马育航承乏，而马氏以攻桂之师纷纷出发，其出发费尚无把握，因迟迟未敢就职。遂有将运使邹鲁调任之说，邹氏不愿，因又商之某行买办陈廉伯，陈亦辞谢。又请李煜堂担任，李亦不愿，故财厅一职现尚在悬缺待补之中，则可以知此中情形矣。当局于此刻不能缓之际，不得不于省银行中设法，故省银行纸币，近来又不免稍为外间所歧视。据时事社云，广东省银行纸币数月以来发行市面，本甚流通，讵前数日有持纸币往商店兑换者，多拒而不纳，咸以无现款为词。查其原因，五六两日该行放假，隔日又值星期，停止兑换，故钱银店遂乘机垄断，每以纸币换银毫，每十元竟补水至二角之多。现该行虽已照常营业，而每日兑换时间只有数小时，且人多挤拥，体魄稍弱者每为他人所占先，目下在钱银店兑现，每十元尚需补水六七仙云云。此亦可以测知其内幕也。

1921年5月17日　第17324号
杭州快信

广东省教育会昨来快邮，以英属海峡殖民地三州府及马来联邦四州府先后所颁学校注册条例，一致认为于华侨教育前途有碍，已由南洋殖民地华侨团体向英政府力争，请一致声援。

1921年7月5日　第17373号
檀岛旅行记　朽木

（十二）檀岛华侨之状况

檀岛华侨，散居各岛，共约二万五千人，其在火奴鲁鲁者约一万余人，计现在此岛之华人，除记者父子三人及领事馆主事郑君训寅外，皆粤产也，尤以粤之香山人为多。其最先来此者皆从事农业，且有多数乡居之华人不惟不解普通华语，即英语亦茫无所知，除粤语外，所解者惟夏威夷之土语而已。华人在本埠既在万人以上，于商业、农业方面均具有大部分之势力，虽人数不及日本之众，以最近两年来美日间之感情渐薄，且于殖民问题一力排拒，故华侨势力得以渐次增长。今年火奴鲁鲁议会，因种殖方面人工不敷，通过添招东洋人工议案，以五年为限，约添招二万五千人，其议案虽系招东洋（Orient）人工，实则美人颇不欲日人增加，其心目中所谓东洋，即华工也。但此等议案，在前数年亦有人提出通过（忆为美洲本土，非檀山），嗣以美国工党反对，卒未实行。现檀山亦已选代表三人赴华盛顿，拟要求美议院赞助此举，不知能达到目的否，若无人反对，华工于此数年内正大有活动之机会也。华侨在此间情形颇复杂，兹特略述如下：

（甲）商业方面　华侨之商业在此颇形发达，如米行、裁缝、洗衣店、板料（即木行）、丝行、杂货、屠行、药房、银行、保险、耕种、汽车行、餐馆、芋酱、波罗等业，大平均系华人，其中尤以匹头及波罗、糖业、米业等为最著。米行之大者为升昌公司，经理人名冯昆。波罗业之最大者为欧让、欧和父子，欧氏有波罗田八百亚克（Cacre），蔗田二百亚克，香蕉田五十亚克。杂货商之大者曰刘佛良，肉行曰陈让。以上各商，其资财均在数十万或百万上下。其他如米行之许发，匹头之梁海，古玩商之阮鹗秋，药房之古瑞轩，杂货兼药材之赵锦，木料之钟宇、谭发，亦均为有名商号也。

1921年7月6日　第17374号
檀岛旅行记　朽木

（乙）教育方面　檀岛华人教育，远逊于南洋各处。今年因本地议会通过取缔外国语学校法律，自本年七月一日起，每生每日只许在外国人所办学校内受课一小时，而各外国语言学校之教师一律须经试验，已定期七月五日至九日举行，非试验合格，给予凭照，不准充教师。此举本为取缔日人而设，因其所办学校过多，有妨美人国立学校故也。然华人学校亦即受其影响，经此大打击，不惟各校教师纷纷四去，即不去者，将来应考后究有若干人合格，即不可知。故有子弟在华人学校习国文者，亦均心如悬旌，闻已有数家拟于秋后送其子弟回国读书。记者将来本拟于各华语学校内添设国语一科，俾粤人子弟能说普通语言，观此情形，不惟国语一科绝望，即用粤语教授者亦均在不可知之数矣……

1921年7月7日　第17375号
檀岛旅行记　朽木

（丙）新闻事业

华侨报纸，在檀埠者仅有四家，且均间日一出，每分两张，新闻极其简单。外国新闻多自西报译出，已为明日黄花；国内新闻消息既不灵通，印刷亦极恶劣。最大者曰《自由新报》，属国民党，每次约出八百分。次曰

《汉民报》，属华人团体致公堂，每次约出六百分；次曰《新中国报》，属宪政党，每次约三百分（宪政党在国内本无此团体，此间则有宪政党支部，实则滥觞于康、梁诸人之保国会，此间属于国民党之华人则斥之为"保皇党机关报"，或詈之曰"妖报"）；次曰《华兴报》，无所属，每次仅二百分左右。檀埠华侨十之八九均属国民党，故《自由报》之势力较大，广告亦较多。最有趣者则以党派不同，彼此互詈。如近日中山在南方被选总统，《自由新报》发起庆祝会，而反对派之报则曰"中山在粤闭户称孤，关门道寡"，再则曰"中山祸粤"，而国党则斥之为妖言邪说，谓其丧心病狂。国是未定，各是其是，各非其非，试就派别不同之报纸而互观之，亦真好看煞人也。

（丁）华人团体

华人在檀之团体，曰中华会馆，会长为赵锦；曰中华商会，会长古瑞轩；曰国民党支部，部长郑东梦；曰致公堂；曰四大都会馆，为香山南萌之四字都及大字都人，故名。曰四邑会馆，新宁、新会等县人所设；曰隆都从善堂，为香山隆都人所设；曰群安阁，其性质皆属于公安事业；曰宪政党支部（此团体已见"新闻事业"栏）；曰华侨学会，为侨商学生所共组；曰中国学生协会，为学生所组。华侨学会及中国学生协会，于救国事业颇为注意，近因北方振灾，由学生会演剧助振，剧名《黄马褂》（Jellou Jacket），曾演二次，已凑集美金二千余元，汇交驻京美使克兰，拨充饥民赈款矣。

1921年7月8日　第17376号

檀岛旅行记　朽木

（戊）侨情杂纪

华侨之初来此者，大率均为农民，且皆拘迂守旧者居其多数。如不许子弟受洗，入校、婚姻均须得父母同意等，实为数见不鲜，甚者于旧历年终及上元等节仍祀神祭竈，除夕则终宵爆竹之声一如旧习，元旦则相率歇业贺年，商家均高悬国旗，习俗之中于人心，可谓甚矣。远居海外者尚如此，国内商家至今未能通用阳历，更无可怪矣。商业往来，对国人虽为粤语，对外则操英语，然亦多有不解英语如上所述者。记者曾于乡间遇一华人，彼闻吾笔所谈系普通官话而非粤语，竟指为非中国人。盖其脑筋中只知粤语为中国语，真可令人发噱。侨商在外，称中国曰唐山，中国人曰唐人，足见唐代交通之盛，其声威至今尤在。惟唐之一字在历史已为过去时代，国人犹相率不改，徒令外人笑我之固闭而已。且侨商在外者，至今谓外国人仍曰番人、番婆，幼童则曰番仔，外国语则曰番话，无论如何不能改革，不独檀山为然，美、澳、欧各处之粤商，莫不皆然。与之谈及中国情形，则有"不知有汉，何论魏晋"之概，故于国事往往漠然，无所感觉。至青年学子，则不乏爱国之士，闻前岁国内学生运动时，颇多表同情于内地学生，与之取一致态度者。所惜者彼辈虽少年爱国，且多受外国良好教育，惟国文程度太低，多有不能自书其名者，于中国历史及政治情形，复如秦越人之相去，即使所学有成，亦不过徒有楚材晋用之叹已耳。美国法律，凡生于美土者均得为美国公民。彼辈既具有此特权，又以祖国纷乱未已，无可救药，与其徒抱杞忧，何如适我乐土？此实在国外生产之青年对于国家漠视之重大原因也。

1921年7月15日　第17383号
南洋通信　不才
教育注册问题最近之经过

上月初，此间接本国驻英顾维钧公使来电，云"教育条例事，已向英外部商请设法，从缓实行，并酌量修改，彼允即电新加坡总督察核，具报再议"等语。又接为教育条例回国请愿之廖衡酌，自广东来函报告云，已会晤陈炯明省长，据陈省长云，此事俟余详察来呈及该条例后，必当设法交涉，望转达海外侨胞，静候国际解决为是云云。于是侨情稍慰，群意静待国际解决矣……

1922年3月30日　第17634号

旅美华侨之近况　华侨地位大有进步　政治思想倾向南方政府

　　世界新闻社译美人卡鲁尔氏（Raymond G. Garroll）笔记云，现在纽约一埠华侨，计共有一万五千人，向所诋为万贼渊丛、烂□窟穴。时见党派机关之唐人街，今仍见诸活动影戏片，但实际上已不复存在。其附近一带，如摩脱、攀尔、陶哀思诸街，但为华侨星期萃集之所，盖十年以来，已经一大变迁矣。该区域内，从前有一华侨李汤姆氏膺"唐人街市长"之称，历有年所，现已溘逝。目下继其任者名却立波士顿，却立体颇壮健，性情静穆，发稀，作灰色，设一肆于摩脱街十一号，盖亦一粤商云。华侨庆祝中国阴历新年之举，亦已不复如前，与活动影戏片中所演者乃大异。现华侨均不复剃发垂辫，衣冠同于美国人，除大多数好为番摊之赌博外，在外侨中可为模范。

　　自一九一一年中华民国成立后，纽约一埠之华侨实已大有进步，从事各项职业，全作西方人生活，足迹不及所谓唐人街境域者甚多，就中如汤医生行医于白禄克林，新设华商银行行长劳某、广东银行行长陆某、广州政府孙总统驻美代表马素（马系著名美术家，现兼充哥伦比亚大学东方语文学教授）、华昌贸易公司技师兼总经理李国卿（欧战时，该公司专以安的摩尼供给美政府）诸人，皆此辈中之表表人物。今日在美华侨经营大商业，身家殷实、生活高尚者甚多，华人地位已与前大异，外人谈及"中国人"一辞，不复与洗衣工人及杂碎馆作联想矣。有一华侨所办之报名《中国评论》者，主笔莫姓，尝为文云："活动影戏片中，状吾华人为无赖，吾人固不措意，盖人类良莠不齐，当必有人为无赖者，固无庸讳。第影片中间一状吾华之英雄人，当亦为众所欢迎。纽约唐人街者，不过一华货荟萃之市场及游观之所，与伦敦、旧金山诗家谷费城等处，所称之唐人街无异耳。"

　　在美国全国之华侨约共有十万人，除纽约一埠外，波士顿有华侨二千人，新英伦州有一万人，费城约一千五百人，棣脱劳哀一千二百人，碧系堡及圣路易各六百人，诗家谷约三千人，沿墨西哥边界二千人，其余则散居太平洋沿岸，以旧金山、弗雷司奴、绿衫矶等处为多，此辈华侨几皆来自中国之广东省。华侨之政治思想殆皆倾向于赞助南方政府，据《中国评论》报载称，中华民国之首都为广州，而非北京。广州政府孙总统统辖下之人民，不仅广东一省之三十二兆，尚有四川之六十兆，云南之二十二兆五十万，湖南之十三兆，贵州之七兆十七万，广西之五兆五十万。广州国会中尚有其他三中立省之代表，即户口二十一兆之浙江、户口二十七兆之江西、户口二十三兆九十一万之福建，是合计广州政府几代表中国全人口之半数，面积占旧帝国版图四之一。对纽约华侨偶谈及北京政府，辄立引起其极端蔑视之态度，如却立波士顿其人，即足为此种心理之代表。彼平时沉默寡言，但谈及中国政局，即觉精神陡振，恒追述十二年前革命党魁孙逸仙氏游历纽约募集革命经费，在陶尔街中国戏园中为一场之演说，津津谈若有余味。今该中国戏园旧址已改为一美教会总部，华侨群焉趋之。摩脱街之旧神庙，金碧剥落，已成为一游观之所，游客欲入观者须纳小费。华人已不复至该庙礼神，凡孔子信徒，今多居家诵经，潜奉其所谓天道矣。

北京政府所代表之其他九省人民，或则乡居不出，或则由陆路移殖满洲、蒙古等处，见闻不广，事业亦难图远大，此就一种意义言之，实为北京政府之不幸。当欧战时，有北方山东省华人二十万被运往法国服务，编为工程队，为北方人远涉重洋极难得之事。若中国南方人民，则富于冒险性质，多移居印度支那、海峡殖民地、菲列滨、荷属东印度、南北美洲等处，合计华人移寓海外者当有一千万人。有许多美国人抱一种感想，以为在美国销售之中国货不过古玩、玉器、柚木、家具、瓷器之类，然此实仅华货中之一小部分，其他如五金、矿砂、头发、猪鬃、发网、豆油、蛋品、生丝、丝货、麝香、草编等物行销美国，正复不少。

白禄克林有华人设一影片公司名长城影片公司，照像技师及演员均属华人，专探取中国新闻，在广州及中国他埠从事摄影，制成之影片，亦专寄往中国影演，故美国人知此公司之名者绝少云。

1922年4月3日　第17638号

南洋游历团抵西贡后之报告

　　中华全国工商协会前曾组织南洋游历团，以考察彼邦工商业，游历南洋各埠，已于上月杪出发，曾志前报。该会近得该团行抵西贡之报告云，六日上午，船抵香港口外百余里，下雾，遂停泊焉。曾邮奉元号函，报告会众。所述海员风潮，戒严甚紧，船只不能进口，船暂抛海中，未几降雾留锚。迨至下午六时，忽得无线电消息，海员风潮已得美满结果，业已平息。次晨，雾亦消去，船亦进口，因此与上函报告有不符之处。七日上午登岸，下午一时由港开船，行四十八小时，至九日下午一时抵海防。因时间匆促，语言不通，无从彻底考察。以观察力观察其人民，则普通国民程度缺点殊多，较之吾国内地又过之。如沿街食槟榔，几乎人人如此，齿黑如墨，唇红如硃。统市服装，除安南式外，其余彷彿似中国式样。商店之招牌及戏院，均用中国文字，惟找不到一份中国文字报纸。该埠粤侨设立小学校三四所，惟不见越人之学校，亦不见越人之任高尚职业。查市上所陈之商品，我国制者，惟广生行之化妆品及华丰厂之香皂而已。据云除法货外，其余之货进口税约抽百分之三四十不等。又船行抵西贡，停泊四十八小时，兹将上岸所得报告之。西贡广帮人居多，安南人不多，见有一大街（即大马路），甚似印度之吉宁人，陈列商品除印度绸类外，东洋货亦极多，价亦昂，华货则见不到一矣。离西贡十里之南岸（即安南之五岸省，分东南西北中央为五省）有广东街（皆广东帮），商业颇繁盛，然国货亦不多见，每与彼等商铺谈及同人来意，甚欢迎，且云因无国货到埠，无从推销，实不愿售劣货也云云。此间居留民约有三十万，因无领事驻扎，侨胞无从发展。该埠有七府人民组织一南圻总商会，为居留民群众之代表，同人遂往谒，适会长叶伯衡先生因发行国债事，未在会，由坐办冯星符君为之招待，并蒙介绍参观合兴火柴厂及毛巾布匹等厂。同人等观察此间人民，生活程度甚高，将来华货销路必多，曾向冯君略陈意见，宜就该会附设国货陈列所，俾侨胞可知华货之进步，冯君亦深然之云云。

1922年5月7日　第17672号
南洋通信　史国英自南洋寄
爪哇之政治风俗

爪哇岛（Java Island）之面积，虽属荷属东印度诸岛中之一中等岛屿，然荷兰人在一六一九年（明万历四十六年）大败爪哇王之军，且夺其首府吧城（Batavia），即设总督管辖一切，其后惨淡经营，不遗余力，迄今成为荷属主要之殖民地，且为政治之集中枢，故风俗民情亦与他岛大同小异耳。兹草此篇，贡献于阅者诸君之前，亦采风问俗，新闻记者应有之职责也。

（一）土番　（略）

（二）华侨　华侨在荷属各领地寄迹最密之处，当推爪哇为第一，约有十五万人，产生于本地之华侨人都称之谓哇哇，新自中国南来者名新客。哇哇之祖先以粤闽人居多，风俗习惯，尊崇祖制；姓氏宗族，仍如其旧。例如以祖先灵位置于精美之木座中，而供奉于大厅前，每月朔望，必阖第焚香设祭。每年清明佳节亦有扫墓之举，纸钱麦饭之外，复献鲜花一束于墓前。惟居外日久，一切风俗习惯不免有所变化，哇哇妇女出外或家居，常喜着马来土番服装，堂堂大中华国民而效亡国奴装束，可叹可悲！虽近日以教育之功，青年女子出外时渐采用欧美及祖国妇女装，然家居时仍有着马来装，而未能全然改革者。华侨家庭之女子，在学校受同等之教育。家产之分配，子女亦均得分受，非若祖国通例，独给其子，于女无分。斯举之利点，即在女子出嫁后如遇横暴之男子，不致受其压迫；如遇清苦之男家，亦不致生冻馁之忧。又华侨子女如得双方同意，夫妇之名即可成立，不满意时亦可向官厅请求判决离婚，即可另行婚嫁。其组织家庭亦颇简单，使各人自立其业，法美意善，颇足取法。

1922年5月31日　第17696号
澳门罢市风潮加剧之沪闻

《文汇报》云，昨夜本埠葡人接澳门电报，知该处罢市风潮更转剧烈，已发生暴动，而令葡兵不得不开枪镇压。闻此次罢市，乃由葡员禁止华人组织游行会、嘲笑香港英人而起。当香港海员罢工解决后，罢工者以为英员此次大失面子，拟组织大游行会，港警得悉，即加禁阻，华人遂拟改在澳门举行。澳门当道知华人之用意，亦加禁阻。澳门华侨曾电广州请助，现尚无证据可言广州华人煽动澳门之暴动。一星期前，抵沪之葡炮船伯翠儿号已奉命驶回澳门，已于今日午后四时起椗，本埠葡人欢迎该炮船人员之筹备，故已作罢。

1922年6月11日　第17707号
粤人对澳门事件之愤慨

自澳门葡兵枪毙华人案后，各界团体无不义愤激昂，而东西洋海外归国华侨尤为激烈。诚以距离政府最近之华侨，尚受葡兵残杀，苟非请愿政府迅据公法与之严重交涉，则后患无穷。我侨胞谋生海外者更将不堪设想。昨特纠合各归国华侨组织团体，为葡案有力之声援。澳门工人共有六十六个团体，此次因葡兵残杀华工，全体离澳，多在湾仔搭棚栖止，惟是伙食一项，每日所费不资，且此事非旦夕间可能解决，故香港海员工会特捐助伙食银二万元，香港协进工会捐助银二万元，澳门各华商捐助一万元。又闻近日居住湾仔之各工团为办事上有责任、有秩序起见，由每工团各选举五人，组织一混合团体，期收进行一致之效。

四日，国民外交后援会为葡案交涉，召集各界社团代表讨论进行方法。是日到会者二百余人，工界居多，在园内新社场开会，其议案如次：（一）由主席陈炳生演说，并请各代表设法援救澳门之华侨脱离难境；（二）议后援会组织之方法，公推职员六十人，分科办事；（三）议即日设立澳门难民招待所，由各代表先举出十人办理，以招待迁出澳门之难民；（四）择定设置招待所之地点于新洲或金星门等处，由职员部调查决定；（五）议分函全市社团，举出代表来会办事；（六）由职员部妥议善法，刊刻缘部，劝募捐款，以为招待难民一切经费之用。以上六条皆通过，即日进行，后由各来宾徐宗汉等相继演说而散。

四日，澳门总工会以葡政府惨杀华人案，特遣派代表陈恨生为澳门华侨呼吁，入谒伍省长，请迅予严重交涉，并请即加派北洋舰赴澳驻守，保护侨民。伍省长答云，我粤文明已日渐发达，事事刷新，迩来有识外人复称道之，吾粤在国际上实可博得一位置矣。惟可恨者，葡占澳门，尽辟作烟赌窟穴，为害吾粤侨民，此则不独为粤民害而已，实亦为粤文明之一大污点。今彼政府又如此蚁蝼吾民，衅自彼开，吾亦极欲乘此机会与葡交涉云云。并允明日（五日）先派出北洋舰一艘前往保护。

广东总工会暨所属各工团，前日集众议决，一致誓为澳侨后盾，务期达到胜利目的。同时并议决准六日上午十一时举行请愿大巡行，其出发路径，西瓜园集合后，出盘福路、德宣路至总统府请愿，再由吉祥路、广大路至外交部递请愿书，出广仁路至省长公署请愿，乃自由散队。四日下午二时三十分，省议会开会，出席议员七十三人，议长钟声主席、秘书长宣读文电毕，马心（原名超群）动议，谓葡兵枪杀华人案，顷阅葡领之答复，指华人有抢劫行为，抑知此次葡兵向华人开枪，死伤共三四百人，昭昭在人耳目，无可狡卸，本席主张咨请省长再向葡领严重交涉，本会愿为后盾。何敬宗赞成，众无异议。陆孟飞动议，谓近日社会谣传本会将选举省长，此纯系一种挑拨伎俩，本席主张咨请省长声明并无此事，如遇此种谣传之人，严拿究办。萧世芬赞成，众无异议。张尔蕃动议，谓近日省行纸币低折至六七成，主张咨请省长立刻规复省行无限制兑现，至如何筹款，此财政当局之事，本会不必代为策画。赖汝楼、王伯梆俱赞成，叶衍基主张照前，每日由造币厂交银五万元于省行兑现，众无异议。旋开议岑驾洲提议咨请省长将有奖储蓄严予查禁以防赌祸而杜复萌案，赖汝楼、王伯梆俱略有讨论，雷泽普为此案在前次常会提出，江议员仲雅主张改查禁为奖励，本席主张先交付审查，故今日本席主张仍依照前议，先交付庶政股审查，彭羹梅赞成，主席将雷说付表决，多数起立通过，遂摇铃散会。

1922年9月23日　第17811号

爪哇通信　莘昀

橡皮锡矿工之苦况　商业前途之隐忧

南洋群岛天然为吾国南部尾闾，闽粤之民，侨居是间者以数百万计。辛亥光复，华侨毁家纾难者不乏其人。迄乎近日，回国办实业及遣子弟回国就学者踵相接。于是国人始渐知华侨，而南洋遂亦渐为国人所注意。近岁如英属华人学校注册事，斐律滨华商改用英文簿记事，及其他华侨对外交涉各事，国内报章亦尝奋笔疾呼，为相当之援助。顾于华侨根本上之大利大害，及盛衰之机运，则国人罕有为详密之考察，作谋深虑远之指导者，以视日本书店中发行研究南洋书册，触目皆是，已相悬天壤矣。记者亦侨民之一，回国达三年，今夏重履其地，虽以事冗，不得如上述所云为详密之考察，然耳目所接触，颇有风景不殊之感，而于我侨之前途，尤深抱杞忧。心所谓危，不敢不笔之以告国人。

吾赴荷属爪哇、巴城绕道新加坡时，见鹑衣菜色者颇夥，此曹大率为橡胶及锡矿工人，因失业而然。欧战停后，二业均一落千丈，资本家之受打击者，远出沪上华商受交易所影响之上。惟一则受时势影响，一则由于自行招致，尤觉前者之情为可悯也。

荷属爪哇，在南洋中为商业较发达之埠，故华侨所受橡皮、锡矿落价之影响较轻，然受荷政府抽税之影响则极大，因荷政府于欧战后，抽战时利得税至百分之三十，商民已不能担此重负，加以战后商业萧条之故，多有歇业者。荷政府则更颁"处分歇业者债务时战时利得税，有优先抽取"之例，金融因而益困，而破产者之剩本余财，犹不敷供纳税之用，安有余款摊付债主？而债主第一为银行，第二为华侨，故银行益有戒心而不敢放款，华侨之能支持者亦因受此例之影响而不支，市场愈见不安之象。故以今日在南洋荷属之经营商业言，其困苦亦不下于在英属营矿山、植橡树之厂主及工人。

然此特目前衰颓之现象耳，吾所谓危者尤有二事，其一华侨教育日益堕落，马来人教育日益启发。是夫荷人领有爪哇各地达三百余年，从来政策，多在愚民，马来人之较有智识者，则以微爵羁縻之。如前数年之设殖民地议院，其手段已进一层矣，然犹苦难普遍，故近更移其眼光于启发一途，着手则在教育。所设农业学校程度甚高，足以经营或改良南洋种植土产而有余，并设立金工、木工、商业等中等职业学校，以容纳高小毕业生，其学成者，已多应用社会。又多设专科师范，以施行乡村教育。而近观吾侨民之所谓办学，无目的，无系统，甚且教员、董事，意见横生，不特无进步，并且无成绩可言。（愚意欲祛此弊，非沟通教员与董事之隔膜不可，非划清教务与事务不可。此二事着手点，宜先设师范学校，招收爪哇本地高小优等毕业生，程度四年毕业，教材取之本地，以实用切近的为主，其教员以时巡回研究荷人所办之学校，取彼之长，补吾之短，循序渐进，不求速效，五稔后当有可观也。）吾华人之得虱处于南洋者，特以欧人智而土人愚，欧人有所不屑为而土人有所不能为者，华人介在其间，故得有今日之发展耳。今土人教育日见发达，智识亦随之进步，倘吾侨民不及时改进程度，则他日更无立足地矣。其二则为日本人在南洋事业之发展，日本人着目于南洋已久，其北守南进论之属于政治上问题者且勿论，近则其事业在南洋各方面之发展，均有骎骎凌驾欧人之势，即在爪哇一地，有糖厂、茶园、农园，其眼光之远大，手段之灵敏，华侨万不能及。其最易予华侨以打击者，则为近日之南洋会社是也，其规模资本均极大，即在爪哇各镇，已设有支店三十余所，目的专在销售其本国制品，此项制品全为马来人日用必需之物，种类至夥，尤以棉制品为最多，向来皆假华商之手，今则渐有以此代替之趋势。金融方面则有台湾正金各银行为之周转；海运方面则日船为之减轻水脚（由上海至爪每吨十二两，由香港须每吨十一元，由日本至爪哇仅每吨八元而已），尤有政府为之保障。凡吾人所不能至之地点，彼均可以至之；吾人所不能享待之优越权，彼均能享之。似此吾华侨乌足与之言竞争耶？故马来人之竞争打击，尚属有待；而日本人之于华侨，其患则在眉睫间也。总而言之，华侨之在南洋发展，特偶然之事耳，外无政府保护，内无统系组织，其自身只谋目前之利，安有所谓教育，安有所谓团体，安有所谓将来之进步！而国人复风马牛不相及，澹然置之，处今竞争剧烈之时，世界上各民族力求自存，有缝必钻之世，衰征已见，杞忧有不可胜言者矣。

1922年10月23日　第17841号

美国通信　健

旧金山华侨情形之一斑

　　旧金山亦称三藩市，华侨近万人，约占嘉利福尼亚州华侨人数之半，聚居之处称"中国市"，即英文所谓China Town，而俗译为"唐人街"者也。顾中国市所占不止一街，每街则只一段，称之为街，颇足以引起不正确之观念。况"唐人"二字意义亦难确定，普通以"唐"为中国之代名词，固合论理，然按之实际，"唐"或仅作广东之解，如"唐话"二字只可代表粤语，甚且只可代表粤语之一种（新宁语），故有不能粤语而自称中国人者，智识较低之华侨每不能信，曰岂有唐人不懂唐话者乎。是以"唐人"二字概指中国人亦可，仅指广东人亦可。虽广狭二义皆适用于多数之华侨，然China Town究以译"中国市"为妥。华侨来美，以四十年前为多，当时美国尚未抵制华工，华工以美国谋生较易，大批而至，生活较美人简单，而耐劳则过之，故大为所忌。美议会乃通过排斥华工之案，华人遂不易登美陆，致美国华侨人数渐少。然今之华侨，不尽于四十年前来美，亦不尽为四十年前来美者之子女。美律，生于美者为其公民。故华侨在美所生子女为美国国民，此等在美土生之华侨，往来华美，毫无困难。初次回华后，美可于移民局报告，谓已在华结婚或已生子，下次回华即可带其子女来美矣。

　　中国市中大街与市外无大分别，且毗连而无清晰之界线，骤入之，或不知其为中国市。尝闻人言唐人街污秽不堪，乃过甚之词，惟华侨多未受教育，衣食住较简单，或不甚清洁，致为美国人所轻视则亦不免有之。华侨皆粤人，而以新宁人为最多，间有能普通语者为例外，通常则略通英语，然亦有完全不解英语者，故律师、银行之办华侨事务者，多有华人经理，或用华文翻译。一切电话局中，亦特备差拿（即支那）一部，雇华人接线，故接电话时先呼差拿，即可以粤语呼号数。在中国市中，凡中国人应用物品无不毕备，故华侨来美，无改变其习惯风俗之必要，实为美国人厌恶华侨之一大原因。

　　华侨部落之见甚深，以同姓为一堂，异姓中如有一人为其仇敌，则全堂皆为其仇敌。闻有所谓吃表者，终日无事，专备人收买，为害人之不轨事，往往有命案发现，美国警察本不以华侨生命为重，略事运动，自可无事。此外黑暗之事颇多烟酒赌博，亦有警察为之招呼，故在中国市当警察，为极有利之位置。或谓吸食鸦片者，美国人实较中国人为多，而麻雀牌在美，近来尤大时行，大城小市，皆有出售，甚且纳学费请中国人教授，大约不久可盛行全国，戏之者且较纸牌为多矣。

中国市中，除间有少数日本店外，皆中国店，多售绣花、衣着、瓷器、古玩等物，餐馆亦不少。此种餐馆，中国人往食，犹国内各处之广东馆，皆完全中国菜，而西人则但知为杂碎（Chop Suoy）馆，点菜亦不外乎鸡杂鸭碎，不知此种杂碎，系专为美国人备之中国菜。中国平常绝无此种食品，而美人遇华人，每以杂碎为独一无二之中国菜，华人之不知其详者，亦以为杂碎即中国菜之西名，偶至美国之中国菜馆，以为所食皆杂碎也。且此种餐馆，其菜单中中西文或不相符，纯粹之中国菜，有仅见诸华文而不见诸西文者，同一菜有华文价为一元二毫五，而西文为＄1.5者。食法亦不同，华人用中国筷碗，西人用西式刀叉。

旧金山有中国报纸四，曰《少年中国》，曰《世界日报》，曰《大同报》，曰《中西日报》。《少年中国》为国民党之机关，至今称孙文为大总统。《世界日报》则极端反对孙氏，故称北伐为寇北，称孙、陈不睦为火并。《大同报》前清时鼓吹革命颇力，今则观其言论并无特别之主张。《中西日报》为基督教中人所办，持论平稳，近于商业性质。以上各报皆完全华文，以广东消息为最灵通，详至琐屑无遗，其余则除一二短电外，皆录自京、沪报纸，至近为一二月前事，阅之似读历史矣。

1923年2月1日　第17941号
各团体请筹备与暹罗通使

旅暹华侨为数甚众，其中以粤闽籍居大多数，该国商业枢纽大多在华侨之手。平时对于祖国关怀甚切，去岁万国红十字会在暹京开会，我国曾派上海红十字会会长杨晨前往列席，曾受旅暹华侨盛大之欢迎。惟以我国尚未与该国订约遣使，致该处华侨殊形觖望。兹因中华国货维持会等特电政府，请求饬外交部迅筹与暹罗通商驻使手续，以慰侨情而辟国货海外贸易，电曰：北京黎大总统钧鉴，窃维国内工商不振，由于各省弄兵。民国以还，十有二载，工辍其业，商泣于途，不得已为域外之思。各工厂商号期欲将各项货品销流他国，如暹罗等，俾可挹注而资维持，其用心良苦。溯查旅暹华侨，为数甚众，尤酷爱祖国，从未驻使保护，日处他人法权之下，于是欲经商海外谋什一之利者，遂不无踌躇却顾，而未敢果于成行。至尤关重要者，自欧战后，各国生计日蹙，对于我侨商咸不无嫉视，倘不及时与侨民之驻在国设法遣使，一般爱国侨胞，久之恐将非吾所有，是阻国货推销之路者，第其一端耳。最近沪上闽粤公团，闻曾迭接旅暹华侨，电请代求政府，派使修好，其关系侨胞内向与将来发展国内工商业前途甚巨，应请我大总统宸衷独断，毅然决然，饬下外交部，筹备与暹罗通使手续，以期早日施行，曷胜待命之至。中华国货维持会、中华工商研究会叩。陷。

1923年4月3日　第17995号
广东之裁兵计划

一日广州电：海外华侨大都为香港华人，三月三十一日与孙中山会商，在原则上允筹借款六百万元以助成裁兵计划。孙中山能管辖省内之各财政机关，并能指挥军事，商会开大会亦决定赞助孙中山裁兵政策。民党定今日集议，劳动界关于裁兵事已集众游行，为民党后援。

1923年4月28日　第18020号
中暹订约驻使事件　在暹华侨共有七十余万人

世界新闻社译美国人麦克乃尔氏论文云，闻中政府拟遣使至暹罗，议订条约，设置使馆，此项消息大足引起研究国际关系者之注意。中国与暹罗往来，已历二千年，从前中华为东方上国，四方小邦皆执赞称臣，岁时遣使朝贺，贡献方物，暹罗亦然。直至十九世纪中叶以后，暹罗始不认中国为天朝，派使进贡，皆行停止，如是断绝关系，殆已历七十余年。

华人之移居国外者，大抵分海陆两路，北往本洲各国、西比利亚及高丽，南往暹罗、缅甸、安南，更远者则往海外各岛各洲。亚陆南方及南洋群岛之土人，其体格智慧，大抵不如华人。暹罗人性质柔弱而懒惰，待外人极和蔼，国内富于天产，气候温和，故华人往暹罗者尤众。华侨最多之国，首推日本，次即暹罗。在暹华侨人数未能确计，当一八七五年初期，闽浙总督王某奏请清廷保护华侨，有"闻侨寓暹罗之华民有二三十万"之语。暹罗直至本世纪首十年内始有户口统计，但亦不完全，据一九〇五及一九〇九两年调查，该国人口总数不满六百五十万，其中华人约占七十余万，首都曼谷独占二十余万。

在暹罗华人，除纯粹华人血统者外，尚有许多含有华人血液之暹罗人。华人侨居国外者多与当地人民结婚，在暹者亦然，此于改良暹罗人种大有裨益。盖暹人之温良性质可与华人之聪明向上心及经商才能等结合也。当西历一七六七年间，暹罗有内乱，战胜之军人泊耶大新（译音）氏统一全国，置首都于曼谷，自立为王，氏之母为暹人，父则华人也，后发狂而死。现在一朝之创业者，为泊耶却克里氏，据云王室中人，亦有华人血统关系，观于暹人之一夫多妻及华人暹人杂婚之惯习，此盖不足为异。

暹罗华侨，粤人居多，其所为职业及商务种类甚夥，大抵广州人为木匠、机匠、工程师及养马者；海南岛人为人家雇佣及种苎麻者；Hakka人为泥水匠、裁缝、制鞋匠及洗衣工人；汕头人在曼谷一带者最多，则为各种贩卖、耕种、造屋、包工、拉车及其他劳工，亦有为海员者，此外贩卖鸦片及酒及开赌场者亦多。汕头人与在婆罗洲之华侨相同，暹罗政府每年由此收得税款颇巨，华侨之得控制暹罗一大部分工商业，其故由于暹人只善务农，不喜为他事，但华侨在农业中亦占有巩固位置，尤以产米一业为然，据一九二二年《政治家年鉴》，曼谷一带共有米厂约八十家，其中为华人所有者至少占四分之三。开矿及制糖两业，亦多握于华人之手，暹政府对于外侨一视同仁，并无限制华人入境条例，且正式规定华人与僧侣及外国人一律免为任何强迫劳役，唯华人每三年纳人头税五六先令（并不抛弃中华国籍），以为免役之报酬。

观于上述一切事实，可知中暹国交断绝七十五年，中国竟迟迟不思恢复，实为可异。其故盖因中国对在外侨民向取消极政策，又因数十年来，国内常在侥扰之中耳。在此断交时期中于有必须通消息时，辄由暹罗驻日本代表通知中国驻日代表。近以在暹华侨之呼吁，及关心侨务者之提倡，北京政府遂决定派使前往议约，闻拟以杨晟氏为专使，预备于夏初启行。倘谈判成功，杨氏即将任为中国驻暹第一任公使，中暹国交从此恢复，诚暹罗华侨之幸也。

1923年9月7日　第18151号
留日学生之哀恳

广东留日同乡会长刘士木为地震遇难同乡哀告旅沪广东各团体云：敬启者，此次日本大地震灾情奇重，连日已详载各报，惟于我国侨众，记载从略。士木，归国学生之一也，知吾国学生之遭难者为数甚夥，留日学生中尤以粤籍为最多数，计公费九十余名，私费二百余名。今年因本省战争，交通不便，无款接济，不能回国者又多。纵有少数有款学生，亦虑回来遭祸，不敢回国，致此次在东共遭厄难者谅亦不少。横滨华侨五千余人，吾粤人占四千余（香山籍为最多）。死者已矣，急待掩埋；生者失所，度日如岁。肉白骨而出水火，急待诸大善长之伸巨臂援救也，不胜代存者殁者馨香请命之至。云云。

1923年9月10日　第18154号
日本浩劫前华侨生命财产之调查　　九峰
工人数九千一百十人　　商店工场二百三十家　　留学生在外

东邻奇灾，殃及池鱼，我被难同胞之生命财产，一时无确实调查，殊不足以□阅者之望，兹由供职横滨总领事馆留京人员中，觅得旅居日本华侨最近调查之统计。据称此表费五年功程之调查，为我侨日工商唯一精确之统计。虽系劫前所编，而地址分清，商店标列，大足以资考证，亟为披录如下：

（一）华侨居留地男女大小人口统计表

居留地名别		男人	女子	小孩	合计
横滨市	山下町居留地	1250	961	1101	4390
	加贺町警察署管辖属于山下町以内各町	36	8	11	55
	山手町警察署管辖各町	192	91	124	407
	寿町警察署管辖各町	163	26	46	235
	神奈川警察署管辖各町	33	9	17	59
	西户部警察署管辖各町	60	16	29	105
	伊势佐木町警察署管辖各町	95	10	16	121
东京市		2523	129	264	2916
函馆市		85	10	8	103
东京横滨以外之各处		516	56	18	590
共计		5778	1296	2036	9110

查华侨自民国元年以前来东者，计二千三百八十一人；元年后陆续而来者，计四千五百四十七人；其自元年以前在东地产生者，计一千二百二十六人；元年以后产生者，计九百五十六人，总计九千一百一十人。居留于横滨者五千七百二十一人，东京者二千九百一十六人，函馆者一百零三人，其他各处三百七十人。内中以广东人为最多，计四千九百二十五人；浙江次之，计二千五百九十九人；闽、苏又次之，闽为七百人，苏则五百六十三人。其他各省除山东有二百二十四人外，余则仅数十人或不及十人而已。

（二）华侨开设日本各市商店帮口统计表

商店类别	帮别	开设各市及家数				
		横滨市	东京市	函馆市	其他各处	合计
输出入贸易店	广帮	43				49
	浙帮	4				
	苏帮	1				
	福帮	1				
海产输出店	浙帮		9			9
吴服店	福帮	34	4	5		43

商店类别	帮别	开设各市及家数				
		横滨市	东京市	函馆市	其他各处	合计
洋服店	浙帮	36			10	68
	苏帮	14				
	广帮	8				
洋货店	广帮	3				3
皮货店	苏帮			3		3
皮鞋店	广帮	2				2
花边发网棉线店	北帮	4				4
翡翠玉器店	北帮		2			2
雨伞纸扇店	浙帮		2			2
理发店	苏帮	20	2			23
	福帮		1			
酒楼	广帮	7	2			11
	浙帮	1	1			
饮食店	广帮	98	23		16	218
	浙帮	3	47	1	1	
	苏帮	1	11		10	
	福帮	1	2		2	
	北帮		2			
肉店	广帮	2				2
菜蔬店	广帮	2				2
饼食果子店	浙帮	1				2
	福帮	1				
杂货店	广帮	17				23
	浙帮	3	2			
	福帮	1				
药材店	广帮	4				4
西洋餐馆	广帮	4				4
船舰办馆	广帮	2				2

商店类别	帮别	开设各市及家数				
		横滨市	东京市	函馆市	其他各处	合计
旅馆	广帮	2				4
	浙帮	1				
	北帮		1			
宿舍	北帮		5			5
家私店	广帮	1				1
藤器店	广帮	8				8
建筑店	广帮	4				4
油漆店	广帮	12	1			13
古物店	北帮	1				1
书籍店	广帮	1				1
采办教育品店	浙帮		1			1
印刷店	广帮	8				8
钱庄	浙帮	7				14
	广帮	7				
席店	广帮	2				2
打包店	广帮	2				2
乐器店	浙帮	2				2
轮船公司	广帮	1				1
自动车行	浙帮	2				3
	广帮	1				
钢铁贩卖经理处	汉冶萍厂	1				1
剧场	广帮	1				1
医院	阖埠设立	1				1
乐器制造工场	浙帮	3				3
共计	广帮	242	26	10	16	284
	浙帮	63	64	3	1	138
	苏帮	36	13	4	10	62
	福帮	4	37		7	52
	北帮	5	10			15
	其他	2				2
总共合计		352	150	17	34	553

依右表观之,横滨之损失,自以广帮为第一,浙帮次之,苏帮又次之;而东京则以浙帮居首,闽、广等帮次之。至此项五百五十余之商店、工场不知能于灰劫余生中,保全十之一二否耶?

(编者注:下文与主题无关,略。)

1924年5月22日 第18401号
赴美华侨之送还

最近两个月内,华侨赴美者有十九名被美国移民局查出护照不符,不容入境。后经查明,十九人中若黄恩辉、谢王、黄善好等五人,系赴旧金山者;而陈宽元、郑和、栋振坤、胡松兴、胡金、伍刚贤等十四人,则系赴檀香山者。移民局乃仍令搭日轮押还中国,该十九名华侨以香山与广州籍居多,昨经押送返沪后,今已押令还广东原籍矣。尚有俄国人沙摩海维洛夫系往南美者,因其有精神病,故亦经移民局送来上海矣。

1924年6月12日 第18422号
移民赴美之新消息

每年七月,为各国人民入美国之开载时期,因美国移民局对于外国侨民之入境者咸有定额,每年结核一次,以定入境额之多寡也。今年因限制日人赴美,酿成重大交涉,刻下案虽成立,而风潮犹未静息,日来赴美人民,中日两国均在开载,兹就所知分告如后。

华侨工之赴美。吾国工商之往美者,以粤籍为多,故十九由香港下轮放洋。昨日此间某公司得港讯,谓美国刻需求中国糖工,特来华招往。香港方面,上星期起开招,第额须千名,一时不能足数,遂合雇吕宋工人,先募凑六百余人,即托中美各邮船分批载至北美矣。

1924年8月7日　第18480号
荷属占裨埠中华总商会成立

　　南洋荷属苏门答腊占裨埠中华总商会，昨函上海总商会，报告成立，请时指教，略谓占裨埠风气闭塞，侨情涣散，故汇合粤闽侨商组织斯会，俾补将来，业于上月正式成立，开创伊始，远居海外，国内情形未能洞悉，敬祈时赐教言，藉匡不逮，一俟关防颁到，再行通告云云。

1924年8月9日　第18480号
粤剧新谈（三）

　　……粤剧除在本省及上海、天津开演外，外洋如星嘉波、纽约、旧金山、檀香山、墨西哥、安南、雪梨以及南洋群岛各小埠，亦多有粤剧开演，良以该数处粤籍华侨居多数也。故有在国内寂寂无闻之伶人，一至国外，反而声名洋溢者，亦有在国外享盛名而回国无闻者，是亦有幸有不幸矣。（光磊室主）

1925年8月8日　第18836号
暹罗代表携款回国接济工人　锡
二十万元接济沪粤工人

　　（汕头通信）自海员罢工后，各处交通阻梗，暹罗华侨远越海外，对于祖国反帝国之运动极思努力援助，惟以暹罗处英日海军势力范围之下，华侨有所动作，辄为暹政府取缔或遣散之。如最近《华侨报》等之被封，即为鼓吹华侨捐资救国，接济罢工工人。加以轮船阻滞，消息间断，暹侨以一方面罢工工人必须设法救济，一方面潮梅数十万华侨家属之养赡、粮米之供给，在在堪虞，迫不获已，乃在暹向哪威国某公司租美东轮船一艘，配运银米来汕，并公举《联侨报》社长许超然、巨商刘蔼谦、吴碧岩三人为暹罗华侨全权代表，带领捐款二十万元分济国内各处罢工工人。该美东轮在暹盘谷启锚之时，驻暹英公使向暹政府要求，谓美东轮所载银米系接济中国人，助长中国人向英进攻之工具，请勒令不准开行。复经埠中某巨商极力向暹政府缓颊，称该船系彼私人所租，与华侨团体无涉，始准开行。搭客共一千二百人，华侨寄家银信不计其数，于七月三十一日下午五时抵汕头。当舟次大洋，华侨代表许超然，每日在船中以石印印成书报，名曰《挽狂澜日报》，向船众宣传并演讲沪汉粤血案事变之经过，冀激动国人爱国之观念。美东船主哪威人见许君所为，异常钦佩，谓伊行船数十年，从未遇见船中出版日报者，每日向许君索取报纸，珍若拱璧。美东轮抵汕后，许、刘、吴三代表携有华侨全体公函向海员工会要求，特许该轮常往来暹汕，使暹侨与祖国得以联络，而使接济供给罢工工人。潮梅旅暹人数约在二百万以上，潮人占百余万，每月侨客寄银回家接济粮食约一百三十余万，暹米运汕为数亦巨。自海员罢工，汕暹交通无形断绝，故华侨乃自租美东轮行驶。闻许君携回之二十万元，拟以十万接济上海，十万接济广州。八月一日，汕头罢工委员会特在永平酒楼欢宴许、刘、吴三君，并函请波宁轮船公司，代美东轮招代配客货，日间开驶回暹。（八月一日）

1925年8月11日　第18839号
菲律宾通信　*文初*
华侨热心乡国事业与出入口之困难

　　自沪潮传来，继以沙面惨杀，此间华侨皆义愤填胸，各社团各开会讨论筹款方法，以接济各处失业工人。据沪潮救济会截至本月二十五日布告，计收到款项七万七千三百八十五元五角四仙，以此为第一次募款之总结束。二十六至二十八日为第二次募款之开始，三日间计收到捐款一万三千四百四十五元零七仙。计汇交上海总商会四次，沪洋三万一千七百七十元零九角九仙；汇交上海学生会二次，沪洋一万元；汇交广东总商会，龙洋二万元。其各团体及外埠直接汇交上海总商会及学生会者，计有四万元之谱（此无一定计算，不过就报纸所登者，略计其大概情形）。所汇交广州总商会之二万元最为困难，香港与小吕宋交通断绝，欲直接汇交广州，既不可能，托上海转汇，亦不见有效，延缓二星期，乃由厦门而汕头而广州。托足海外之华侨，至今始悟全国交通命脉皆握自外人之手，一旦发生事变，如全身血脉皆停止流行，最可浩叹者也。此次对于国内失业工人，输将踊跃，以中下营业及劳动界为最热心。现发起每月抽取薪水百分之五，必待至该案结束为止者，已有十数家。惟诸大资本商人则仍取镇静态度，捐款在百金以上者，百人中似不过一二人而已。闻彼等谓必待中英邦交真正决裂，始起而联络，出作国家财政上之后盾也。此间二十五日，各华字报载沪上奉军封某某三团体，有多数商家立即电沪询问实在情形，旋得覆电，其说果确，侨商乃公推救济会电奉天张作霖，询问是何用意。其电文如下："奉天张巡阅使钧鉴：警耗传来，奉军在申封禁工商学联合会、洋务工会、海员公会三团体，当此申、汉、粤风潮紧急中，万不可示外人以弱，此举究因何故？仰恳谕明，并希尊重民意，毋为外方淆惑，谨布腹心，伫盼钧示。菲律宾华侨临时救济会叩感。"目下外侮日亟，托足海天万里以外之华侨，犹拚以血汗换得之金钱，为接济失业工人之义举，原欲为国家争得人格，乃国内大军阀犹欲乘机争地盘，攫权利，如四川之战、陕西之战正在积极进行，无怪华侨社团开会演说时，皆望北愤呼而叹息也。

1925年10月9日　第18898号
暹罗一瞥（二）　敬厂

全国人口，合居留之华侨，据暹政府发表之统计约九百万，我国侨民约占百分之十一二。我国未尝与暹立商约、派遣公使，致侨民多受痛苦。华侨约分广肇、潮州、琼州、福建、客籍五种，以潮州为最多，次则琼州、广肇、福建、客籍。华侨多娶暹妇者，所生之子女与华人无异，非若纯粹暹种之黑肤而瘦弱也。依暹律，凡暹籍妇人所生子女，不论其父为何国籍，其子女均为暹民。土人呼之曰"乌士"或"十一点"，命名奇特，莫由索解。此辈儿童幼时为暹俗所化，读暹文、讲暹话，久之直不知其父为华人。但华侨虽身居异域，而爱国恋乡之心，实不弱于国内同胞。当民国初创之时，归国从戎、捐资助饷者，非常踊跃，即土妇所生之子女，亦以自认华侨得参与革命事业为荣幸。可惜执政柄者，忙于个人私利，任我侨胞如何呼吁，皆充耳不闻，致失其眷恋祖国之望，诚属痛心。

暹罗全国面积约当于我国之四川，处于法属安南、英属缅甸之间。自前王游历各国归后，内政大为刷新，兴教育、修市政、办警察、练海陆军，他如邮政、电报、铁道等交通事业，莫不实地办去，成绩卓然可观。

陆军专以对外，欧洲大战时，曾遣派远征军加入战团，以助协约国。陆军分国军、民军两种，全国学生皆加入童子军，实行军国民教育，确数若干，以极守秘密，无从探知。海军则仅有二三浅水战舰及三四驱逐舰，不过略具形式而已。

1925年10月25日　第18914号
何实军交五百元保

荷属爪哇巴城地方华侨所办学校内教员粤人何实军，被当地官厅指为鼓动学生演说排外，处以放逐之罪，押乘芝顺大利轮船回华。该船于前日下午到沪，总巡捕房预得某方报告，故派中西探目潘连璧、听克拉往新关码头守候，迨何登岸，即行逮捕。昨解公共公廨，控其系扰乱份子，请求逐出租界。经邵襄谳商之义兰副领事，谕何交五百元保，展期七天再讯。

1925年12月14日　第18964号
调解港粤罢工之搁浅原因　木庵
粤商总代表未能产出之影响　杨西岩赴港之任务

调解港粤罢工案，近已日益接近，现在所相持之点有二：一为开议地点问题，港方则拟请粤工商代表赴港会议，而罢工团则持在粤磋商之原议。因此之故，香港议决所派之负责代表周寿臣、罗旭和、遮打爵士等四人，忽然中止来省，复工会议是以至今尚未在粤举行；第二为粤方商界总代表未能产出，罢工团及粤商界初时均拟选出代表十余人，与港方代表开对等会议。嗣以港代表以粤方代表过多，与港代表人数相殊甚远，故决议罢工团选定四人，加入粤商代表一人，共五人，以便与港市负责代表人数划一。罢工团代表四人早已选定，但粤商总代表对于选举一层迟延迄今，尚未产出，其原因则以粤商会意见不一致。粤省四商会为广东总商会、商会联合会、市商会、商民协会。此四商会中，此次对于合选一代表分为两派意见，一为总商会与商联会，一为市商会与商民协会。前一派主持重，后一派主强硬。前派恐后派份子态度强硬开罪对方，有所败事，不愿后派份子代表全商界；后派则以前派过于持重，遇事畏葸，不知工人心理，对内对外难收完满结果，不愿前派分子代表全商界。两派因此争持，对于选举总代表之手续，各有所利用。前派主张以四商会为单位，每会得一选举及一被选权，以到会人数计，总商会为最多，总代表当以总商会份子担任。市商会以人数不及总商会等则否认此种选举手续，主张由四商会各举候补代表一人，将四代表人名呈送政治委员会，由政府在此四人中择一派充总代表，但此种选派手续又为总商会份子所否认。故日前四商会开一度选举总代表会议，卒无成议而散，此乃商界总代表迄今依然未产出之真因也。比闻香港方面，已牺牲地点争执问题，允来粤就商，但须得知粤方负责代表五人之人名，然后方允来省，而粤商因争总代表之故，未能实时产出，致港方不知粤商总代表究为谁氏。此事一日未解决，则港方代表一日未能来省，而磋商解决罢工会议亦一日不能正式开幕，此则为最近会议日益接近，而忽然搁浅之总因。但政府对于此点，断不任令一部份之争持而影响全部之会议，想不久当出面调剂商会两派之意见也。至于此次政府调查省港专员杨西严等之赴港，与此事初无关系，因政府月前接到港华侨来函，谓驻港各埠华侨欲来省考察粤省政治真相，业由政治委员会主席汪精卫覆函，欢迎杨氏此次赴港，即为组织港侨考察队来省，顺便慰问罢工工人。顷闻杨氏抵港后与港侨接洽完满后，已发起在华商总会，与各邑商会联合会、二十四行商联合会、东华医院等开联席会议。议决组织视察团团员报名地点，一为港德辅道中新广合，一在永东街胜利昌，一在永和街口千祥四楼，团务统由港侨雷荫荪、黄季熙办理。杨氏昨已来函报告港侨组织视察团之经过，函云："启者，自罢工后，交通梗塞，致令港侨对于内地情形诸多隔阂，良用歉然，故鄙人乘此来港调查之便，发起组织港侨视察团，上省参观一切，并向各方慰问，敦促和平早日实现，此事已得国民政府同意，并表示欢迎。鄙人随于十七日在华商总会，与各邑商会联合会、二十四行商联合会、东华医院等，开联席会议。当日在座，徇弟函请，一致议决通过定名为观光团，后改为视察团，专以谋双方亲善感情为界线，不涉政治范围。至对于解决工潮，已有负责代表，自当毋庸干涉。决定由列席各大团体之人自动前往，共约一百名为额，俟汇齐即将名单先行送省，颁给来往通过证，另行定期乘轮赴省考察一切。至上省来往船费，经由广东航业公司用播实或哈德安轮船报效，其余各费自备。惟望各团体准于本礼拜日即阳历十二月六号以前，将举出之名单列送黄季熙、雷荫荪两君带省，以期早日成行为盼。杨西严谨启。"政府接函后，当覆函云："西岩先生台鉴，顷奉手书，敬悉一切。港商及各埠华侨来省调查真相，极所欢迎。国民政府本其至诚与各界人民相见，倘港及各埠华侨有怀疑于政府及有所申述，不妨直言政府，无不虚怀接纳也。弟汪兆铭启。"（十二月六日）

1925年12月18日　第18968号
筹备中之上海南洋华侨影片公司

南洋侨商粤人李曼君，素有志于电影事业，见国产影片日益发达，特在南洋群岛筹集巨资，拟回国组设上海南洋华侨影片公司。现已致电其同志，前在某影片公司之黄君着手筹备，暂设办事处于北山西路六百十七号，闻李君将赶于日间到沪，进行开办云。

1926年1月4日　第18984号　本埠增刊
南洋华侨影片公司之创设

上海南洋华侨影片公司为南洋侨商李曼君所创办，自筹备以来，各事已就绪。兹闻南洋侨胞以李君集资回国，提倡国产影片，故对之均极表赞成。现李君已摒挡行装，准备回国，大约来春即可从事开办云。

1926年1月22日　第19002号

（广州）海外华侨参观团一百八十九人，巧（十八）下午四时，由港抵省，各团体纷纷开会欢迎。（以上十九日下午十钟）

1926年1月22日　第19002号
关于中国事之外电

二十一日香港电：顷间发表公报，略谓香港政府三次图与广州政府谈判解决争端，均无效果。第一次，广州政府不肯派正式代表会晤香港政府所委之员。第二次，香港政府建议香港高级官员应加入，香港商界代表团、广州政府须取同样行动，双方代表各有解决未了问题之全权，广州政府答称仅能派代表为调停人，香港政府不允。第三次，香港、广州重要官员互相拜会，讨论将政治经济问题分别办理问题。于是由香港华侨派代表八人至广州，与罢工委员会讨论经济问题，包括罢工付薪及罢工人赔偿事，而将政治问题置后再议。代表团于十二月三十日由香港行抵广州，广州政府须代表团同时与罢工委员会讨论解决政治条件，始允辅助讨论经济条件，此行未有结果。代表团乃于一月二日回抵香港，公报结语谓香港政府愿随时续开谈判，惟就已往情形观之，目下续派代表团赴广州无济于事，故听广州政府表明其诚意，再定办法云云。

二十一日北京电：粤军在距汕头常关十五哩处收税，按该常关由海关管理，现尚未受干涉。

1926年2月17日　第19021号
南游杂记　武幼如

南洋群岛，英、荷属地也。顾吾人一履其地，则见夫商市喧闹，百货云集者，我侨民之商店也。间阎栉比，户口繁昌者，我侨民之住宅也。肩摩毂接，熙来攘往者，又皆我轩辕之子孙也。几使吾人顿忘身居异域，而以为犹在祖国境内也。猗欤休哉！回忆我侨民始祖飘海而南，斩荆棘，辟草莱，筚路蓝缕，排除万难，以有今日。较之他国侨民，仗其政府之威力，侵人土地者，其难易不啻霄壤，盖我华侨坚忍耐苦、百折不回之性，举世民族皆无足与拟。不吝执铎南中，时历八载，于南洋风土民情知之至稔，久欲以闻见所及，为文以告国人。徒以人事卒卒，未果如愿，昨偶得暇曾作《南游者必须知之事项一文》已载本栏，兹更以南游闻见，就回忆所及，拉杂述之，为国人之留意侨民情况者告。

（一）华侨在南洋之商业　握南洋经济上之霸权者，我华侨也。虽当局叠用其高压手段，而侨民含辛茹苦，饮忍不与较，犹复出其才智，操奇计赢，致千万之富，至若有百万或数十万之产者，犹卑卑不足道也。侨民大多数营橡皮业及矿业。营橡业者，购地植橡而取其乳，或则以乳制皮，以皮制器，转售于人，利辄数倍。营矿业者，所开采大都为金矿及锡矿，以南洋矿产仅金、锡二种故也。种橡与开矿实为我华侨致富之源，故侨民业此者十之七八。其他则百业俱备，惟所售货物多来自英、日，此非侨民缺乏爱国心也，盖以南洋去国万里，国货之孰优孰劣、孰有孰无、价值若干、厂家何所，华侨皆无由知之。虽欲营国货之业而未由，我国国货厂家倘能派劝销员南游，即直接以国货南运，或于南洋设分店，或常以注明品名、价值、厂地之国货广告单寄南洋各地，则予敢决其货品之畅销，而受华侨热烈之欢迎也。

（二）华侨之社团　华侨最有力之团体，厥为商会，对内常调解侨民之争执，对外则为交涉之机关，不啻侨民最高之政府也。南洋各埠，虽皆有我国之领事馆，无如不能得外人及侨民之信仰，故外人与华侨间遇有重大事件，外人亦直接与商会交涉，视我国领事如无物。记者常往观我国之领事署，虽亦巍峨华奂，而入其中则阒寂无人，不闻声息。至于他国之领事署中，则办公员役忙碌终日，出入之人川流不息，两者相较，其勤惰可立判也。侨民社团除商会外，则有阅书报社及俱乐部等，亦甚发达。

（三）华侨之教育　侨民学校大都公立，其经费捐自各商店及各个人间，按月捐助者谓之月捐，特别捐助者谓之特别捐。侨民于公益事业极为热心，故每遇学校捐款，莫不慷慨解囊，数十万可以倾刻立集。因之南洋各地侨民学校皆极发达，仅新加坡一埠已有高小及国民校三四十所，惟中等学校则仅新加坡与槟榔屿各有其一。五年前，当局颁教育条例，其中最恶者，则学校所用书籍、教材皆须受当局之审查，倘被认为不适当者，则教员或校长即须受罚。英人亦设学校多所，华侨子弟读诸其中者，大都为偆偆之子弟。偆偆者，世居南洋而生长于南洋者也。其自祖国新来者，则谓之新客。偆偆之流足未履祖国土地，甚且并祖国语言而不能，其心目中已无复有中国存在，盖已纯乎为外国之顺民矣，故彼辈子弟多读于外人学校。至于新客，则万里南游，受异族之欺凌，感祖国之不振，其爱国心乃较之居国内者，益形勃发。遇祖国有义捐，辄慷慨输将，一掷百万无吝色，其爱国热忱，盖可歌可泣也，其子弟多读于侨民学校中。

（四）华侨之娱乐场所　（甲）妓女。华侨中除偆偆及富商外，大都只身南游，鲜有携眷属者，公余有暇，除自好者外，大都赴秦楼问柳，楚馆看花，因之妓女之业乃大昌。仅新加坡一埠，妓女已达数千人。有闽粤二帮，闽帮妓曰堂子班，粤帮妓则上者等谓之琵琶仔，中等者谓之老举。（乙）烟馆。侨民中有恶现象令人不能为讳者，厥为烟馆。烟馆之多，有如林立，当局利其每税收有数万万元也，不加禁止，且举行公卖。于是我侨民中此毒者，遂十人而六七，富者固不论，彼贫苦工人血汗所得，亦浪掷此中，于是遂鸠形鹄面，异乡沦落，永无归国之日矣，不亦大可哀耶！华侨中不乏志士，其群起谋禁烟之方乎？（丙）俱乐部。华侨上流人士，类多组织俱乐部，为公余娱乐之所，部中除宴会外，更可为看竹之戏，会员皆极发达。（丁）戏馆。华侨大都为闽粤二省人，故南洋戏班有闽班及粤班。此外则电影戏馆亦极多，侨民以爱国故，故极欢迎国产影片。惟近今国产影片，徒表暴华人之弱点，颇使侨民失望，记者甚愿我国电影家后此多制爱国尚武等片，以扬国光，以副侨民之望也。

（五）华侨之生活程度　南洋侨民，生活程度极高，较之沪上约三倍之。然侨民之费用虽巨，而进款亦不弱，商店伙友及学校教师，其薪金亦三四倍于沪上，故凡为伙友或教员于南洋者，苟能力事节俭，则二三年后即可有二三千金之积，携之归国，可以小康矣。至于设肆于南洋者，则鲜有不获巨利者，且获利之速亦足惊人，盖商品大多来自东西洋，价不甚高，而南洋之物价则甚巨，商人买贱卖贵，一转移间已获巨利，华侨多富人，盖以此也。即下而至于工人、小贩，其生计亦并不甚难，得钱亦至易。一手车夫也，除车租外，日可得二三金；一小贩也，除领照纳费外，日亦可得二三金。即更下而至孩童与妇女，亦可于海滨摸蚌蛤、采虫石（一种白珊瑚石，产南洋海中，一望尽是坚硬如石，而形状则各异，或权枒如树、或妩媚如花、或蹲踞如兽，或瘦绉如石，以作案头清供，为无上上品），售之街头，一次所得，即足敷三日粮。美哉南洋，盖世外之桃源也。

（六）华侨之饮食　南洋华侨，既多为闽粤人，故于食品之烹制亦各如其本土之俗，肴味亦各有佳处，然较之我苏菜烹调之精美，则远不逮矣。闽侨日食三餐，粤侨则日仅二餐，餐亦以饭。偌偌则多食西餐，盖偌偌（即土生华侨）之习俗已完全为欧人所同化，所不同化者，只脑后豕尾耳（偌偌皆有发辫，父子相戒，不许割弃）。粤侨更有喜食狗及蛇者，蛇之种类甚多，价值亦有高下，普通每斤约值一元。闽侨于饮食中最重饮茶。盖闽省本产茶。茶之佳者，储于寸许长之锡瓶中，值且至一二元。闽侨每值客至，辄以佳茶奉客，茶盛杯中，杯之小，几同吾苏之酒杯，盖表示茶品贵也。记者初至南洋时，不知其俗，盖犹以为主人以酒敬客也。

（七）华侨通行之言语　闽侨粤侨表面虽极和洽，而暗中实积不睦，仍时有争竞，即其居处亦各有街市，分队划界，俨若鸿沟，是盖因语言不通，感情乃因之日远也。以此侨民中志士，乃争习国语。记者曾于新加坡创国语夜校，广告朝出而夕即生徒百人，店东也、伙友也、学生也、厨役也，兼而有之，华侨之国语热，盖如是也。华侨各学校中亦皆国语教授，至于今日侨民能国语者乃日众。南游者苟不能粤、闽语而喜国语者，即不患有语言隔阂之弊，是今日侨界一好现象也。南洋除国语外，最通行者则为英语及马来语。英语华侨能之者众，偌偌尤操之若流；至于马来语，则除偌偌外，仅与马来人常有贸易之华侨能之。统计南洋语言盖有粤语、闽语、国语、沪语、英语、马来语六种，尝见新加坡某英裁判官，彼实兼能此六种语言，真可称之为语言大家，盖彼不如是，即不足以当南洋裁判官之任也。记者尝考语言一道，多数人辄有同化少数人之力，譬之他省人之来沪者，大都为沪人所同化，而改操沪语。惟南洋群岛则不然，通行言语多至六种，虽各有其一部分之势力，然皆无普及之效，于是使南洋者乃有无所适从之苦，而于是南洋语言乃终于旁杂，难趋统一矣。

（八）南洋之天气　南洋地居赤道，日受海洋空气之调节，故终岁无严寒酷暑，常在摄氏寒暑表七八十度间，如我国五月间天气。惟最足异者，则人居南洋，每日宜以冷水沐浴，不然则头脑昏闷，将发热病。沐浴时宜以冷水自顶浇灌，使之直泻全身，谓之冲凉，浴后则精神爽适，身心俱快。又凡初至南洋者，登岸后约一星期必生热病，病亦无大苦，特昏闷体热耳，服药得汗即愈，是或地气使然耶？又南洋者，水世界也，居南洋者非饮水不快，即终日饮水，亦无因之致病者，然而南洋天气固不酷热也，是亦一奇也。又南洋之人多嗜辣，每食必须辣椒及茄厘，虽不嗜辣者，居南洋二三载，每食亦非辣不可，是又一奇也。

（九）南洋之植物　南洋之植物，以天气和暖，故终岁常青，且又以雨水调和，无久旱久雨之患，因之植物乃翁郁繁茂，弥望青葱。记者尝往游览新加坡之植物园，最足令人注意者，则为寄生之树，老树枝上乃更生寄生之小树，此小树之根即生老树枝中，吸收老树养料以为生，其形状正如小孩骑老人之肩上，亦奇观也。

（十）橡树　橡树，南洋之异产也，亦南洋之大利源也。树植四五年，即可割其皮而取乳。树长成约四五丈，取乳时削树皮成Y字形，即有白乳流下，以器承之，乳凝为皮，是为橡皮，更以硫磺炼之，可制车轮、衣履等物。方今用途愈广，价乃愈增，于是南洋之营橡皮业者乃愈众，而寸土尺地皆成橡树之林矣。

（十一）南洋之果品　南洋佳果除香蕉、菠萝外，更有异果曰榴莲，其外壳色青，有刺如栗壳，又如刺猬，大者重七八斤，小者亦重斤许。破其壳则壳成瓣形，每瓣内有六七粒黄色或白色之果肉，食之甘留齿颊，香沁肺腑，其味之美莫与伦比，且于身体有补益之效。最奇者，则此果凡居南洋三年者食之始觉佳，初至者则惟觉其臭，嗅其味且欲呕，遑论入口，然三年后更遇之，则惟觉其甜香扑鼻，食之惟恐不及矣。且食此果者，更如吸洋烟者之有瘾，一日不食则馋涎欲滴，既食则又非数枚不满欲，是亦良可异矣。

（十二）南洋之花草　南洋花草大都终岁常花，其种类甚多，皆吾人目所未见者。至于祖国之花，则南洋皆无之，有之惟莲与白兰而已。莲种与国内之莲尚无差别，惟白兰则与国内迥异。国内白兰虽为木本，然大都植于盆内，高至四尺而已，且着花亦仅在夏季；南洋白兰则高至五六丈，终岁常花，一树之花多至万朵，色有黄白二种，黄者香较次。新加坡之西郊有别墅，有清末叶孙中山先生用以为革命之机关部者也，墅前有白兰二株，枝叶隆阴匝地，正如我国内古庙之柏，而繁花满树，香闻数里，则如国内中秋之桂也。

（十三）南洋之物产　南洋土地，盖大多数皆植橡树，遂无余地更植他物，于是米、麦、菜蔬等皆须受安南、暹罗、香港等处之供给。南洋土产除橡皮外，仅有锡与金及咖啡、槟榔、椰子、胡椒、香蕉、菠萝等，其中椰子一物可制椰干，更可榨油，日人更取椰壳雕成盆盒等器具，髹之以漆，刻之以花，亦精美之手工品也。

（十四）新加坡之博物院　新加坡有英人所设博物院，收罗宏富，举凡南洋之动、植、矿物及历史上之遗物，无不有之。入门即见一大玻橱，中有死虎伏地昂首，奕奕有生气，盖南洋产也。虎旁更有一橱，中塑模型，为一马来妇人坐地上，卧小儿于腿上，而以二木板夹儿头，以绳缠之，盖南洋土人（即马来人）有此陋俗，即夹儿头，俾长成成扁形以为美。观英人作此模型，盖以讥马来人也，而马来人之观此者，不以为耻，犹顾而笑乐，呜呼，此其所以亡国也欤！过此登楼，则更有马来人相聚作蛮乐之型，其乐器大都如我国鼗鼓瓦缶之类，惟击之不以槌而以手。记者尝见马来人之鼓乐，乐声一作，更有人跳舞以和之，乐声謦謦然，呜呜然，而舞者则拍手拍脚，左右跳跃，如我国跳灶王之乞丐，口中更作呜呜哑哑之歌声，亡国之音，不忍卒听也。院中除此二模型外，最足宝之古器则为马来王之金碗，计有二具，其色泽之光彩，雕镂之精致，即以较文明种人之作品，亦不容多让。外此则有马来古钱币及马来人所用刀、矛、弓、矢等兵器。至各种动植矿物中，最足异者则为长数丈之蟒，及数十丈之鲸骨，更有凶猛之鳄鱼，奇形异状之猩猩与猴，是皆产于南洋者也。

（十五）南洋土人之服装　南洋土人为马来人种，皮肤作棕色，男子之头以扁为美，男女皆不衣袴，惟以布裙围下体，上体则披白纱。男女皆于耳上或鼻间穿孔，以大铜圈或金圈悬其上，圈之圆径有如吾国之大西瓜，其重盖可知也。男子之帽红色如桶形，其上更垂红缨；女子常含槟榔于口，使其唇齿皆成红色以为美。男女更常以白色粉状之凉药涂额上及面部，盖欲使头面清凉也，然而黑面皮更涂粉，乃成鬼状矣。

1926年4月8日　第19071号
暹罗华商领袖廖葆三逝世

暹罗中华总商会会长廖葆三君，原籍广东，早岁离乡，在暹罗经营商业，以忠厚敦朴为人称道，凡四五十年，信用尤著。凡旅暹侨胞之各种经营，均得廖氏之助力，即暹罗两代国王，亦均敬礼有加，因得为中国旅暹华商之领袖。廖氏于上月在暹逝世，享年七十四岁，各埠侨民同声哀悼，沪上各慈善机关，廖氏平日亦多捐输，故消息传来，无不痛惜，闻各团体机关已纷电廖氏家族致唁云。

1926年4月25日　第19088号　本埠增刊
南洋华侨影片公司成立

粤人李曼君为创办南洋华侨影片公司事，特于去秋亲赴南洋群岛招股，临行时委托其友人黄松村君驻沪为筹备处专员，将来即任黄君为导演及剧务主任，方某为摄影。进行以来，业有半载，现闻李君已于上月初旬返沪，下榻在黄君家，对于招股事宜已得完满结果，不日即着手开拍新片云。

1926年5月2日　第19095号　本埠增刊
南洋华侨影片公司积极筹备

创办南洋华侨影片公司之华侨李曼君，业于日前返申，李君自莅南洋英荷各属招股，极得彼方人士之赞同，因以成绩良佳。刻李君以沪公司内部之施设，亦至重要，故匆促回国，对于该公司招股各事，完全交托其友人陈君，务求达到充实之资本而后开办云。又闻该公司之筹备处，已迁于北四川路横浜桥福德里八十六号，而李君向各方接洽，极力搜罗电影人才，对于导演、摄影、演员等项物色非常慎重云。

1926年5月23日　第19116号　本埠增刊
南洋华侨影片公司开办有期

筹备数月来之南洋华侨影片公司，自创办人李曼君回国后，业将内外各部事宜布置就绪，闻现正找寻交通适当之地点为办公处，一方已从事编剧，不久亦将登报征求男女演员云。

1926年8月18日　第19203号
公廨昨日续讯温庆贤案

华侨温庆贤被控在荷属爪哇地方骗取荷兰银行荷币六十万元一案，昨日下午三时，又经公共公廨邵襄谳会同荷副领事升座第一刑庭，饬将被告提案，继续审讯其国籍问题，到堂旁听之男女仍有数十人之多，先由陪审荷领讯问原告方面有无证据、证言提出，捕房代表兼原告人荷兰政府代表梅脱兰律师译称，原告并无其他证人，至证据则在南洋，惟被告表面业已证明确系一荷兰之人矣。被告代表斐斯律师译称，原告前次以被告在南京警察厅供状，生长爪哇，今有证据一纸，系经交涉署签字者，可以证明其言不确，遂将抄录江苏省会警察厅致驻沪交涉使公文，内附被告在南京警厅之供状一份，呈案请察（该供状内据被告供称，原籍广东梅县，在荷属南洋开设南和发食米杂粮号等语），旋由交涉使署职员伍守恭上堂，证明该供状系南京警察厅附于公文内，于六月二十五六日寄到交涉公署，原文现存署内，此系华侨联合会到署抄录之件。斐斯氏续称，照此供状，则被告并非生长爪哇，故原告所言，殊不能认为有效。嗣荷领主张讯取被告供词，斐斯氏以照诉讼向章，须先审原告而后再问被告，故表示反对，然卒未经堂上容纳，遂由邵襄谳传被告至证栏，亲向质讯。讵温不谙华语，只能操马来语，而会审公廨定章，凡诉讼人民，应以华、英两国语言为准，故问答之词，则由译员由马来语先译华语，再译英语，幸有承办此案之包探傅方流，久居荷属，既能马来语又能英语，邵君乃命之担任临时舌人之职。据被告供称，名曰温庆贤，并无另有翁根兴之名（因提票上系书写被告翁根兴），年五十岁，因领取来华护照时系四十八岁，故在南京供年四十八岁，三岁时即赴南洋，因何而往、被谁挈去，皆已不知，生身父母俱已故世，听说系广东梅县人。我之继父名温发松。十二岁时我由南洋往新加坡，转至广州，住约三月，仍往新加坡；十八岁始往巴达维亚；一千九百二十三年，往南洋住七天，复回巴达维亚；一千九百二十五年二月十八日，函该地中国领事，请得来华护照；二月二十一日乘轮赴马来群岛，取道来华，五月间抵沪，至今年一月间，由沪而苏而宁。从小离乡，但知原籍梅县，实不审乡村之名矣。荷领亦讯据被告供称三岁时生身父母已故世，父名且不知，焉知祖父之名，而兄弟姊妹均无。二十三岁在巴达维亚娶妻，婚礼照中国式，妻名陈金梅，现尚住荷属之门拖（译音）地方，已育有三男三女，并未向荷官注册。继父母现犹健在，但非与生父有亲属关系。当米荒时，我被任为荷兰政府顾问两年，其时荷政府未曾询我国籍，我在荷属亦从未与人涉讼，护照抵沪后已经遗失，所发护照之领事名欧阳祺（荷领并详讯其领照手续、护照式样，而温除答复外，并遵命书写华文之籍贯等字）。我系来华游历，离荷时店尚开设，及至新加坡，方知被封，今不愿再去荷兰，盖荷官欲加逮捕，至其欲捕我之原因，殊不知悉。抵沪之后，未向荷领事署注册，亦未请求□□华侨联合会之名，我虽知道，但会员则不相识，我未便投会干求，而该会亦未有人来访等语。邵襄谳复讯以□所书之华文字颇佳，尔既称三岁离华，究从何处学得。温答称在南洋及巴达维亚读华文书籍五年，南洋地方，凡属华侨，概用中文，巴达维亚之华侨所用文字则不一致，该处华侨甚多，其正式团体有中华会馆及华人商会，与国内团体皆有交际往来，若华侨回国，只须有人向中国领事馆介绍，无论旅外年代久暂，皆可发给护照云云。荷领复向温再讯数语，原告之律师亦欲向被告驳诘，邵君以被告供词系由堂上讯取，原告律师不应再诘，商之荷领，谕被告回捕房收押，本案提早排审。

1926年11月6日　第19283号

（广州）旅欧华侨派代表商文立回粤，向国民政府请愿废除比约，并报告旅比华人运动废约之经过。（三日下午十钟）

1926年11月26日　第19303号

（广州）华侨筹筑宝安、深镇、云霖车路，三十日派员测勘路线。（二十三日下午十钟）

1927年2月19日　第19380号

（广州）华侨选送子弟一百名，入军事厅教导队，受训练四个月，毕业费用由华侨供给。（十八日上午八钟）

1927年4月10日　第19424号

（香港）江门外侨多离境。（八日下午九钟）

1927年7月8日　第19512号

（广州）暹逻潮州华侨，昨汇到捐款千余元回粤，充北伐军费。（七日上午八钟）

1927年7月16日　第19520号
陈季博奉令往南洋

陈季博为国民党老同志中之健者，数年在日本东京办理党务，联络同志，为党奋斗，矢志不移，致为共产所忌，谬请广州中央开除党籍。近经中央监察委员会查明，认为忠实同志，已正式明令恢复，并由海外清党委员会派充日本总支部清党委员。现因南洋方面尤为重要，昨经中央特派，令往南洋各属视察党务，并有其他重要使命，已定期本日趁轮前往云云。

1927年8月14日　第19549号
暹罗限制华人入口新例

（八月七日汕头通信）汕头为中国南部对外之通商口岸，潮梅人士历年移居南洋群岛不下二百余万。在暹罗华侨达七十余万之多，据去年海关调查，一年中经汕头往暹者有五万七千人。在暹京盘谷，潮语几成为该处普通话。潮梅人士在暹生活、行商者占十份之三，耕田者占十份之五，驶船、伐木、捕鱼、开垦、筑铁路及各种劳力工作约占十份之二。故在暹罗国中穷乡僻港、山深林密之处，皆有华侨踪迹，近年来大有人满之患。本年七月一日宣布限制华人入口新例：（一）无汕头政府护照者不准登岸；（二）废疾残病者不准进口；（三）未种洋痘者；（四）有神经病者；（五）性情粗暴恣扰公安者；（六）搭客须备足入口税银项方准登岸；（七）限制每年入口人数，不能逾额多来；（八）审查来客平日有偏信过激扰乱治安嫌疑者，即驱逐出境；（九）来客藏匿船中无单登岸者，罚该轮一千铢。以上系暹罗归客所述，此后国人往暹者不可不知也。

1927年8月25日　第19560号
粤当局派员调查海防惨案

（香港）二十三日政治分会议决，派韦玉赴海防，调查土人惨杀华侨案真相，并遣飞鹰舰及陆军一连往护。（二十四日下午九钟）

（广州）海防土人惨杀华侨，政治分会派飞鹰舰及陆军一连前往弹压。（二十四日）

1927年9月20日　第19586号

吴倚沧先生事略

　　吴倚沧先生，讳莹，初字雨苍，广东平远县人，生于民国纪元前二十五年。家世业农，先生髫龄即助父藉如公耕作，但不废读，入乡塾，成绩恒冠其侪。清季天下鼎沸，有识者力倡新学，先生向慕之。平远地僻，书报无可得，辄奔走数十里向戚友借阅，以时亲往送还，风雨无间，如是者数载。年十六就学邻县初级师范，越两年游学广州，入同文书院，旋转两广高等师范，学业大进，革命思潮亦勃发不可遏。盖自孙总理提倡革命，以粤为发难地，屡起屡败，不稍沮，一时髦俊景从。辛亥三月二十九之役，黄克强等直攻广州伪督署，先生与焉，不幸又败，先生力护同志数人出险。一日，港报忽传有吴某被捕，在港同志遂盛传吴雨苍死义矣。是年秋，武汉起义，广东响应，姚雨平率粤军北伐，先生任兵站总监，会师南京，无旷厥职。南北统一，袁世凯窃政，先生知国事无可为，又见所谓革命同志者亦或腐化，不屑同流合污，乃往美国留学，入伊利诺大学经济科。六年，学成回国，念救国以教育为本，执教鞭于南京、上海各大学者数年，诲人不倦，而不沾沾于科目，辄痛论时局，引证世界大势，晓生徒以根本改革之必要。十二年春，奉总理命回粤，与姚雨平收抚东江杨坤如、洪兆麟部队，事毕，仍返沪执教。十五年六月，赴南洋调查华侨经济状况，闻陈炯明运动侨商，欲以致公堂资金助其活动，乃向各埠宣传陈之阴谋，陈不能在北伐时扰粤，先生之力为多。时中央整理党务，常务委员会主席蒋介石、代理主席张静江两同志闻先生贤，连电南洋，促回国担任党部工作，先生乃于九月初抵粤，任组织部秘书。组织部向由共产派专政，自整理党务后，共派阳示退让，阴仍把持，纠纷时起，先生处困难中，助陈果夫部长，应付裕如。十二月初，党部一部分北迁，陈部长先期赴沪，先生独任部务，并代理秘书处事时组织部之重要工作，为广东省党部及广州市党部之选举，共党对于选举有组织，先生努力奋斗，本党忠实同志，乃得占胜利。先生亦被举为广东省党部执行委员，又被推为农民部长。广东农民全为共产党组织，其排斥本党同志最甚，先生费尽心血，始得挽回。十六年二月，先生抵南昌，三月赴武汉考察，知武汉同志有甘受共党劫持者，乃返沪。四月清党事起，先生被任为上海特别市党部特别委员会委员、上海政治分会委员。中央党部迁宁，推先生代理组织部部长兼财务委员会委员，旋又被任为国民政府法制委员会委员、中央清党委员会委员。先生既以一身任数要职，事务丛集，常苦日不暇给，而以富于责任心，每会议未尝缺席，事亦无不举者。尤集全力于党之组织，对于各地负责办党之同志，常殷勤指导，其有工作幼稚及不明党之地位与主义者，辄严厉督责，不稍宽假。用人以才能为标准，不才者虽至戚故旧，远来求挈引，无不拒绝。职责所在，事无大小，皆独任其劳，冀为党减少支出。组织部工作视其他各部为忙，先生率励同志，锐意撙节，职员薪俸每月实支仅及额定数之半，可以概其余矣。八月中旬，蒋总司令辞职离宁，中央委员胡展堂、吴稚晖诸同志亦赴沪，先生独留，且代处理秘书处事务，环境险恶，劳怨集于一身，于是先生心力交瘁，二十八日夜半猝患时疫，以心脏过弱，治疗无效，遽逝世。先生秉性廉洁，不苟取一文，老母邱氏犹在堂，弟妹儿女尚幼，平时事畜教养已极艰苦，身后萧条，几至无以成殓，痛哉！先生人格之伟大、学术之精湛，及为党国奋斗二十余年之历史，当有专传详述。兹先陈其概略，俾当世立言君子与我同志得览观焉。

1927年12月4日　第19660号
四次中央全体会议昨日谈话会改为预备会　出席委员三十三人　对南京惨案组织特别法庭拟定发表宣言　对特委会及粤局问题今日尚须继续讨论

中国国民党中央执行委员会召集第四次全体会议，自上月二十四日在上海法租界拉都路开谈话会，拟定十二月三日至五日为预备会日期后，当即分电散在各处之委员，请其赶速来沪参与会议。迄至前日，各处委员均已先后到沪，即由谭延闿、汪精卫、蒋中正三人出名，通告在沪各委员，定于昨日下午三时在拉都路三百十一号开谈话会，借以商决一切。故昨日下午三时四十分开会，共到执行委员监察委员三十三人，本系谈话会，嗣到会委员，认为已足法定人数，乃临时改开第一次预备会，惟因议案不及编就，只得各委员自由提出讨论。昨日所讨论者，为南京惨案问题、取消特别委员会问题、对于粤局问题等等，均有详细之讨论，并决定发表宣言之要点，及讯办南京惨案特别法庭之组织，直至六时半始散会。兹将开会讨论之内容及其他各项消息，分别汇志如下：

......

（九）关于粤局之大讨论　继由缪斌起谓，广东事变，黄埔军校学生有死伤者，应有相当办法。蒋介石谓，此事须与广东事变合并办理。此时何香凝即起立，谓"谈及广东事，须让本席说几句话，今日见报载由特别委员会产生之政府，对于张、黄下讨伐令，深以为异。我以为张、黄二人，无论有错，若由第四次全体会议来解决，是很正当的。辛亥革命以前，同盟会成立以后，广东侨胞大多数来援助革命，中华民国之造成，粤侨之经济帮助不少。辛亥以后，广东人民之牺牲生命财产帮助中国国民党，帮助第一、第二、第三期北伐军费，帮助各省党费，都是广东人民之血汗。当时办财政者受人民之怨甚深，但因顾全革命，顾全中国国民党，顾全中国，只有牺牲，十几年来弄到民穷财尽，看到民生痛苦，很为难过。从去年北伐以来，革命势力由珠江流域到黄河流域，我们以为实行三民主义可以安慰民众，现在革命发展到如此，而反由南京去打广东，恐将来各省民众见广东民众帮助革命，得到如此结果，将以广东人民为前车之鉴，失去了民众的同情心，对国家前途很抱悲观。希望粤事即有错误，由四次全体会议解决，能不用兵最好，并望各同志稍按良心，饮水思源"云云。李济琛谓，广东事变是一种事实，既有事实，不能不应付。蔡主席谓，广东事已提出，请大家讨论。汪精卫谓，张、黄有函致本席，据称可服从全体会议，他们否认特委会，当然不能服从特委会所产生之机关，既然服从全体会议，如全体会议有决定之办法，当然可不用兵而解决也。粤局问题，至此即止讨论。

1928年3月9日　第19747号

南洋败子叶韩进　黄康屯

距今不五十年前，马来半岛南部有翘然建牙之华人，其宗族余裔至今犹为半岛望族者，叶来是也。初，粤人之至马来亚者，分惠阳、嘉应两帮，各为霹雳、雪兰峨两苏丹所倚恃，蛮触交攻，岁无虚日。叶来短小精悍，隐然为雪兰峨宇内嘉应帮之领袖。时值太平军丧败之后，戎马归来之赋闲兵将，应叶之募，相率买棹而南。因以制军火，教战法，造成半岛南部乌合军队中之劲旅，克敌致果，经七八年之战争，略定雪兰峨全境，画野分州，屹然雄长，乃相与斩榛莽、辟草莱，垦土开荒，树艺谷物，粮储既充，财富日足。叶来日必巡视村邑，董督纠扰，居民望见，辄相戒曰："矮子来也。"其后闽粤同乡，来者日众，顽嚚彪悍之徒，击刺械斗无虚日。叶来困于应付，始募碧眼儿为之顾问。初，有来自星加坡者，众以其华颠，呼之曰白头，教叶办理警察，分派巡逻于各道口，有不遵纪律者鞭之，自是而斗狠之风稍戢。而英人乃得以窥其底蕴，寖假而利用马来王收其权，封叶为甲必丹，年纳租税，仍保有其土，当时雪兰峨全境几为叶一人私产焉。叶来有子曰韩进，愚呆暴傲，根于天性。五岁时以撕裂银票为戏，来见而嗔之，拔枪便击，为妻所格。稍长，挥霍无度，凡用钱出手即算，不计货值。常人驾车以二马，马来王御四马，韩进策八马车驰骋往来，务侈于王公以为阔。

叶来既殁，韩进为众所弃，不得为甲必丹，而拥资如其父，常提钦赐宝刀执御杖徜徉于市（刀、杖系英皇赐叶来以御众者），遇不如意，格杀，弗能罪。英政府禁赌，韩进引其侣纵博于山巅别墅，亘两月不休。政府饬逻卒止之，比至，赌具悉藏匿不得证，阻逻卒不使行，屋后举火，尽毁所有。翻讼警察不当，无故扰及私人家宅，横肆焚掠，卒责保险公司逾值以偿。

英人以韩进愚呆不足虑，乃遣吏丈其地，计亩出售（每亩一元），韩进犹持杖纵击，量吏饰以他语乃止，产益日蹙。

韩进生平娶妻不知数，宠衰即弃之，所生子女百余，仅知有母，稍长，有自投认父者，辄讶曰："尔母奚氏，今奚在耶？"

或论韩进日耗万金，纵没世犹不失为富家翁，今年逾花甲，乃索然守穷庐于吉隆坡云。

此事粤侨张君俊明为余言之，张之严君盖尝亲效力于叶来之麾下者，迄今茶余酒后，纵谈往事，不胜今昔之感焉。

1928年3月17日　第19755号

华侨函告捐助粤灾

南洋西里伯岛望加锡中华总商会，昨致本埠华洋义振会函云：接奉大函，敬悉一切。关于筹振粤灾，敝会早已进行，只以事属粤省，款故直接汇粤，经前月电交广州总商会洋二千元，现尚积极筹募，相应复达，敬希亮察。会长陈本良、戴平佑启。

1928年4月2日　第19771号

（广州）三十一午，海外部驻粤办事处、广东华侨团体及海外党部驻粤代表，在省党部开会欢迎林森，列席者百余人。周守愚主席致欢迎词，林演说：（一）请海外同志慎选第三次代表大会海外代表；（二）报告现政府依照党纲施政，请向海外解释国内现状；（三）勖海外同志努力党务，志向坚定，不要灰心等语。至下午二时许始散会。（三十一日下午七钟）

1928年4月9日　第19778号

粤省华侨团体欢迎林森　林氏对恢复海外部之意见

（广东通信）前海外部长林子超氏，此次来粤，报告中央近况及筹议修筑黄花岗先烈坟场事。此间华侨团体以林氏向努力海外党务，上月三十一日遂由海外部驻粤办事处、广东华侨团体及海外党部驻粤代表三团体共百余人，联合在大东路省党部内开欢迎大会。是日林氏先期已到，未开会前与各华侨代表自由谈话。有叩以对于近日海外部被裁问题者，据林云，吾国及本党与海外华侨有特别关系，此点在政府不能膜视，中央前将海外部裁撤，似乎顾虑未周，在本人意，海外部机关万不能隶属于组织部，因海外各党部有悠久之历史，有特别之情形，非专设一部，由办理海外党务素有声望之人主持不可。将来海外如恢复，则部长人选问题可分三项：一、部长由中央指派；二、部长由海外各党部推选；三、由海外党部举出候选部长若干人，呈送中央，由中央择一任用。各代表闻言，多表赞同，并请林氏回宁后力争恢复海外部独立，海外各地支党部，当一致通电响应力争云云。其后林氏又谈及修筑黄花岗先烈坟场事，林以近日岗上坟墓多为牛豕所践踏，致坟墓频须修筑，为永久保存计，林意拟在黄花岗四周筑一石坝围绕之。此岗原系安徽会馆管业，得间尚须与该会馆交涉一切。至筑石坝工程费，希望华侨团体担任，将来可将捐款人姓名泐碑刻石，以留纪念。座中有某君提议，闻澳洲党部有存款数千，尽可商诸当事人，将此款移为筑黄花岗石坝之用，时澳洲支部某代表即席答允，电商进行。是日十二时欢迎开会，由海外部驻粤办事处主任周守愚主席致欢迎词，略谓今日值得欢迎林先生者有两点：一、林先生为反共最先之一人；二、自从海外部为共党彭泽民等盘据后，对于本党极尽挑拨离间之能事，致海外各级党部纠纷日多，迄今尚未完全停息。同志细查林先生长海外部时之海外党部，与共党专政时比较，则今日欢迎林先生弥觉有价值。且今日林先生惠然到来，请指导海外同志今后进行之方针云云。次由林氏发言，略谓本人今日承各海外同志欢迎，本不敢当，惟今日克赴此会，与同志同聚一堂，实觉无限愉快。因为我海外同志自共党入寇本党以来，能以不屈不挠之精神与共党作殊死战，卒告成功。此虽总理平日之精诚有以感召，然亦未始非海外各同志之毅力及信念有以致之。本人此次来粤，仅就所见略为报告，全国第三次代表大会据说将定八月间举行，将来能否如期开会，尚未可逆料。但我海外同志，将来对于选举海外代表出席大会时，请为注意，代表人选以忠实同志及真正能为海外侨胞谋乐利者为合格。近日政府自清党后，现已从事整顿党务，解决劳资双方纠纷及矫正学风，诸凡建设，亦规划实行，政局上虽不免有多少波澜，然此不过政策上略有更易，而于大局殊无妨碍。政府中人现皆依照党纲做去，并无丝毫违反总理之遗训，此点应请诸君时时通讯，向海外同志详细说明，以免海内外同志有隔阂之虞。希望诸君今后对党国一致努力，对主义上始终坚定，不要灰心，如此内外合一，则革命事业之完成指日可待云云。演毕，各海外同志等与林氏合拍一照以留纪念，至下午二时许茶会而散。

1928年5月30日　第19829号

南洋华侨捐集巨款　举两代表回国

（广州）南洋华侨筹集捐款六百万元协助中央，现举代表黄俊华、王伯英回国，面谒蒋总司令。昨该代表等已过粤，增城同乡开会欢迎，该代表报告南洋各埠华侨反日极烈。（二十八日上午八钟）

1928年6月12日　第19841号

粤中大注意华侨教育

广州中山大学以邻近南洋，对于海外同胞求学问题极为注意，特设立华侨学生管理部，专办华侨学生入学事宜。侨生入学亦与普通同时考试，入学后按程度分别插班，或另设华侨班教授，所用课本亦无差异。入学侨生去年秋季始业计二百人，今年春季始业计一百二十五人，并将订优待华侨学生及华侨学生入学须知两条例，兹录于下：

《优待华侨学生条例》

（一）华侨学生之定义。凡学生生长或侨居海外最少五年以上，而其父母或其保护人仍在海外者，皆得称为华侨学生。（附注：学生之父母已故者，护管人方能发生效力）；

（二）华侨学生之证明。凡华侨学生到本校报名时，须有该埠之党部、商会会馆或学校之证明书，或其他足以证明该生确为侨生之证据，但此种证明书或证据须有负责者签名盖章方得有效；

（三）入学。凡华侨学生均须应入学试验，惟其中科目如有程度不足者，得由本校为之设法补习，年终时由本校按照其程度，分别予留别级，或转升入相当班次。（附注：但从海外回来之后，未到本校报名之前，曾在国内学校肄业者，不在此例）；

（四）宿舍。本校现正筹建华侨学生宿舍，专备侨生寄宿，不论入本校本科、预科或附校，一体同样收容，但新舍未成立以前，亦尽力筹划相当地方，酌量安置，如有自愿外宿者，听其自择；

（五）华侨学生管理部。本校特设一华侨学生管理部，料理侨生一切事宜，由本校指定教职员组织之，如侨生遇有困难或疑问之时，可向该部接洽。

（六）附项。其他一切待遇，均照普通学生办理。

《华侨学生入学须知》

（一）凡华侨学生欲投考本大学或附属中学、小学，俱依照本校每年开学时期；

（二）华侨学生报告，应先到本部缴验确实证书，如学校毕业证书、转学书及成绩证，或该埠护照字头纸、各团体正式介绍书等，经本部审查合格后即发出证明书，方分别向本大学或附属中学、小学挂号投考；

（三）华侨学生既经普通入学试验，其不及格者，由学校审查成绩，分别程度插入相当班次。惟各班额满时，或另议特别班，酌量安置，以示优待；

（四）凡侨生班级既编定（公布），再函本部领取注册证，然后转向各该校照缴学杂等费，方可上课；

（五）本校现正筹建一伟大之华侨学生宿舍，专备学生寓宿，凡入学侨生，一体收容。但新舍未成立以前，亦设法酌量安置，倘人数过多，住宿问题或尚须各该生自行解决；

（六）其他一切待遇，均照普通学生办理。

1928年7月19日　第19878号
华侨联合会之两要电　反对汕头征收加二房租

华侨联合会昨致粤政府电云：广东省政府民政厅钧鉴，汕头市厅征收旅客加二房租，殊属骇人听闻，其事果行，旅客多感困难。查此项苛捐与华侨最有关系，因汕头为华侨出入口岸，初入国门，官厅应当极力保护，何可从事摧残，致使华侨灰心内向。务恳迅速电令汕头市厅，即行将此苛捐取消，华侨幸甚。上海华侨联合会叩。篠。又致汕头市政厅电，文同从略。

1928年7月20日　第19879号

台湾华侨陈添满回复国籍　领得第一号许可执照

华侨陈添满，广东惠州人。自幼随父母侨居台湾，经营商业，前因财产承继关系，曾入日籍，近以国际关系，特具呈侨务局，代呈外交部转咨内政部，请求回复国籍。昨侨务局已奉到部令照准，原文云：关于陈添满请求回复国籍一案，前据来呈并附件，经转咨内政部核办。兹准覆称，该陈添满所请回复国籍，核与中华民国修正国籍法第十八条之规定尚无不合，应即照准注册外，填具回复国籍许可执照一纸，请查照转给等因，并附送执照一纸前来，合行令发原照，仰该局长即便遵照转饬具领可也等语。该局已遵令将原照转发，查该执照为回字第一号，陈添满实为国民政府成立后回复国籍之第一人，足为一般表率云。

1928年8月21日　第19911号　本埠增刊

惊人之华侨汇款　每年一万五千万元　谢富兰

我国国际贸易，历年均入超甚巨，所有每年国际上贷借二方之平衡，有赖于华侨之汇入款者实大。此凡略治国际汇兑者，类能道之，惟华侨每年之汇入款究有几何，则无人能道其详，官中亦无正确之统计，是诚一缺憾焉。最近日本横滨正金银行，忽有每年华侨汇入款之调查报告，虽其间尚多遗漏，然询之国人所瞠目不能答者，彼东邻转耳熟能详，是亦足见其用心无微不至矣。

据该行调查所得，南洋群岛华侨汇入祖国之款项，在民国十三年共达洋四五九五〇〇〇〇元，十四年为四三一〇〇〇〇〇元，其来源分三篇，如下：（编者按：表略。）

又查上项汇款，其中百分之三六系经由外国银行之手汇入，百分之三二由邮局经汇，百分之一六由华商银行经汇，百分之一六则由归国华侨随身携回。当此报告作成之时，旅居新加坡等处之华侨共达一一七〇〇〇〇人，荷属东印度八一〇〇〇〇人，菲律宾群岛二五〇〇〇〇人。根据右方数字计算，则新加坡等处之华侨，平均每人每年汇入洋一六元，荷属东印度一三元，菲律宾且多至五三元，三处平均则为二七元。又按上述数字，并不包括安南、缅甸、暹罗等处华侨之汇入款在内，根据各该地之人口统计，暹罗华侨有一百八十万人，安南三十六万，缅甸三十万，共得二百四十六万人。若以南洋群岛华侨之每人平均二七元为标准，则在民国十四年中，该三国华侨之汇入款，当有六六四二〇〇〇〇元，二者合计共达一〇九五二〇〇〇〇元。然此数犹不包括南北美洲及欧洲等处华侨之汇入款在内，此三大洲华侨每年汇归祖国之金钱，至少当亦有五千万元之巨，其魄力诚可惊也。

1928年9月14日　第19935号
记南洋侨胞之爱国心　石颜也

虞山钱雄飞君，于十四冬赴南洋苏门答腊任华商学校教务长，远游三载，思国綦切，今夏请假归省。韶光易逝，转瞬假期满，又须南行矣。同事孟君于六日设筵饯行，余得叨陪末座。钱君健谈，席间述海南珍闻，终席不休，既饫佳肴，又广闻见，快慰奚似！兹择钱君所述之侨胞爱国情形，录之为人告。

南洋侨胞，为数达千五百万人，其信仰中山先生，尤甚于国内同胞，勿问公共机关以及私人家庭，家家户户莫不悬挂孙中山遗像，与之讲中山历史，辄敛神抑气，洗耳恭听，至忘寝食，即儿童亦复如是，苟有人诽议中山，则挥拳击之，群起攻之，视为公敌。一年前，中山遗像旁并悬汪精卫照片，今则悉易为蒋介石。其敬蒋亦几埒于中山，如有人毁蒋，则群目之为共产党，必起与之争也。五三案起，消息南传，侨胞无男女老幼，咸悲愤填胸，抱灭此朝食之志，故其抵制劣货之激烈，远非国内所能企及。凡侨胞之购劣货者则人人可击之，或挥以拳，或击以枪，每星期中以购劣货被击之新闻，必有十数起，连篇累牍记载于报章，更有将购劣货者，予割耳削鼻之惨痛，而被击者亦知购劣货为奇耻大辱，不敢反抗，且登报声明。故谓被击乃出于他种误会，而非有意购劣货者，荷政府亦深明大义，对于侨胞抵货不加干涉，只须不以抵贷而发生扰乱治安之举动，或购货者被击致死，则其他一切均不问也。新嘉坡有一英国船坞，其中工匠十九皆我闽粤人，日本一商船入坞修理，工匠皆袖手不工作，英人诘之，则曰："日本，吾敌也。世岂有为敌服劳以自损人格者。"英人曰："厂为我设，以营业为目的，初勿问国籍，尔等服役余厂，即应服从余命。"众愤然曰："然则任余辞职可也。"英人无如之何，日人亦徒唤奈何，相持月余，卒由日人自动派军舰往曳商船归。新嘉坡本有日本渔船二十艘，每日网罗所获，均由侨胞为之贩售于菜市，五三后均罢业。日人谓之曰："此鱼大多售于土人，无关尔国也。"侨胞谓："余辈决不愿图微利而与无人道者为伍，请从此休。"日人无奈，乃觅土人为之贩卖。侨胞即谓土人曰："尔衣尔食以及一切日常所需，莫不为吾人售诸尔，今尔既为日人用，则此后吾人亦与尔绝交，不供尔所需矣。"于是土人惧，不敢代劳。而日人之鱼，遂空劳捕捉，生取诸海者，以死还诸海矣。自五三后，侨胞踊跃输将，汇归国内政府者，已达三百数十万金。国内同胞捐募，必须付以收据，侨胞则大多在开会时，探囊摸取，数十元数百元，或签支票千金，毫不吝惜，且无只字之凭证。较之国人之银数角须书有收据，其慷慨与爱国，岂可以道里计哉！今也国内抵制劣货，已有严密之组织，而无耻奸商，犹从中破坏，惟利是图，更有不知自爱者，亦仍购取劣货。今读吾文，其亦能觉悟从善乎？果尔，则不负余斯篇之作矣。

1928年10月6日　第19957号
航讯一束

本日又有闽粤籍赴美之华侨二百七十九名，离沪赴坎拿大登陆，转往北美各埠。美国驻粤领事麦根奈氏（James Mckenna）因公归国，昨已乘林肯轮离沪，径赴旧金山矣。

1928年10月12日　第19962号
汕头罢运风潮影响南洋

（汕头通信）汕头为中国南部对外惟一之商港，每年移民往南洋群岛者约十六万人以上，潮梅人士在暹罗、安南、新嘉坡、英属荷属瓜哇、仰光、八打威、坤甸、怡保、庇能、法属毛里屿、印度加利吉打等埠，经营工商业者约四百余万人，华侨经营所得每年有一千余万元汇归祖国，潮梅商务户口多靠此挹注。今秋汕头内地税局宣布，九月一日起实行土货出口领单新例，在政府方面以有裨国课，虽经商界团体力请取销仍未容纳，因此汕头罢运风潮遂无解决之望。自九月一日实行新例后，闽赣边县瓷器、纸竹器等及凡经潮汕出口之土货，完全停运，迄今月余之久，内地工商交困固不待言，即在南洋群岛专营国货贸易者，亦几无形辍业，南洋侨胞以抵制日货声中，国货不能出口，其愤慨情形，可以想见。昨汕头《岭东民国日报》载《南洋归客谈》云："自济案发生，新嘉坡侨民恨日本人之强蛮，发起捐资援助我国民政府，上自商贾，下至苦力，莫不踊跃输将，国民政府亦派员多人分赴南洋各属劝募。近闻因汕头内地税局订立土货出口苛例实行后，土货不能运到外洋，经各埠侨商团体迭电政府撤销，迄今未蒙允准，侨民因此对捐款暂停捐题，其已捐题者亦缓交付，故各募捐委员办事颇为棘手。又济案发生后，凡由各港运新嘉坡货物，每百件征收银一元，以为援助济案之用，今亦因汕头内地税局新例实行，停止征收云云，可见此事影响之巨。日前内地税局长曾提出修改新例意见，交汕头四十八行商讨论，其要点：（一）凡九月一日以前到汕寄栈之货，限期一月配运出口，如届时不能出口，方作入口寄汕之挂号；（二）凡内地到汕土货，沿途已经各口关卡检验，领有单据，到汕报经常关核验相符者，于照报内地税局时，准予放行，免再复查，惟无各口检验单据，及发见确有不符时，方行检验；（三）出口货经海关查毕，商人以海关查验之单照报内地税局准予放行，亦免复查；（四）限期出口之货，于出口后，如向内地税局销号时，其有消耗损蚀，一依常关为准；凡常关如肯作销号论者，内地税局亦准销号。但汕头四十八行商仍认为窒碍难行。闻广州国税委员会已电委古锡龄详查此事利弊，不日将在总商会召集大会解决，不知能否断然取消也。（十月五日）

1928年10月28日　第19978号

粤省近闻

　　（广州）华侨联合会昨呈请中央设立广东侨务局。（二十七日上午八钟）

1928年11月13日　第19994号

热心党国之华侨徐统雄抵沪

　　南洋华侨徐统雄，努力党国有年，素为总理所信任，日昨由粤来沪，拟日间赴京，有重要侨务向国府陈述。闻徐君前曾充任中华革命党及国民党新嘉坡支部部长，其赞助祖国革命及南洋华侨教育事业约有二十余载，日前返粤，而省政府即委任为广东东路公路兼韩江治河处处长，办理颇有成绩。

1928年12月8日　第20019号

粤海军拟组远航队　派飞鹰舰宣慰南洋华侨

　　粤省海军舰队司令陈策，以现当全国统一，训政开始，亟应派舰前往海外，宣慰旅外华侨，以示政府保护侨胞之诚，特定将飞鹰驱逐舰大加修理，为派赴各地慰问华侨之用，同时并将福安运舰改为练习舰，遴选该部职员及各舰舰长，组织远航舰队，驾驶出海，俾先练习航海人才，以为将来收回海权之准备。昨日（三十）该部部务会议，经将该案提出讨论通过，并即日派员往港，召商估价修理飞鹰舰，兹将该案计划原文录下：

　　溯自民国肇造，十有七年，内乱频仍，战端叠启，人民既迄无宁息，则建设自无从设施，今幸北伐完成，全国统一，军事告终，训政开始，凡百庶政，次第待兴，国内人民，喁喁待治，而海外华侨，则尤应及时宣慰。窃我孙总理创立吾党，藉华侨之力独多，其历次革命举义，如饷械之接济、党义之宣传，均以华侨为最得力，盖原侨民置身外域，痛祖国之积弱，其所受痛苦，比较国内人民倍蓰，不惜毁家纾难，以谋吾党之发展，扬我国威，解除痛苦，理固然也。在世界各国人民，侨居异地者，其本国政府时有遣派兵舰保护，而我国则独付阙如，凌辱之来，固有由矣。查我国在前清光绪二十年时，闽省船政局扬武兵舰，游历东洋，侨居吕宋之华民，鼓舞欢呼，至于泣下，以为空前未有之光荣。及宣统三年，英皇佐治第五行加冕礼，清廷命载振为大使，程璧光副之，乘座海圻舰赴英致贺，顺道慰问墨西哥、古巴等处华侨，均皆扶老携幼，来观祖国之军舰，踊跃腾欢，如睹慈母，咸以吾国政府能远念华侨，派舰保护，歌功颂德不置。惟自此次后则寂然无闻，侨民对此顿形缺望。今我国民政府成立，允宜追思华侨赞助革命之前勋，派员乘舰前赴宣慰，俾外人知我政府关心侨民，不敢如前肆虐，而侨胞亦感吾党轸念侨民至诚，此后国内遇有建设事业，当更踊跃投资，竭力赞助，则凡百设施，不患无资矣。且满清之世，尚能派舰出洋慰问华侨，而况国民政府，岂能独付阙如？此我革命海军所应视为当务之急，刻不容缓者也。抑尤有进者，我国航海人材素称缺乏，倘能乘此宣慰华侨机会，选派人员，赴舰实习长途航行之学术，增益诚非浅鲜。查本部飞鹰舰，舰体坚固，堪以远涉重洋，拟即派此舰前赴宣慰，先将该舰炉机估价修理完妥，即可成行。同时将福安舰改为练习舰，遴选本部职员及各舰舰长，组织远航队，驾驶出海，俾先练习，养成航海人材，以为将来收回海权之预备。兹拟定各项筹备计划如次：（甲）对于修理飞鹰舰以及派赴海外宣慰华侨之各项筹备。一、修理费之筹划，修理费共需若干，应先将应修之各项工程，召商估价，汇齐呈请总指挥部发给，惟该款未领到以前，本部应先筹划挪垫，以期早日兴工；二、应修各项工程应先估价，以及修理期间，查该舰锅炉炉通损坏，前年仅经局部修理，现以长途航行，非将该舰所有锅炉彻底修复，恐难胜任，惟修理各炉工程，当先将应修各项逐一列明，召商估价，并须订明修理期间，毋得延搁，致碍原定计划之进行；三、宣慰华侨及长途航行练习之筹备及组织，现全国业经统一，军事告终，训政开始，际此时期，我海军同人尤宜继续奋斗前进，以求海军新事业之发展，所以有筹备派员派舰前往南洋一带慰问华侨，而作长途远航之举也，惟挑选人员，须有一定之组织方可随舰前往，俾得历经风涛，以资训练；（乙）拟改福安舰为练习舰之设备及组织计划。一、购置仪器，查该舰各种航行仪器并未完备，现拟改该舰为练习舰，对于应有之各种航行仪器应先筹备购置，以期完全；二、挑选人员，练习及组织，以部内职员及各舰舰长挑选之，并须有一种之组织，方收良美效果。

1928年12月11日　第20022号
海军远航队拟宣慰华侨

（广州）海军远航队飞鹰号，拟明年三月赴南洋宣慰华侨。（十日上午八钟）

1928年12月17日　第20028号
华侨对汕邮新例之呼吁

新嘉坡中华总商会近因汕头邮局颁布新例，不准潮梅侨商各信局将荷属银信附英属银信总包付邮，须令按照每封来往加费，否则扣留处罚，迹近苛扰，侨民深感不便，特分呈国府交通部及粤省政府，请饬令取消，仍维持向日惯例，以顺侨情而示体恤，兹分录呈文如下：

呈国府交通部文

呈为汕邮不准荷属银信与英属银信合包计费，限期又逼促，苛例苦民，佥请格外维持，保存习惯，以恤侨艰，恭呈鉴核事。据潮梅侨商各信局称，近接内地华侨批业公会函电告知，汕头邮局迩来严行检查，限制各信局，不准荷属银信附英属银信总包付邮，令须按照每封来往加费，否则扣留处罚。当经开会，并派代表向汕头邮局交涉，据云此项办法，荷属已见诸实行，万难变更，但允展期至十一月一日开始实行。准是以观，苛例志在必行，请求当归无效，而抑知民间疾苦，当局容有未详者乎？当局在侨言侨，直言无隐，诚以荷属有接近英属之纷歧小岛，无直通华海之邮舶。该荷属华侨寄回之银信必以本坡信局为妥便，是以英属邮局明此情形，亦准合包计费，由来已久，别无挑剔，非徒习惯，已成例行，抑且便民，斯称善法。今汕头邮局独逞私智，未察外情，自生滋扰，谓荷邮实行照封计费，万难变更，此诚引喻失当，为苛例作辩护而已，何以服众侨之心乎？要知华荷两邮，除直接函件无可通融，固不必论外，至若荷属华侨之由英属寄信总包付邮者，英邮既一律看待，荷邮实无禁制之可能，且未有抗议反对者。例如英属华侨之由荷邮寄信者，必从苛例，而英邮亦不能反对干涉，此理甚明，各从其例。奈何我国汕头邮局不相体谅，厉行苛例，不准照旧通融，溪刻以苦民，限期又逼促，略无回旋余地，迫得合词恳请总商会，据情转呈国民政府暨交通部，俯恤民隐，体察侨艰，准予通饬闽粤各邮局，查照前年交通部信包无限展期之办法，撤销苛例，毋令苦民，凡属同侨，实嘉赖焉等情过会。查该信所陈各节，事理昭然，荷邮既无反对之声，汕邮独为苛例之设，不知是何居心，盖凡民情之所不便者，难怪怨声载道，颇有烦言矣。又查华侨各信局单，就本坡而论，闽粤两帮统计百几十号，所收银信，多属劳动界之苦力小民锱铢血汗，节衣缩食，始获区区寄回祖国家乡，以给养其父母妻儿者。或一月一寄，或间歇数月而后能一寄，多则十余元，少则三两元，各视其粒积之资，可以现寄者为准，大抵邮费省则寄者较多，邮费重则寄者必少。所寄银额，概照银行汇水时价之贴入贴出，而酌量计算，信局所得溢利甚微，并无另向寄客索补邮票之费，及单挂号或双挂号之费，然已完全负担双挂号之贵，盖保其银信两交，及收取回信与寄者也。似此绳头微利，谅非达官贵人之所预知，惟信用久孚于小民，故众恒便之耳。今若苛例一行，如汕邮之所欲出，势必计□微费，损失先形，□封付邮，尤虞脱失，则不便莫大乎是，徒苦我民，益滋纷纠，甚为汕邮不取也。犹忆民国之初，广东政府曾有一度提议取缔信局之举，侨民闻悉，均感不便，嗣由侨界上书抗议，略言我国未有邮政，先有信局，既有邮政，尤不可无信局，盖信局之利益在于一方，邮政之利益在于全国。惟信局向来办法，对于侨胞工农贩夫之寄回银信，以资事畜者，关系至为密切，意义至为重大，即使邮政因信局之保存，或致邮费有所短收，亦当体念侨商之报效祖国者，无论水旱偏灾，以及其他义举，动辄输资巨额，靡敢告劳，而政府何惜此区区减少之邮费，而不肯怜恤侨界之苦力，反欲与信局为难，致使侨民之寄养其家者有以阻碍，音信不能常通，是岂国家建设邮政之本意也哉？书上，议遂寝息，今又十余年矣，忽有汕邮之独逞私智，只计小利，不图大局，其毋乃未能仰体政府之心乎？加以限期逼促，瞬迄实行，□手荆棘，俾民罔措，是以佥请格外维持，保存习惯。情非得已，准函前由，□即日发上号电外，理合详情具呈钧府部主持于上，格外施恩，准予通饬闽粤各邮局，查照信包无限展期之办法，保存习惯。并令汕邮撤销苛例，毋俾苦民，以恤侨艰而通民隐，实维德便。再汕头接连福建诏安县交界之村落，如逢分交侨信，汕邮每次必出而干涉，需索加贴邮费，事太琐屑，是亦苛细杂项之一端，民皆苦之，应请饬令从宽便民，感戴无极。合并陈明，伏冀鉴核批示祗遵，曷胜屏营企祷之至。

呈广东省政府文

窃敝会近据本坡潮梅侨商各信局投称，本月十五日接内地华侨批业公会急电云，荷属批信概被汕邮局扣留等因，闻悉之下，曷胜忧虑。此事目前月起，汕邮局即严行检查，限制各信局，不准荷属银信附英属银信总包付邮，令须按照每封来往加费，否则扣留处罚，再三交涉，但允展期至本月一日，便要实行。敝局当时觉得汕邮早存施行苛例之决心，不理银信附包之有故，随将理由申说明白，函请贵总商会代恳南京国民政府暨交通部格外维持，保存习惯，撤销汕邮苛例，以恤侨艰。经蒙分别发出号电，暨十月二十四日呈文去后，海程遥阻，目下正在静候府部批回，而限期候届，汕邮不加体谅，遽予扣留，营业所关，全体震骇。伏思民信局之需要，原所以利便闽粤两省在侨之小民，亦惟两省长官深悉其特殊情形之是赖，再四筹维，处此汕邮严苛、侨情迫切之时，只有金请贵总商会代述下情，转恳广东省政府主席暨邮务局长，俯加体恤，准予维持，凡属侨界，同深感激等情过会。查该各信局所投各节，其在众意，是愿请求钧座令饬汕邮，仍准荷属银信与英属合包之现行习惯，以便附者。即按诸情事而言，因荷属华侨来英寄信到汕者，其回信仍由汕寄到英属而止，起讫均不经荷邮之手，实不能视为荷属之信也明甚，此中特殊情形，前经由敝会呈请南京交通部查照无限定期之成案，准照由习惯维持，以为体恤华侨多数之劳工苦力。乃汕邮不加体谅，强制执行，未免政近苛刻。当此政府统一期间，侨胞正在欢欣鼓舞，希望一线生机，何图反滋纷扰，致使侨□不能照常通信，殊属遗憾。若蒙采及刍荛，民生前途，实加赖焉。又上月二十四日，经呈南京国民政府暨交通部，迄今尚未接奉批示，群情喁喁，犹有热烈之希望，除分函广东省邮务局长外，理合具呈恳请钧座，准照无限定之展期成案，令饬撤销汕邮苛例，以慰侨情，曷胜延企待命之至。

1928年12月18日　第20029号
两粤赈灾会之进行

（南京）两粤赈灾委员会成立后，设办事于铁道部总务科内，由□君璞负责，办理一切事务，并通知上海吴铁城、林焕庭、广州李济深、陈铭枢筹备组织分会。现呈请国府于财部先拨二百万元，款内即日拨二十万元，先发捐册，分寄英、美、法、荷南洋各埠华侨，指定广州广东银行、上海广东和丰银行、南京中央银行为收款地点，一面函请唐少川，在沪召集□会。（十七日下午六钟）

1928年12月19日　第20030号
全国商会请政府抗争旅暹华侨人头税

中华民国全国商会联合会昨代电南京中央党部、政治会议、国民政府行政院、外交部、侨务委员会云：（上略）顷准属会陈执委之英报告，暹罗政府新颁人头税苛例，定十年一月一日起实行，每一华侨到暹须纳十五铢，否则扣留或遣回。查华人侨在暹罗，据民十三暹政府年鉴统计八百廿万，有华人三百万。据汕头各报所载，本年十月一日至十一月二十日，华民由汕出口往暹者八千人左右，苛税若行，华侨受重大打击，务求电请交涉取消，立予订约，派遣使领等由。查华侨暹罗为最多，苛例施行，华侨无立足余地，合电请本外部严重交涉取消，并迅订条约，派遣使领驻札保护侨民，发展商业，万分祷吁，中华民国全国商会联合会主席冯少山、常务委员苏民生、张械泉、卢广宾、陈日□、李奎安、彭醒立等叩。删印。

1928年12月25日　第20036号

粤教厅调查华侨教育　派李洁蘩赴加拿大

广东教育厅长黄节，近特派前任南海督学兼平民教育主任李洁蘩前往加拿大，调查华侨教育近况，委令业已发出，略调查加拿大华侨教育情形，应即派员调查。兹查有该员堪以委派，合行令委，仰即前往查明，随时报告云云。闻李氏奉委后，已积极筹备首途云。

1929年2月1日　第20072号

南发树胶厂在沪设立分行

粤人华侨岑业良，壮岁周游南洋群岛，农植矿学，具有专长，植树成绩更优。一九二二年，鉴于树胶业之衰落，特在南洋入霹雳打吧埠，购机设厂，将南发园所植树胶，独资创办南发树胶厂，专制橡皮鞋底及一切用品，物美价廉，推销于南洋群岛、粤桂闽浙多年，营业发达。前年复在吉冷埠购地，增建巨厂，添置新机，出品益多精良。兹为推广华北一带销路，设分行于本埠天潼路一〇六号，便利顾客，将来尚须在沪设厂，以为华侨返国振兴国货之提倡云。

1929年4月22日　第20146号

汕交署增订出洋手续

（汕头）新汕交涉署令行惠潮梅各属，凡出洋华侨，自五月一日后须有各县治安会证明书，证明无诱拐情事，交该署验明，始得出口。此办法经省府核准有案。（二十一日专电）

1929年4月25日　第20149号

（汕头）越政府放逐华侨六十人，搭大广智船抵汕。

1929年8月6日　第20249号

越南驱逐华侨回国

（汕头）元利轮三日由西贡运被逐大帮华侨抵汕，广肇籍一百二十人、闽潮梅琼等籍四十人，华侨医院招待返乡，因越南无华领，故受虐待。（四日专电）

1929年8月28日　第20271号

越政府驱逐华侨

（汕头）越政府驱逐华侨一百三十名，二十六乘元利抵汕。（二十七日专电）

1929年9月29日　第20303号

（南京）国立暨南大学以南洋华侨多系粤籍子弟，富于冒险，学习航海最宜。特函交部，请于吴淞商船学校内，订优待华侨子弟入学办法，以资造就，已由部令饬该校核办。（二十八日专电）

1929年10月30日　第20333号

马玉山死得其所　　*严鹦鹉*

马氏，粤之中山县人，本一南洋著名侨商，但彼则恒以工人自称，盖实先工而后商者也。容貌修伟，天性爽直，尝以血汗之资，独力创办马玉山糖果饼干公司于小吕宋。迨欧战既发，遂由小吕宋而香港，而广州，而沪汉京津，以至于各行省通都大埠。数年之间，分行遍全国，突飞猛进，诚所仅见，然而曾几何时，竟尔一败涂地，不复能兴，而今马氏且以殂谢闻矣。吾侨每过南京路，偶立于石路之旁，觉该公司之故址，固巍然犹存，然而五年前望隆沪滨、声震全国之马玉山安在，真不能不令人凄然有感也。鹦不敏，谨略述其梗概于左，藉表哀悼之微忱。

查马氏自公司营业失败后，即挈眷径赴南洋，遍游星洲、庇能、暹罗诸海岛。其原定计划，本欲于海外重振旗鼓，再从事于糖果饼干之一业。讵事与愿违，在暹全眷忽患水土不服之症，马氏亦同时撄疾，因复携眷遄返香港，并即转轮来沪休养。惟居沪数月，颇无聊赖，且以人口众多，家用浩繁，深恐长此因循，将有坐食山空之虑，故于八月间，特在闸北筹设一马氏糖果饼干厂于东横浜路，并迁眷以就之焉。既而筹备稍妥，规模粗具，讵又因困于资本，致未能得心应手。正当此辗转筹谋之际，忽有前广西浔州常关监督覃公竹饶过沪，马氏偶与晤谈，即表示愿随覃公南行，俾得领略桂省山水之胜。覃公毫不迟疑，慨然允诺，遂于十月二日，同乘邮船往港，并即转轮赴梧。讵马氏安抵覃府（在广西平南县大中镇）尚未满三日，某夜夜午，忽旧病复发，晕倒于地，当经覃府延聘中西名医救治，但均无效，越六小时，即溘然长逝。鹦闻耗之后，当于翌日驰赴马宅吊唁，只见空庭寂寂，蜡炬高烧，素幔灵前，白衣如雪，已而哭声震耳，倍极凄其。鹦偶观其遗容，亦不禁泫然涕下。按马氏年来运极蹇滞，境亦殊艰，闻其乡中只剩破屋半椽而已，然今乃一瞑不视，而竟死于数千里外山明水秀之乡，且死于夏屋渠渠交深莫逆之友人家中，诚死得其所也。

1929年11月23日　第20357号
安南华侨被逐回国

（汕头）安南华侨被逐回国，乘广利、元利到汕一百七人。（二十二日专电）

1929年12月9日　第20373号
越南排斥华侨

（汕头）越南政府驱逐大批华侨回国，五日大广州轮载一百余，六日元利载三十人到汕，颇狼狈。（八日专电）

1930年1月8日　第20401号

越南政府驱逐华侨

（汕头）越南政府驱逐无力缴身税华侨四十名，六日回汕。（七日专电）

1930年3月15日　第20460号

南洋游记（七）　灵花

十五日上午，访华侨日报馆梁仲衡。君热心爱国，言词凄怆，云安南人尚有保护者，因有主人可依靠，我华人何所倚乎？君等行于途，假若有人袭击，向何处求保障乎？中国革命多年，华侨捐款若干万，至今不能与法人交涉设一领事，外交失败如此，日事内争，任华侨为人奴隶，无过问也，呜呼哀哉！余悲其言。下午访群报某氏，以例两点以前须将报稿呈警署检阅，方许上版。故未得见之，要之报界对中国内战不息，均甚不满意也。

群报陈君谈华侨状况，谓安南共有三十万人，西贡两万，堤岸有十万。堤岸为唐人埠，南北大街名广东街，华侨财产以打米出口为大宗，名为米而资本常数百万，销行太平洋各口岸，上海、广东均食其米，所谓安南米。至各帮共分五帮，为广肇帮、潮州帮、福建帮、客帮等，人数粤七闽三，而财富闽为优，自治团为总商会学校凡五六家，如德城、中法等校，为中学程度，而他人云此间对于高等学校，颇有限制智识之意，盖不易办成。或亦此地程度本无高级智识可言欤？据女校长言，女校共三四处，但旧式书塾遍地皆是，犹之沿用阴历矣。

1930年3月20日　第20465号

南洋游记（十二）　灵花

广东各家亦多奉关公，今则多改挂中山像，盖民族主义之扩大也。

统观吾侨在安南各自治团体，大致如下：

（一）各帮。闽帮、广肇帮、客帮、潮帮、其余总商会；

（二）职业。米商、药材、农、工、教育、报社；

（三）社交团体。一报社、二书店、三学校、四书塾、五宗教（佛、耶）、六体育、七美术、八音乐。

以上就匆匆闻见者记其一斑耳。然虽如此，吾甚望其联络互助，并研究自治甚深学术，以图生存而进化也。

连日各报载北圻安南兵叛两营法军官受伤事，法政府亦许登载，盖皆译自法文报者。今东方之日本既勃兴，暹罗俨为独立国，非列宾独立将成功，印度、缅甸、安南均要自治，则南洋前途，不难推想其将来。去年吾在广西南宁，有曾与前清中法战役之老人，述其战胜法人之功，犹慷慨摩掌。以安南之接近广西、云南，苟国内统一，华侨之交涉亦甚易办耳。噫！甚盼国内之和平统一。

西贡气候以华氏八十度为常，今正食西瓜，其瓜不甚大，亦甜。

安南地居北纬七度至二十三度之间，南北长三千里，东西宽一二千里，与广东之钦廉、广西之龙州、云南之蒙自唇齿相连，与海南岛隔一带水相望，地平沃而民淳厚，稻一岁再熟，于中国相接之密，广东犹奉天，而广西交趾犹吉林、黑龙江耳。其历史关系，自唐虞之世，越裳已重译而来，朝献白雉，秦置林邑郡徙民焉，汉置交趾、九真、日南等郡，盖非外藩而郡县也。

光绪十一年中法条约，中国承认越南为法之保护国，两国政治关系遂绝。

1930年4月15日　第20491号

南洋游记（十三）　灵花

自西贡到新嘉坡

二月十八号晨六时，船离西贡，岸上士女纷纷送行，但此为法属地，上船者大抵为法人，英人甚少，华人绝无，可怪也。同行者除余与陈开清君外，只邝慈悲女医师一人，邝父为广州东山医院院长，其家族十一人均业医，其姊现在法。今邝虽在华已得医师证，而尚欲到德进修也。据云其姊已为租一房于法，每月价不过合华银三十元云。

船中海上，自有另一种生活，邮船在海船中为较优之船。其头、二等铺设华丽，鲜花依人，皆以西侍女捧侍，如日本之用下女也。有电影场、音乐会、跳舞场。坐藤椅中，长啸海天，或于舱面为各种游戏，其广场一望无边，士女皆海上神仙矣。三等室亦有电扇、自来水、大菜间，可读书、写字，风琴任士女弹唱。四等亦可等于长江之房舱也，至外国工人、水手，其生活衣着依然粗劣，去平等远矣。而茶房仆人大抵，凡经行中国及南洋一带之船，而周船世界者，皆用中国茶房，可惜其所讲均闽粤语也，不易懂。抑吾人不能不佩服闽粤人之创造世界力，今凡有日光处，无不有华侨，澳洲亦有之，而华侨大抵皆闽粤人，其以为茶房之役，能走遍全球，隐然在世界劳工界占一大势力，岂不伟大与？

十九日。气候自西贡以南，完全夏令，盖西贡已在热带之北十度，再向南行，袷衣不可复着，亦无有着长衣者也。船中有偏袒右肩围长布裙，色淡黑头缠各色花布者，则印度人也，坐散舱，支以布蓬，或能华语。陈开清君言印度人善经商，在缅甸某处，有华人街，与印人对峙经商，而华人皆失败。余问曰，是印度人联合抵制华人乎？曰非也，乃自然失败。曰何故？曰彼等对用人甚刻苦，自奉面包清水，勤俭过于华人，又不大讲表面，房子起居，全不讲究。我华人稍宽裕，则手把松，即讲排场，待雇伙亦宽大，结果华人商务即失败而印商致富，腰累累矣。余曰彼腰纍纍以后，将何为？答，彼等亦无大智识，只再求更富，而仍啬啬。余曰，此真西语所谓"犹太人"也。西语"犹太人"之意为财奴之意，言其无他思想耳。观于犹太人、印度人之努力致富，而国家民族及文化运动之缺乏，吾民族不可不自励也。国家文化之不竞，虽腰累累为人奴，亦可悲矣，尤愿我国之富人注意及此。

1930年5月5日　第20510号

汕民信局改组之争点　交部拟改为特种邮寄代办处　批业拟称为华侨邮寄银信局

　　（汕头通信）汕头、厦门两埠与南洋华侨有特别关系，华侨常将银项交批局汇寄回国，每年约以数千万计。厦门有批局四十余家，汕头批局六十余家，此种批局包裹寄递信件，与国际邮联会章发生抵触，交通部邮政总局特派干员前往汕、厦办理此事，改批局为特种邮寄代办处。闻厦门方面已经就范，汕头批业公会于二十一日特召开全市批业大会，向邮政总局视察员周云东请求展期一月实行，其理由有五：（一）汕头批局仅代理华侨银信，并无专带普通信；（二）执照第五条规定寄普通信件及明信片等毫不适用；（三）执照有效期间仅一年，每年须另领换，手续麻烦；（四）内地寄外洋信件贴足国际邮资五分，此项批局分送回批时，手续不能做到；（五）限一月内核准登记，换给代办照，将来新创批局不再给照，诚恐百十年之后批局被淘汰，华侨无处可再寄银回国。因此五种困难，特拟定折衷条例八条，请周视察员转呈邮政总局。其条文如下：第一条，邮局为谋海外华侨汇寄银信之便利起见，特许国内商人设立华侨邮寄银信局，由向为国外汇兑银信之批局改充之，惟须向邮局请领执照，方得营业；第二条，凡华侨邮寄银信局领照时，须具请愿书报由该同业公会转向邮局发给之，报领时应缴纳执照费，每张国币一元，所领执照，倘有毁损或遗失时，得声明缘由，由该同业公会请求补发，惟不得将执照转让于人，请补发执照者并应纳手续费国币一元；第三条，凡华侨邮寄银信局，愿于请愿书内逐一开明，以便记入执照内，藉以查考；第四条，银信局仅代理华侨银信，须遵守本国政府优待华侨规定章程，贴足邮资，不得收寄普通信件；第五条，银信局收到外洋寄来贴足邮资之信件入口时，经当地邮局盖戳者，准其转寄往内地或自带，均免再贴国内邮资，其回信由内地分局辗转寄至各埠邮寄银信局，候转寄往外洋时，该当地邮局准免贴国内邮资，俟寄往外洋时，照章贴足邮资于包面；第六条，银信局执照领后，如无变更，准免更换，倘因领照人或行号已更易，应具请愿书，换领执照者，须由该同业公会报请邮局给领，惟总局未颁到执照时，得由当地邮局发给临时执照，以免阻碍邮寄；第七条，银信局除就现有各批局内，由其同业公会报请邮局发给，在总局未颁到执照前，亦得照第六条办理，发给临时执照；第八条，本条例自公布日施行。以上为批业公会所具之条呈。查汕头批局因资本关系被排斥未入公会者尚多，此项条陈，邮局领照大权全落批业公会之手，有未入会之批局拟提起反对，可见汕头批局之内容极不一致，尚不易就范也。

1930年7月14日　第20597号
东游心影（六）　钱华

（六）神户之一瞥

由长崎至神户乘火车十六小时可达，乘轮则须二十小时，但乘车中途至门司，须摆渡过江，行旅稍感困苦。而舟行日本内海，小岛林立，青山绿水，既擅风景之胜，又无风浪之苦，故由沪赴日者以直达神户为佳。上海丸于十四日下午五时离长崎，是晚舟中有跳舞会，清歌妙舞，同舟乘客，欢若家人。至十一时始就寝，翌晨黎明即起，八时舟过来岛海峡，左为中户岛、右为马岛，亦日本之名胜也。乘客群集甲板，持望远镜远眺，往来轮只颇多，本属日邮船社所有，时时鸣笛下旗致敬。十一时抵神户，先期布告乘客，凡外国人入境者，应先验护照后，方得登陆。华人虽无庸护照，但尚须经警察最后一度之查问，凡一句钟，始完全竣事。本报驻神户记者曾衍华君来接，偕同下轮后，至税关受行李检查。日本关例，私运烟酒，处罚最严。舟中事前备有行李报告单一纸，嘱乘客自行填就报关，头等舱客携带香烟以一百枝为限，过此即没收科罚。验关处距码头约百余武，关吏检查极为严密，翻箱倒箧，即一纸之微亦经详细之审视，于华人尤甚，验讫后盖戳放行，至转角处尚须经一度之覆验，故携带违禁物品及偷税，甚感困难也。神户市为日本重要口岸之一，各地航线凡经过日本者，均在神户停泊，故商务繁盛，银行林立，街市极清洁，马路宽大，彷佛我国之天津。交通除电车、人力车外，以汽车为利器，沿途可雇，凡乘坐一次，不论路途远近，为日金一元。人力车亦极普遍，通常乘价约日金半元左右，速率既缓，时间亦太不经济，将来定在淘汰之列。神户华侨以经营银行业者为多，握有一部分经济势力，此次远东运动会我国选手赴日经费，神户华侨亦捐助五千余金，热心祖国可见一斑。侨胞以粤人最占势力，对于体育事业尤为热心，有神户华侨篮球队之组织，在当地颇负时誉，曾出席全国运动会，博得不少好评。队员多为神户商科大学出身，对于篮球战术有极佳之基础，曾与日本最强之早大篮球队作战，虽不幸败北，但比数尚为接近，苟能善自切磋，作不断的练习，将来定能成一劲旅。记者匆促游览全市一周，即于下午四时偕曾君乘车至大阪。

1930年8月10日　第20606号
新加坡限制华工入口　厦门月限四千四百余人

（厦门通信）南洋新加坡英属政府因锡矿停工、树胶跌价及金贵影响，土产跌价，华工失业者众，自八月一日起颁布限制华工入口令。南洋华侨闽南最多，次为潮汕，因令行厦、汕英领限制华工出口，香港政府亦限制广州华工出口，驻厦英领Garn Jlones奉到训令后，即通知各轮船公司，于专行新加坡、厦门间或经厦至新各轮限制载客，计渣华公司两轮月限八百人，鸭家公司五轮月限五百人，怡和公司六轮月限四百六十人，太古洋行五轮月限一千六百十人，和通公司三轮月限八百十人，和盛公司一轮月限二百二十人，共计六公司三十二轮月限四千四百三十名，全年五万三千一百六十名，以较去年由厦赴南洋者八万四千五百人，已减三万余人。至英政府此次限制华工入口，其理由：（一）马来亚锡矿停工，不需要外来工人；（二）年来马来半岛出产之树胶、珈菲、椰子、胡椒、干密均大跌价，尤以树胶影响最大。最近更受金贵影响，产物跌价益甚，出产滞销，工人失业骤增。据当地政府调查，马来半岛各埠共华工一百五十七万八千余人，现失业者已有十四万八千六百余人。顾华工失业虽众，而继续来马来谋生者仍有加无已，且此项新来华工皆受内地匪乱影响，不得已而糊口海外，其所取工资较廉于马来土著，马来工人受此打击，失业亦众。英政府为维持马来工人生活计，遂采取限制华工入口政策，以减少殖民地人之失业。闻英政府此次限制华工入口，以三个月为试办期，届时如无不良影响，即继续办去。在限制期中，如华工仍有失业者，随时配回。又此次汕头、香港同时限制入口，合三埠计，依照去年之华工出口额，当减剩百分之二十。汕头、潮州华侨入英属者众（闽南华侨多在荷属），故限制亦严，合厦汕粤计，年当减少十万以上，唯头、二等舱客之非劳工阶级及女性、幼童则不限制。现厦门南洋客票公司，因轮船公司遵令限制载客，暂时照办，闻将向思明县政府请愿交涉，惟赴新加坡之三等船价，则已自二十元涨至三十二元矣。（五日）

1930年8月13日　第20609号
南洋华侨失业回国　分批回国在汕头及香港登岸　失业原因系树胶锡米业衰落

（广州通信）最近南洋回国华侨日见增多，查一星期以来，由南洋一带返汕头者计不下六七批，每批或数十人或百余人，此项侨民以苦力为多，当返祖国登岸时，面容皆有菜色，一若几经饥寒也者。至香港方面，近亦有百十成群之南洋华侨归国，当南洋船抵香港时，港政府即派人逮解此项华侨回粤，因此连日广州市面常见此种贫侨，踯躅道旁，状殊可悯。据该失业侨民称，若辈此次返乡，纯因南洋一带树胶业衰落，树胶价值一落千丈，从前树胶每担值三四百元，近竟跌至十余元，树胶公司及工厂相继倒闭。此外平日锡米亦为南洋出口货之主要品，近又因价跌，存货堆积，销路停滞。营上项两业者遂联会议决，于四月停采锡米五月，停割树胶。此两大工业既停歇，两行工人亦随之失业，迄今锡米矿工人几全部解散，而采取树胶者亦只留五份之二，其余五份三工人遂执业无门，饔餐不继，迫得沦为乞丐。当地居留政府乃设法将此项失业工人悉数遣回中国，以维治安，故凡在当街流荡者，即被驱逐出境。最近在汕头、香港两地登岸返内地者，即此辈失业可怜之侨胞也。星加坡政府为维持该地实业善后，计除逮解失业华工回国外，一方又恐华工源源再履其地，于是又有所谓限制华工入口办法，其限制程度并非绝对的取缔，只于船位上加以限制，例如甲船有客位一千者，只准容纳华工三百五十名，各船以此类推。换言之，每船仅许载华工三成五耳。此限制目的，系防星埠华工过剩而设，至赴星旅行或营商者，仍准出入自由。闻取缔华工进口例已于八月五日实行，有效期间为三个月。（八月八日）

1930年8月17日　第20613号
添设发给出国护照机关　外部公函知照

中华民国华侨联合会以汕头一处出国经商甚众，而当地并无发给护照机关，前特电外交部，请指定汕头市政府为发给出国护照机关。去后，昨该会接外交部公函云："径启者，关于呈请仍准汕头市政府为发给出国护照机关一案，业由本部于七月十四日通函汕头及烟台、伊犁、阿山、塔城、什□等等市县政府，追加发给出国护照机关，并经呈行政院备案在案，相应函达，即希查照可也。"

1930年8月27日　第20623号

（福州）亚洲步行团赴粤，南洋雪兰峨旅行队将到。（二十六日专电）

1930年9月2日　第20629号
马来半岛限制华工后　潮梅出口华侨约减十万人

（汕头通信）南洋马来英殖民地政府因近来锡矿停工，半岛出产之树胶、咖啡、椰子、胡椒、甘蜜等均大跌价，复受金涨影响，工商业日益衰落。据当地政府调查，马来半岛共有华工一百五十七万八千余人，截至七月底止，已有十四万八千六百余人失业。英殖民政府为谋安定半岛地方秩序起见，一面将失业华工遣回香港、汕头、厦门，并禁止新来谋职业之华工，自八月一日起试行限制华工入口，以八、九、十三个月为试验期间，如我国政府不提出交涉，则限制华工入口之条例将无期延长。查汕头往新加坡者，鸭家公司有轮五艘、怡和洋行六艘、太古洋行五艘、和通公司三艘、和盛公司一艘，常年定期往来船只计三十二艘。每月仅限装载香港、汕头、厦门、海口四埠乘客，每年五万三千一百六十名，以四分之一计算，汕头往新嘉坡之搭客人数全年仅得一万二千余名。按民国十八年全年，汕头一埠往新加坡搭客人数达十一万人。今骤受限制，潮梅每年减少十万人谋生之路，此事影响极大，汕头华侨互助社已电国府请迅向英方交涉。日前，海兴轮由汕头往新加坡，因在此例颁布前开行，载回逾限搭客四百余，情形极为狼狈。据汕头所闻，凡搭头、二等舱位或有交涉署出国护照者，不在此限制之列，若在新加坡有固定职业或携妇孺前往者，亦比较便利，盖当地政府专欲取缔华工也。（八月二十八日）

1930年9月16日　第20643号
南洋华侨生路日狭　英属限制期将延长荷属增订入口苛例

（汕头通信）失业问题近几成为世界各国目前严重之事件，波涛起伏，由西而东，南洋英荷各属华侨首先受此影响。查近十年来由汕头、香港、厦门、海口赴星架坡华侨，据星政府统计共二三〇一八六九人，归国华侨为七〇〇二〇九人。十年来星架坡所增华侨人数达二三一六六〇之谱，故星架坡政府以树胶、锡块落价，自九月一日起限制华工入口，表明以三个月为试办之期，如能安定市面，将继续延长。此事关系我国华侨前途甚大，未闻我外交当局对英政府有若何之交涉，汕头某报访员昨访英领，据英领言此条例势将无形延长云。暹罗方面自本月起又严厉执行限制新例，安南法属缚束华侨条例尤苛。昨日南兴轮抵汕，被逐回华侨一百三十四人，内广州籍九十余人，当由广肇同乡会招待，每人发三元川资送回原籍，其余由汕头华侨医院及各善堂招待。据被逐回汕华侨言，安南政府迫当地华侨缴纳身税，每年纳税三十三元五角，每月须缴纳一次，若缓缴一日即罚二元，一月不缴即被捕入狱，罚作清道夫、开山造路等苦工。据彼所知，华侨被捕入狱者已不下三四百人。又南洋荷兰属八打威等商埠，因星架坡限制华工，对华取缔条例亦比前增苛。据八打威回汕者云，新客入境，必须明了下列新例：（一）出国护照须经在华荷兰领事签字；（二）每人须缴荷印通用银一百盾，本年起增至一百五十盾；（三）登岸时须有店号或雇主担保；（四）上等商人有资本产业，不用担保；（五）不得带含有政治意昧之书籍及文件；（六）凡店员、工人、教员均须在地店号担保，始得入境；（七）老客入境，如回国期满逾期南行者，作新客看待，履行上项手续；（八）补缴新增五十盾登岸费；（九）将原有之居留字交民厅及主管官厅签字，否则无效；（十）老客回汕头出国时，亦须领护照及交荷领签字，并验明驻荷中国领事馆所发之回国护照，绝对不能带有关政治的书籍，否则驱逐出境。以上为荷属政府对待华侨之新例，我政府若不交涉取消，恐华侨在南洋之生路，将日狭而至断绝矣。（九月十一日）

1930年11月23日　第20710号
外轮垄断南华航业　华轮定期复业　沪汕厦粤外轮年行三百卅班　货运客轮每年损七八百万元　十二月一日起华轮开始复航

南华汕厦港粤各埠为我国沿海最要之航线，中国商轮因受时局关系，辍班休航者几达二年之久，洋商利用时会得寸进尺，此两年中南华沿岸航权为其垄断殆尽，今日反客为主，华商船几无存立地位。今者军事结束，商船放回，沪上各华商轮已在筹议从十二月一日恢复南华航路，以图挽救已失航权，绝续之交，有足记述者。

外轮势力日巨

上海往汕厦粤港一路，英商视为中国近海线中之主要港，故太古、怡和各竭全力以经营之。在此二年中，乘中国军事方张，商轮差用停航之际，在船舶上班次上锐意扩充，太古乃添造四千吨之新船济南、太原等轮增入行驶，与怡和轮将华轮所有营业垄断独占，每年往来船舶已扩增至二百六十班以上。日商不甘英轮之独享专利，亦在沪、港、汕、厦线内添船辟班，至今亦规定年行七十次。至于中国船，在此二年中，所开不及外轮十分之一。

两年航运损失

昨今两年，南华生意最好，英日各轮在长江与北洋班内所受之损失，均取偿于此路。本埠某华商轮局，近日调查英日轮在汕厦港粤线所得水脚、客脚，总计船票与货运两项，上年英轮净得五百七十万元，日船得一百余万元，今年更较上年为佳。因中国无船，洋商已数增水脚，最近英日轮开一次，南华班收入恒在近三万两之谱，本月十八日又涨起运费一成。

南洋英轮大盛

闽粤厦汕每年赴南洋群岛之华侨有数十万人，因本国无船，故往来全乘外轮，太古公司为争取我国侨胞往还祖国南洋之脚客生意，特在汕头、盘谷、香港、海口、厦门、新加坡、香港、海防、河内、北海特开新线四条，派四千及五千吨轮十四艘行驶。怡和渣华公司侮辱萧信庵事起，厦门拒乘荷轮，而大英公司乘此机会，乃派中印轮六艘，代荷轮兼行厦门、南洋，头班轮大马利将于明日开行。

华轮筹议复业

中国船在南华班内者，仅招商一家，致停班以后，绝无一艘华轮行驶。今该局李仲公迭得闽粤分局电请，以南华货客拥挤，局轮常期辍业，坐视洋商攫取巨利，今甘蔗、香蕉、葵扇等又上市，速请复班。而闽局长李桂元又电告闽粤两省华侨，自萧案事起，均希望局内添开南洋群岛班轮，侨民愿全力协助，并可永乘局轮。李总办昨与营业科商定，以船舶缺乏，只得因陋就简，定十二月一日起正式恢复南华班轮。本局四船中只新昌一轮可行香港，现定以广利、广太专行沪汕厦粤，命将二船之头部改造，以适合乘客与运水果之用。又将新昌赶修，开行沪港粤班，俟新丰修好，代出泰顺，开沪汕粤专班。各轮自下月一日起排出正班复行，昨已电致汕厦港粤各分局遵照。对于开辟南洋群岛航路，已在计划，俟购船决定再议添航，已电闽局先与侨胞接洽。

1930年11月24日　第20711号
汕头弛禁现银出口之风潮　内幕因炒叻票而起

（汕头通信）汕头上年因南洋华侨汇银回国，各银业兑汇票之故，从上海运到大批现款。本年又因金价高涨，乡间现金多被吸收运出，每日约一千余两，现银之用途因之益广，汕头市内剩余现银几达千万。时事之推移，物不常盈。南洋胶锡落价，汇票来汕兑现者锐减，现金藏于民间者，又吸收将尽，此多量之现银，则依然在汕头市面也。汕头汇兑银业庄号达三百余家，除放息款之外，兼买卖叻票、香票、中央票，近来炒叻票之风甚炽，市面如醉如狂。光兴庄为买方之领袖，佳成庄为卖方之领袖，每日交易约达一百余万元，在买方则以起价为有利，卖方则以跌价为有利，各方因利害关系，尽量操纵弛禁。现银乃卖叻（新加坡）票成功之捷音也，因现银出口到港厦每千元可获二十元之利，市面现银枯竭，日息可以涨价。自弛禁迄今仅数日，日息已从八厘涨至二角四分，银根动摇之后，各商号多卖票出外支兑，票价必随之而落，此又银业家之利也。各处票价落，叻票势必低降，买方必蒙重大损失，商战手段之利害如此，略有经济常识者尽能道之，而当局反昧焉无闻。故自弛禁以来，佳成、裕成、宏康、嘉德等号每日运数十万出口，汕头苏广、南北海味十余商行，通电反对报馆着论抨击银业家，多窃笑之。因弛禁旬日之间，彼等已大功告成，再禁亦无妨矣。海关监督罗宗孟鉴于运银出口之势，几如江河日下，乃下令凡运银数满五千以上者，须领护照始准出口，略加限制之。此等风潮之起，反对南方经济界非常重大，不可忽视之也。（十七日）

1930年12月15日　第20732号
潮汕路局增银信运费　华侨联合会电请免增

华侨联合会昨接汕头华侨银信局公会来电，请向铁道部呼吁，转电潮汕路局照旧征收银信运费，当即致电潮汕路局云：案据汕头华侨银信局公会文电，称潮汕铁路突然增加批银运费，旧时每千元征收四角，今要加至一元，费重难行，实背政府向来优待华侨之本旨。属会交涉无效，迫将批银停发，并电各港力争，敢请总会鼎力援助，向铁道部请求饬令潮路照旧办理，曷胜感祷等由。据此，窃以华侨银信，为百万侨眷所托命，银信如久停运，侨眷将成饿殍，除吁请铁道部维持外，务希贵局顾念潮汕为华侨之家乡，重征银信运费，不啻妨害侨眷生存，准予照旧办理，惠我侨民，无任感荷。华侨联合会上海总会。元。闻该会另有一电致铁道部，电文略同，从略。

1930年12月21日　第20738号

续请维持潮汕路原定银信邮费　侨联会致铁部电

华侨联合会昨接铁道部及汕头华侨银信局公会来电，接洽关于潮汕铁路增加华侨银信运费问题，登即再电铁部云：南京铁道部孙部长钧鉴，案奉钧部代电第一七五一号内开，职代电悉潮汕铁路增加华侨银信运费一案，已电饬该路迅将此案原委暨以前收费办法查明详复，以凭核办矣，仰知照等因，奉此，正拟电复汕头华侨银信局公会，适又接到该公会代电称，属会于本月十一日准潮汕铁路公司来函，略称金银货币运费价值一千元者收运费一元，其不及一千元者亦照一千元计算征收，并定期本月十二日实行云云，属会以所定运费较旧时增加几及二倍，而限期复甚急迫，乃派代表商请照旧办理，以示优待华侨。且批银系由批件（指携带银信人）自行携带，显与配运不同，亦不能限于一律。讵该公司态度坚执，即欲实行，属会以其增费太巨，妨害侨胞生活，迫不获已，经将批银停止派送。一面分电各港华侨团体，吁请维持原定办法，业于文日电达。素仰总会为华侨枢纽，以保障华侨利益为职志，乞代力请铁道部，本总理爱护华侨之至意，分别自带与配运两种，令饬潮汕铁路对于批银运费，照旧征收，以轻华侨负担等语。窃查华侨银信局，为海外侨胞汇寄留华家属赡养费之惟一机关，各银信局为奖劝穷侨多寄银信，以免留华家属啼饥号寒起见，所收费用极为细微。该潮汕铁路骤增华侨银信运费几及二倍，则各银信局对于侨胞汇寄银信不得不随之而增收费用，侨胞因汇费增加之故，亦即随之而少寄银信，不但侨眷生活发生恐慌，即潮汕每年入超之损失亦将缺乏侨资，以供抵补，影响且及于各方面。伏思钧长追随总理致力革命，与华侨之关系至深，谋华侨之福利綦切，亟恳电饬该路，对于自行携带之华侨批银仍照原定费额征收，在该路减收甚微，在华侨蒙利之溥，而钧长爱护侨众之盛心，将与我总理后先辉映矣，临电不胜屏营待命之至，华侨联合会叩。号。

1931年1月18日　第20757号

粤建厅拟发展农业

　　（香港）建厅拟拨三十万元发展雷州、琼崖农业，救济失业华侨。（十七日专电）

1931年2月10日　第20780号

十九年度潮梅人移殖南洋总数　南进者十一万五千七百九十一人　返国者共九万三千七百六十七人

　　（汕头通信）南洋各地，久为我国过剩人口之尾闾，以潮梅一隅而论，现在经济枯竭，人民失业众多，过剩人口，非南进作生存之战争，难以求存于今日。讵自日人实施南进政策后，暹罗一港，我国华侨农工商业已受极大影响，复因英荷各该政府之限制入口，吾侨民之南进，已大有裹足不前之概。据前年华侨招待所之调查，南进与返国侨民人数之比较超出殆半，迨去年六月以后，除暹罗一港前往侨民仍多外，余如新嘉坡、安南两港，已日益锐减，更因新嘉坡政府之正式颁布限制华工入口令，船费倍涨，往返两港侨民遂与从前成反比例。兹再将华侨招待所去年、前年所调查之暹、叻、越三港往返华侨人数，逐月作成比较，列表如下：

　　南进　一月四千二百六十人、二月一万零七百三十九人、三月二万三千五百九十四人、四月一万五千六百九十四人、五月一万三千七百四十九人、六月九千九百三十九人、七月九千四百七十一人、八月八千七百五十一人、九月六千六百零八人、十月七千七百一十四人、十一月七千八百零四人、十二月七千四百七十二人，总共十一万五千七百九十一人。

　　返国　一月五千五百二十四人、二月四千三百零七人、三月七千一百零五人、四月七千七百十四人、五月一万一千三百九十九人、六月九千五百一十九人、七月七千七百九十一人、八月一千零九十八人、九月七千四百三十二人、十月八千九百一十七人、十一月六千三百八十九人、十二月八千四百一十二人，总共九万三千七百六十七人。

1931年2月21日　第20791号
教部核准立案华侨学校

　　教育部至十九年十二月止核准立案之华侨学校（由广东省教育厅核准后呈经教育部追认）计二十六校，校名及校址如下：

　　（暹罗曼谷）旅暹潮州公立女子高等国民学校，（法属海防）海防私立东安小学校，又海防恭贤女子高小国民学校，又暹国北文浪港博文小学校，又安南海防华侨时习小学校，又华侨时习中学，（越南芽庄）越南牙庄华侨私立中和高小国民学校，（法属河内）东京河内分立中华高等小学校，（安南高棉）高棉华侨觉群小学校，（东京南定）东京南定华英高小国民学校，（越南堤岸）越南堤岸华侨私立南海国民学校，（南安顺化）安南顺化琼侨私立立成小学校，（安南宅郡）侨越潮州公立义安小学校，（法属高棉）高噴呸棉华侨私立觉民初小学校，又安南噴呸华侨广育高级小学，又高棉□咋叻华侨三育初小学校，又噴呸白马土城华侨私立新民国民学校，又噴呸蓬蒿区华侨育成初级小学校，又□山华侨私立育群初级小学，（安南堤岸）侨越东莞平善国民学校，又越南堤岸琼侨私立三民小学校，又旅越堤岸华侨崇正小学校，（越南宁和圩）越南和平侨中法小学校，（越南西贡）越南西贡私立广肇小学校，（越南东京）宜安华侨培英小学校，（安南迪石）迪石琼侨私立务本小学校。

1931年2月27日　第20797号
归国失业侨民之救济

　　（南京）粤省府请救济归国失业侨民案，行政院以该省已定有募捐办法，应即责成督促劝募，随时补助，并责成驻外各使馆，注意调查保护，倘有应行补助旅费等事，径呈中央酌给。又以华侨闽粤人数相仿，粤省所定救济办法，亦令闽省照办，以分负担。（二十六日专电）

1931年3月2日　第20800号
粤省救济回国华侨

（汕头）建厅令潮梅航政局，凡失业回国华侨，在汕未设招待所前，携有广州失业救济委会正式印函者，舟车免费乘坐归乡。（一日专电）

1931年3月10日　第20808号
汕外轮增加客票案

（汕头）华侨旅业电国省府，取缔太古、南记外轮加价往洋客票。（八日专电

1931年3月18日　第20816号
汕头救济失业归国华侨

（汕头通信）南洋群岛因树胶、锡矿跌价，政府限制出产，因此工商不振，失业归国华侨日众，去年迄今由英荷两属遣送回汕者不下数千人，徬徨道左，殊可怜悯。旅汕各县同乡会因此项华侨陆续运到，救济善举力不能逮，乃代向政府呼吁。省府遂于上月组成失业归国华侨救济委员会，由建厅通令潮梅交通机关，凡老弱子身侨胞归国，如携有失业救济会印信公函者，准免舟车费，俾回故乡团聚，不致再在中途流离失所也。旋又派出陈伟陶君来汕调查一切，设法收容，并拨洋一万元，交陈在汕设立华侨招待所收容之。陈君十日乘潮州轮抵汕，即在华侨互助社着手筹备矣。

1931年3月23日　第20821号
南洋失业华侨返国

（汕头）万福士轮载南洋失业华侨六百余返国，广肇籍四百在港登岸，潮梅一百八在汕转原籍。（二十一日专电）

汕头反对外轮运动

（汕头）反外轮执委会通告，抵制各外轮客货运港转南洋。（二十一日专电）

1931年4月2日　第20831号
汕市府调处外轮加价案　加价问题将根本打销　旅业公会纠察队撤去

（汕头通信）汕头外国轮船公司垄断星洲、南洋航线，致遭各界抵制，并由旅业公会通告各客栈，各派伙伴为纠察队组成十八队，每队二十八人，轮流在水陆检查、监视，不许赴南洋者乘搭该外国轮船公司船只，但在汕候轮往暹之客，不下千余人，非常焦急。汕外轮代理公司遂向各客栈运动送客落船、减低船票价、船中茶水饭菜特别优待，并劝旅客向市府请愿撤销纠察队。二十六日，乃有往暹华侨三百余人向市府请愿之举。请愿团体之发起者为普宁帮客栈泰丰，揭阳帮同安，潮阳帮茂兴、南成，潮安帮得利兴，澄海帮得合兴，各邀集往暹搭客数十名，并请汕头华侨联合会主任罗云阶、许宗豪、林国英三人为代表，前往市府请愿。其请愿书大意谓："旅业公会借口外轮公司增收星洲客票价，对往暹未起价之轮船一并抵制，派武装纠察分守海岸，致伙伴不敢送客人，客亦不敢自由下船。查数日前，元利往安南每客增收票价二元，人客尚可自由附搭，何以暹轮反受无理制止？民等为生计所迫，往暹谋生，倘中途久延，静待风潮解决，一旦盘川告罄，势必无资购票，或到暹无力纳税登岸，贻误职业，穷途之哭，惨何可言！民等在汕中途，旅费行将告竭，无论如何，誓必于二十六日落张家口、夏利士两船出口云。"时张市长延见代表，问明情形后，即下一手谕，令外轮公司对新加坡客票不许加价，照原价每客三十六元。其时反对增价委会代表亦到市府，主张再减五角，惟外轮公司代表要求增加二元，即每客三十八元，双方争持仅在二元五角之间，可不致使风潮延长。继由张市长再下一手谕，令反对会速将武装纠察队撤去，不得阻止侨民落船往暹，并令公安局派警员劝导旅业公会各团体，以本市往星洲轮船票增价正在调处中，如果往暹轮票未起价，各分会不得一律抵制，致碍华侨出国云。至此，请愿团体认为满意，各返旅馆。是午旅业纠察队亦在海关前撤退，公安局派警出巡海傍各街道，各标语亦即扯去。各旅馆于下午遂送各华侨往张家口、夏利士两轮，即于是晚起椗往暹矣。惟市府为谋完全解决起见，二十七日上午再召集反对增价委会及外国轮船公司双方代表开会，以期迅得一正当办法焉。（二十七日）

1931年4月3日　第20832号
南洋实业考察团抵汕

（汕头）南洋实业考察团抵汕，将转厦、沪。（二日专电）

汕外轮加价案调停中

（汕头）外轮加价，由游剑池任调停，在此期间，星槟轮停落客、往暹客准放行。（二日专电）

1931年4月17日　第20846号
运输舰航行南洋之拟议

（南京）汕头华侨招待所以各国洋行之轮船公司对于往来汕头、厦门等处华侨任意增加票价，呈请交部，转咨海部派华安、青岛两运输舰，航行汕头、南洋等埠，以挽利权，闻交部已转咨海部酌办。（十六日专电）

1931年4月17日　第20846号
南洋大批华侨归国

（汕头）暹政府欲同化华侨子女，强迫学校授暹文，禁童出国。上月归国华侨一千二百余。（十五日专电）

（汕头）丰华轮由新嘉坡载失业华侨二百余返港汕。（十五日专电）

1931年5月13日　第20871号

南洋华侨电请解决粤变

　　（南京）今国府接槟榔屿及吉隆坡华侨电。其一云，粤变破坏和平统一，侨情愤慨，请严令伸讨，以儆叛逆。槟榔屿菲罗马迪克华侨联合会。其二云，电传粤变，危害党国，请用和平解决，以慰侨望，除电粤服从中央外，谨电闻，并见复。吉隆坡雪卡我福建会馆叩。鱼。（十二日专电）

1931年6月18日　第20806号

海外侨民关心粤事

　　（南京）爪哇万隆励志社电国府：请用和平方法，解决粤局。又槟榔屿城阅书报社委员会主席丘明昶函呈蒋主席：请讨粤变，以伸法纪而顾党国。（十七日中央社电）

　　（南京）雪兰峨吉隆坡福州会馆电中央：请严惩粤乱。并电古、陈：请拥护中央。（十七日中央社电）

1931年7月24日　第20942号

汕头反日运动

　　（汕头）汕党部对万鲜案力持镇静，二十二日华侨互助社始发宣言，劝各界声援，不买日货、不搭日轮，舆论激昂。（二十三日专电）

汕华侨组渔业公司

　　（汕头）汕华侨组海富渔业公司，置新渔轮两艘，聘日人为技师，每日捕鱼约一万斤。（二十三日专电）

1931年8月7日　第20956号
中常会通过告南洋侨胞书

（南京）六日中常会通过告南洋侨胞书，文长二千余言。据某委谈，系因粤政府前发告南洋华侨书，内多诋毁中央之处，故发此书加以驳斥，俾侨胞不致受其愚弄。（六日专电）

1931年9月19日　第20999号
南洋失业华侨抵汕

（汕头）南洋失业华侨二千，乘丰平金马抵汕，市府设法救济。（十八日专电）

1931年9月21日　第21001号
南洋华侨失业增多

（汕头）汕各轮公司得新嘉坡电，英政府因南洋胶锡落价，华侨失业数十万，无法救济，去年所颁限制华工入境计划，香、厦、琼每月三千三百二十一名，现缩为一千六百六十名，十月一日实行，各轮船公司因营业打击，开会拟调轮改航津沪。（二十日专电）

1931年10月15日　第21024号
旅墨侨胞过沪赴粤　第二批共计六十一名

自墨西哥排华后，第二批由墨归国之中国侨胞有王成、方吉等六十一名，由墨至纽约转乘旧金山轮还国，此项侨民以粤省南海、台山、沙头及中山等籍居多，故于前日到沪后，昨已乘轮赴港转粤矣。

1931年10月16日　第21025号

南洋华工候轮遣回

（汕头）南洋失业华工二万候轮遣回，各洋行轮船因新加坡再防华工入口，提高船票价，旅业公会反对。（十五日专电）

1931年10月24日　第21033号

南洋拒运华工入境

（汕头）汕太古洋行得新嘉坡讯，明年一月一日不许各轮在汕香海口四埠运华工入境，只准头等舱客及载货各轮，南洋班将停航。（二十二专电）

1931年12月15日　第21086号

由日回国粤省侨胞今日回籍共四十余人

上海广肇公所粤侨商业联合会，于前日新铭船由横滨、神户等处载回归国失业侨胞粤籍计四十余人，经该公所该会派员招待，到大安旅社食宿，拟于今日由新疆轮船资遣回籍。

1932年1月23日　第21120号

抗日救国运动

（南京）广东华侨义勇军派代表黄艺如等于二十二到京，报告该军决成立两师，最短期间先成立一师，推黄明堂担任总司令，其经费已筹得六百万，俟筹足一千万，即北上抗日。至军部等项均筹有办法，已在粤成立筹备委会，并筹开办费二十万，以作筹备之需。（二十二日专电）

1932年1月25日　第21122号

潮汕出洋人数锐减　去年比前年减去一大半

（汕头通信）潮梅人口繁殖，每年移往南洋群岛者约十五六万人，自一九二八年南洋受世界不景气之影响，土产滞销，失业工人日增，汇水高涨，各埠商务冷淡。一九三零年八月一日，新嘉坡英殖民地政府下禁止华工入口令，其初每月准运二千三百二十一人进口，以厦门、香港、海口、汕头四埠为限，至一九三一年十月一日再缩减华人入口额，为一千一百六十名，汕头每月在四埠中仅分得四百张客票。各轮船公司因客票额既受限制，乃将轮船调往别埠行走。闻本月一日起，新嘉坡续颁第七次限制华工人口令，此为我国移民南洋所受最大之打击，亦潮梅人士谋生之一大不幸事也。

其次则为荷属东印度增收华人入口税，遏止华工入境。查十年前华人往八打威、爪哇群岛者，其初每人收登岸税二十五盾，继则增至五十盾，一九二九年增至一百盾，一九三一年四月一日起增至一百五十盾，且须随身携带，登岸时缴纳，否则不准登陆。既缴税金，仍须当地商店盖印担保，始得自由执业谋生。自此例颁后，潮梅往荷属谋生者几濒绝境。

又次则为暹逻政府一九三□年八月一日所颁之移民新例。自十一月起，凡华人进口，每人须缴税金八十铢，未领得当地出国护照，或未证明何国籍民，则不准进口。此后每年仍须缴纳身税金十铢。此例实行后，在暹百余万华侨负担益重，谋生益难。

又次则为安南西贡，亦于去年颁行新例。凡新客进境，须在新客衙门缴十五元登岸执照费，但此执照不能行使于河内诸地，限制华侨移动，非常严格。华人每年除纳人头税外，尚须纳汇进税，华人几无法自全。

总上各种情形，我国政府既漠不关心，为有效之救济，侨民更无法团结，改善环境。去年汕头方面，常有从南洋各地解回失业之华工到埠，鸠形菜色，为状极惨。此等回国华侨，大都由华侨互助社代向市府请求舟车半费券，遣之回籍而已。查去年汇水高涨，华侨批信汇款回汕约四千余万元，前年为五千余万元，照汇水额伸算，外资输入内地，去年约减一半有奇（前年每新加坡银一元值国币一元四角，去年每元值国币二元二角至二元六角）。

此项问题关系潮梅人民生计至巨且大，因去年汇款回汕者多为南洋华侨小资产家，因在南洋无法经营，故将其现有之生产事业尽行拍卖，携款归来，非如前年时之多为工人汇款养家者可比也。查一九三零年从汕头往南洋之人数为十一万五千七百九十一人，返国者为九万三千七百六十七人，在一九三一年各处限制华工入口后，从汕头出口之华侨为五万八千二百三十八人，返国华侨为六万五千八百六十六人，适得相反之数，开空前未有入口超过出口之数字，此实今日严重问题也。（十七日）

1932年6月18日　第21263号
英属南洋限制华工进口新例　每月只准一千名进口

（汕头通信）粤闽人士每年前往新加坡转南洋群岛谋生者，平均约十二万人以上。近年因南洋土产落价，胶锡滞销，以致工商各业均极衰落，因失业被遣回国者为数甚众。星洲英政府乃于一九三〇年九月颁布限制华侨条例，每月只许五千人入口，以三个月为限，以后一再展期，再减为每月二千五百名之额。本年六月一日起，再颁限制成年男工（十四岁以上者）入口例，每月只许香港、汕头、厦门、海口四埠共运一千人入新嘉坡口，各轮船公司依照原有载客额数、比例配载。目下汕头各客栈及轮船公司皆受重大损失，至南洋方面，失业华侨每月运回汕头者约数千人，汕头商业街设有华侨招待所数处：（一）越南归侨招待所；（二）救济失业归侨招待所。由安南方面归者由存心善堂主理，由英荷属地归者由市政府主理，现均在办理资送回乡中。

1932年8月21日　第21327号
荷属驱逐参战华侨

汕头参加沪战华侨义军，被荷属拒绝登岸，不许亲友探视，逐回新嘉坡。（十九日专电）

1932年10月1日　第21368号

萧林赴暹之使命　与中暹订立商约有关

　　（汕头通信）暹罗华侨约一百五十余万之众，中暹两国本有密切关系，惟在一九三零年帝制时代，暹政府竟逐渐排斥华侨，如该国所产之米多由华侨经营，暹政府竟有收回国营之提议。又增加华侨登岸进口税，每人四十五铢（约九十元）。又实施同化教育，对华侨学校校长须用暹人，教员须经暹文考试，课本须经政府审定，压逼甚厉，均引起中暹两国人士之隔阂。但暹政府视我为无约国民，遇有重大事件交涉，须由我国驻日公使与暹驻日公使决定之，中暹订立商约之事，我政府尝认为要□，故一九二九年外交部曾派程潼生到暹罗调查，中暹订约呼声颇因之高，事后又归沉寂。本年暹民众党推翻帝政，民众党领袖极力表示亲华政策，该党代表张兀铁塞，在暹罗中华商会演讲，略谓世界上再没有一个民族像中暹关系这样密切，暹罗民族可说是全由中华方面发源而来，考古代历史，证诸留存下来的一切事物、风俗、礼教、信仰、习惯，中暹人文史完全符合，应该在远东共存共荣，不能分离的好友，暹新政府现亟谋改善中暹邦交，排除一切障碍约束，用十二万分诚意，欢迎勤俭耐劳、忠诚温和之华人来暹，共同居住工作，发展中暹两国之经济，永远共存共荣云云。暹罗对华方针既转变，我国为亲睦中暹邦交起见，乃由驻庇能领事谢湘，奉外部令乘车往盘谷，初步试谈商约，在商约未完成之前，暂设立商务专员，促进中暹贸易。同时暹政府对于粤省政府，亦有相当尊敬，因暹罗华侨以粤省人士占百份之九十以上也。萧佛成与林翼中因此乃有暹罗之行，缘萧居暹凡数十年，深悉暹罗侨情及中暹历年积案。据闻中暹商约事全决于萧、林此行，如结果圆满，萧子松坚颇有驻暹商务专员之望，谢湘现亦在暹京盘谷候萧、林云。（九月二十四日）

1932年11月1日　第21398号

林翼中谈中暹关系

　　（广州）民政委员林翼中近偕萧佛成赴暹京盘谷，昨夜返此。林于今晨纪念周中宣称：广东与暹罗有密切之商务与种族关系，暹罗境内约有华侨二百万人，除十万人至自各省外，余悉粤人。华人控制许多大商业，而处处有之。中暹自古相亲，华侨今多能操流利之暹语，暹人亦多能操华语，甚至大员亦说汕头话，故华人与暹人同处，几难分别，华人经过移民局缴纳人头税后，即视为暹人。暹政府之新政策以亲华为务，而尤友遇广东，因暹罗华侨大半来自粤省也。（三十一日路透社电）

1932年11月1日 第21398号
中暹交欢与订约问题 林翼中代表西南赠暹政府宝鼎 中暹商约最近期内无成功希望

（汕头通信）中委萧佛成、林翼中上月二十一日过汕赴暹，事前并未宣布赴暹之使命，外间对萧、林此行颇多推测，中暹订立商约之说一时甚嚣尘上。萧、林等二十八日抵暹京曼谷，稍事休息，与暹政府约定会见。本月（十月）一日林氏赍送西南政务委员会常务委员萧佛成、邓泽如、邹鲁、陈济棠、李宗仁等特制之九狮银鼎一座，高二尺四寸，另一尺五寸之小鼎三座，及粤省府主席林云陔之祝贺书，庆祝暹罗立宪之成功。暹政府亦以国宾之礼相待，仪节隆重。暹外交部长披耶是威山，闻其祖先为琼州籍人，云姓，即在暹京开大冰霜汽水厂主人云瑞和之兄弟也。暹外长与林寒暄应酬之余，亦曾向林询乡邦之事。四日起，暹内政部长派秘书引导林翼中参观暹国行政、司法、警察、监狱及学校，与国立各慈善机关、公共场所，其政治、司法、警察、军事、外交、卫生等组织系统，有条不紊。林参观毕，十二日离暹，搭火车往庇能英属矣。据由暹罗回汕者言，中暹关系密切，两国重要悬案待决者正多，乃彼此未订通好条约，交换使节，遇有交涉，仅由两国驻日公使在东京磋商，迂回转折，异常不便。从前我政府因国内多事，无暇顾及，近虽稍为注意，然仍绝少成功之望。其困难之点，约有如下两端：

（一）中国旅暹华侨约三百余万，占暹国全人口三分之一，且握有工商业之重要枢纽，暹国旅华人数至多不过一二百人，在工商业上占位极微，若商约订立后，各派公使领事保护指导其侨民，华人在暹杂居田野中，在我方实占无上之利益，在暹罗则每年消耗一笔使馆费，无形中受损失不浅；（二）暹罗佛历第二四五六年（即民国二年），暹王钦定批准之国籍法第三条规定下列各种皆属于暹国人民：一，其父为暹人，无论生于国内或国外者；二，其母为暹人，而父无可考查者；三，生于暹罗国境内者；四，外国女子依婚姻法，与暹人结婚者；五，外国人民依法定手续归化者。照以上规定，我国侨民虽有三百余万，实际已被暹政府视为归化之民矣。其征兵亦有征及华人子弟，若中暹商约完成，暹国无形中损失三百余万人民。以上两点为中暹商约难成之主要原因。暹罗对华侨实行同化政策已非一日，第七世王（今王）在革命未发生之前，有次参观暹京华侨学校，彼言："暹人之血统已与华人混而为一，其程度至于不可分化之点。暹罗之高级长官，无论过去与现在，多属华人后裔，其由中国来暹之华侨，其成家立业归化终老于此者，三百年来，为数至众，殆已成为一家矣。本邦之风俗人情、习惯志趣大半相同（指与潮汕、闽南、琼州），世界民族中最有密切关系者，无逾于中暹两国。于朕言之，身体中亦充满华人血轮细胞也。"其着眼在于同化，故暹国华侨教育，受其管束甚严，校长必须暹人，或由教部选择委任，教员必经过暹文考试，课本须经其审定，列暹文为必须科，每星期授课七小时。现又试行营业税，华商须兼用暹文簿记，在法律上始生效力，其厉行同化政策，由来久矣。暹国虽经立宪，其对华政策仍然一贯。华侨在国中，饱受了内战匪乱及不良政治之压迫，无法自全，一到暹罗，受法律上同等之保障待遇，赋税轻、盗匪少、法律严、谋生易，自然而然的被其同化于不知不觉之中。华侨子弟登彼邦政治舞台者大不乏人，每言及祖国，无不摇头叹息。彼非不愿促成中暹邦交，但恐不好的风气，从此传染到暹罗。彼最忌专唱高调不务正业之一般游民政客，故中暹商约之能否完成，以中国现状及暹政府态度观之，恐最近期间甚少希望耳。（二十五日）

1932年11月6日　第21403号
林翼中报告赴暹经过

（广州通信）广东民政厅长林翼中，前于九月十九日偕萧佛成由港首途赴暹，祝贺暹逻民政党成功，二十八日抵暹京，事前由萧佛成先容，故入境一切检查手续均获免。抵暹后，分谒参议院议长耶玛奴、民众党领袖恋巴列及国军总司令、外交部长等，并参观暹京警政机关、监狱、皇宫、医院、学校、佛寺等，参观毕，于上月十二日离暹赴星洲，趁船返粤。惟萧佛成仍留暹，未有归国消息。三十一日，林氏在西南执行部政务会纪念周中报告赴暹视察情形，兹择要录次：查暹逻自革命后，皇室仅有发布政令之权，国事取决于参议院，行政高级机关，计有内务部、教育部、司法部、参谋部、国军司令部，全国共分九省一京几市，省设省长，市设市长，及一警察总监隶属内务部，省之下设府，府下设县、联、里三级，计十户为里，十里为联，十联以上为县，京市行政与警察分立，各设专司，省警政归行政管理，军制采征兵制，男子满十八岁即须服兵役三年，全国治安由警察担任，国军任国防之责。在暹华侨约二百余万，多数营商，华侨中以粤潮州人最多，琼州、福建客籍人次之，广州人居少数。华侨商业以米业最大宗，次为木厂，其余苦力，或耕种，或垦荒。华暹为无约国，华侨在暹，虽无使领保护，然以肤色及种族相类，待遇尚无苛虐，华侨入口，只须每人纳入口税四十元而已。在暹华侨营业及买卖土地，均可自由，惟集会结社为政治上爱国活动则备受取缔。二十年前，暹逻无华侨学校，华侨子弟多入暹逻学校，每被同化，爱国思想薄弱；自有华侨学校创办后，侨民子弟能识中国文字，始知有祖国观念，现在暹京仅有华侨小学十二所，故侨胞失学者仍众。华侨俱属工商界，对祖国政治无确切认识，只凭当地华文报纸为耳目。当地虽有华文报馆四家，然各有背景，难得国内确实消息。惟侨民虽有时误会祖国之政治，然关怀仍切，淞沪一役，捐助抗日救国捐达五六十万元。彼等唯一希望，为祖国不再发生内战，集中全国力量，一致御侮云。（十一月一日）

1932年11月26日　第21423号
失业华侨被迫回国

南京侨委会接粤方报告，近日在欧洲被迫失业之华侨，由粤回国者约七百余人，尚有大批相继返国。（二十五日专电）

1932年12月17日　第21444号

汕市府筹设统一检查华侨机关

（汕头）汕市府召集各捐局、公安局、海关等，筹设统一检查归国华侨机关，免侨商行李在海中及登岸叠受稽查、警察苛勒扣留、翻箱倒篮之苦。（十六日专电）

（汕头）英领否认新嘉坡征华人登岸税每人五元事。（十六日专电）

1932年12月26日　第21453号

华侨联合会欢迎返国华侨　七二老翁愿与日人拚命

华侨联合会昨日下午二时开三特别委员会，分头审议新章程、华侨俱乐部创办方法及选举新理事所关之各种筹备。下午四时在会所礼堂开欢迎返国侨胞茶会，欢迎张文炳、陈秉三、丁鸿南及徐友藩。张文炳系英属马来半岛雪兰峨之大矿业家，陈秉三系吕宋抗日救国会前任秘书长，丁鸿南为菲律滨仙答洛中华学校校长，徐友藩为缅甸华商总商会会长。首由许主席（冀公）及黄总干事（建中）分述欢迎辞及报告会务情形，嗣张文炳述其返国工作，谓本人为粤籍华侨，年七十二岁之老人，在马来经营锡矿，工人有二万余人，现时因景气甚坏，工人将失业，本人返国，欲与政府磋商，将此二万工人移往东北垦植我三省。本人抵国以前，东三省已坠在敌人手中，乃与南京政府另商选地近东三省之地点，一面垦植，一面武装抗日，政府表示甚好。及返沪视察淞沪，遍地战迹，不留一木一草，实令人伤心，言时声泪并下，阖座感动。张再谓，现时广东有青年及退伍军人数万，愿出关杀敌，奈因无路费，无可如何，我国富翁应有相当感想才好。本人返马来，将设法此批工人返国，此老头亦愿与健儿出关杀敌，老来余命无几，拚老命之时在此时，虽死亦愿死矮奴枪炮下。嗣陈秉三报告菲岛救国团体有百余，华侨有十三万人，工人捐助义军甚踊跃，借款节家用自动捐助，未及旬日，竟达五万余元，三星期中捐助防空十数万元。爱国华侨甚众，而无耻汉奸亦不少，有钱有势，生活得舒服，青年愤其无耻，则密组割耳团及浴血团等，除此败类。

在法律上扣留日货多败诉，故另采抵制方法。各地华商连环按期控告奸商，使汉奸疲于奔命，此法颇有效果。我们应感谢菲岛海关及菲人，他们助我们抵货工作甚多。徐友藩及丁鸿南亦报告各地侨情甚详，从略。是日到会者五十余人，六时尽欢而散。

1932年12月27日 第21454号
粤省党部否认向港商借款

（南京）粤省党部顷函在京华侨马立三等，否认向香港商借巨款，以广九、粤汉两路接轨为条件说。（二十六日中央社电）

1933年3月17日 第21525号
越南华侨代表提倡缩食救国运动

广州越南华侨代表提倡缩食救国运动，其计划以越南华侨商店二千余，每月可得款万余元，粤有商店二万，月可得二三百万，若全国仿行，月可得千万。（十六日专电）

1933年4月18日 第21557号
华侨航校毕业生二批回国候用 杨启聪等十五人由华侨总会招待美国华侨

因鉴于我国缺乏航空实力，于是由美国华侨拒日救国总会自备飞机，设立航空学校训练实际人才，第一批毕业者已有张勉之、张达遂等十三人，已于去年由该总会资送回国服务。张等回抵上海，伺候两月，政府不置可否，当时陈继棠代表杨德昭氏适在沪，得闻其事，于是每名发给旅费一百元，送回广东，交第一集团军录用。兹第二批毕业生又有杨启聪、何子龙等十五人，已于前旬附他，辅总统轮抵沪，昨杨启聪等亲到本埠贵州路一二八号全球华侨总公会接洽一切，由该会主席团伍澄宇氏亲自接待。闻该华侨飞行家多属广东籍，已分别呈报军委会、行政院暨军政部等请求录用，为国牺牲，一面由华侨总公会设法，促政府早日解决。

1933年5月11日　第21579号
暹罗侨胞回国考察　一行七人于上月启程　市府市商会准备招待

暹罗华侨陈文添等，因欲明了祖国情形，及谋发展祖国各种实业起见，特组织考察团，由暹罗中华总商会主席陈守明，分函祖国各大都市当局，请于该团到达时，予以招待，并加指示。该团已于四月二十一日离暹回国，取道汕头、香港、广州、上海、南京等处，考察祖国新闻、教育、实业、商务等各项事业。本市市长吴铁城将于该团到沪时设宴欢迎，并转令教育、社会两局准备招待。市商会方面已接到通知，故亦准备殷勤招待，藉资联络。兹将该团名单及暹罗中华总商会介绍原函，抄录如下：

介绍原函

径启者：现据敝处考察团陈文添、披耶伟雪、坤拍西、张珂益、林伟烈、陈烈英、刘冷瞧等函称，为请发给介绍书，俾利进行事。团员等为华裔之一，生长异邦，对于祖国声华文物，良深隔膜，每一思及，辄然神往。现欲明了祖国情形及发展祖国各种事业起见，特组织考察团，一行七人，决于本月二十一日离暹回国，取道汕头、香港、广州、上海、南京等处，考察我国新闻、教育、实业、商务，敬请准予分函介绍各地当道，予以招待，俾便接洽等由。准此，该团员等关怀祖国风纪，不辞远道考察，志趣甚嘉，所请介绍，理合照办，用特备函介绍，烦希察照，并乞予以指示，实□公谊。

1933年7月4日　第21632号
被逐第八批旅墨难侨昨晨抵沪　共十一人今晨赴港　华侨公会派员照料
九批难侨七日续到

第八批被逐返国之墨西哥难侨共十一人，昨晨十时乘大来公司休士总统轮抵沪，华侨总分公会及难侨维持会均派员至码头照料，定今晨九时半仍乘原轮赴港，分返广东四邑原籍。

两会照料

大来公司休士总统轮于昨晨十时驶抵浦东大来码头，新关码头渡轮于昨晨九时开出接客，华侨总公会特派方涤非、谢剑平、高擎宇，难侨维持会派黄竹林、张百宇、林琅琳、黄生、林文礼、李照宽随渡轮前往大轮照料一切，并一律衣制服以资识别。侨务委员会方面恐未得悉，故昨晨并未派代表在码头慰问。

难侨人数

昨晨乘轮抵沪之第八批旅墨难侨共十一人，计为伍昌、钟盛、陈活、黄梓、黄盛、刘晚、陈向顺、黄琼、余森杰、刘希铎，此外同轮来沪者尚有美国华侨十五人，古巴及其他各地华侨十二人。

发给十元

华侨总公会暨难侨维持会招待员率同难侨，仍乘渡轮返新关码头登陆后，即沿南京路步返华侨公会，由该会供给午晚餐，并由该会按名给大洋十元。

今晨赴港

旅墨难侨等均为广东四邑籍，准今晨九时半仍乘原轮赴港，转返原籍。华侨总公会昨午并电香港东华医院，请于轮到时负责招待，每各发给由港返四邑之船票一张。

九批难侨

第九批被逐返国旅墨难侨约一百三十余人，于下期邮船抵沪，据华侨工会昨晨所接电告，约本星期五（七日）可到，该会已积极准备照料云。

1933年7月14日　第21642号
胡文虎抵汕头

（汕头）中央侨务委员胡文虎由港到汕，军、政、党、学、商等均落船欢迎，闻在汕逗留数天，即入闽谒蒋主席暨蔡军长。（十三日专电）

1934年1月23日　第21831号　本埠增刊

南洋影业片段　*春雷*

　　上海电影事业之于南洋，和好来坞影业之于上海，一样地是一个销售的大市场，但是到了最近却发生了一点小小的变动，原因是上海的影片公司已经有大部份改制有声影片。此声片的对白是国语，而南洋的华侨百份之九十九是广东同胞，他们听不懂国语，自然他们对于有声片的兴趣便减却了许多了。

　　于是有一些粤人摄制的片子便应运而出，像《良心》、《白金龙》、《断肠碑》、《泣荆花》等片，颇能投合。但是这种粤片大多是旧舞台古典剧的改作，缺乏了现实的形式与内容，而且出品也不多，供不应求。在这样情形之下，华侨们便有创立影片公司的动机，经过多方的筹备，在不久以前，在暹逻成立了一家暹罗联合影片公司。

　　上月因事南旋，途经香港，在中央大戏院看了一部这个公司的处女作《湄江情浪》。

　　这是一部用纯粤语对白的声片，内容是一段恋爱故事，背境是湄江南岸的几个华侨，男主角元少得，女主角胡君少，港中对之颇有好评。我个人以为除了收音和摄影颇有相当的成绩外，其内容的意识无甚可取。但是既为处女作，幼稚一点是可原谅的，而且它是国人在海外经营艺术企业的先声，其精神更值得嘉许。

　　这个公司设立于暹京曼谷，经理为李昆林。当它创立之初，即得当地华侨、教育界及暹政府之赞助。它所用的收音机，为美国西电公司的出品，据说即是暹王购助的。

1934年2月23日　第21856号

黄秉坤谈南洋华侨教育概况

　　记者昨晤新自南洋归国之黄秉坤君于旅邸。黄君在南洋各属华侨学校担任教职凡十余年之久，此次携眷告老归国，对南洋华侨教育情况颇为明了，兹将黄君所告，详志如次。黄君称，南洋华人甚多，尤以粤闽两地人士为最，各属除外国政府广设学校，收容华侨，以期殖民化外，华人之热心教育自设学校者亦多，尤以英属荷属华侨学校林立，新加坡一埠已有二百余所。

1934年3月13日 第21874号
槟榔屿华侨教育概况

据最近统计，现居槟城之华侨约有九万余人，各省籍皆有，而以闽粤居多。侨民子女除一部遣入英文学校外，余皆入华侨开办之学校肄业，故年来槟城及屿属威斯莱及天定洲三地之华侨，比较气象蓬勃，校舍林立。据星洲教育当局于去年（民国二十二年）年终立法会议中报告，一九三二年星洲、槟城及马六甲三辖境内，经向各地政府之教育局注册之华文学校，计有三百二十五间，教员共有一千零六十九人，学生则有二万二千零二十八名，内有女生五千四百九十五名。华侨受当地政府之津贴者，共有三十七间，较民国二十一年增两间。在民国二十一年内，政府拨助该三地之华校津贴金达四万五千四百九十二元，平均每名学生可得津贴金八元二角九分。与民国二十年比较，津贴金额已增加二千零五十四元，每名学生平均每名多得一元三角二分。至民国二十二年情况如何，无明确报告，尚不得详。惟据调查，截至去年年底止，槟城及屿属三地，共有向当地政府注册之华校八十五间，其中男校五十二间，女校十七间，男女同校者十六间。惟男女各校并无绝对性别之限制，其专收男生者，仅檀城之钟灵中校；专收女生者，仅罗浮山背圣心女校而已。高中除钟灵外，尚有中华中学，前者有学生六百余人，后者三百余人。至于女校则有槟城之福建及辅友二校，并师范部，福建校现有学生六百余人，辅友则二百余人。此外皆有初等小学，学生最多者应推槟城之丽泽学校，计有一千二百人，增辟校舍三四间，在槟城及屿属所有小学中，可谓精神最好、校务最发达者。关于槟城及屿属三地华校学生之总数，据报告共有八千一百余名，按省籍言之，以闽粤子弟为多云。

1934年4月9日　第21901号　本埠增刊

暹罗漫谭（七）　亦敏

华侨概况

中暹因为历史与地理的关系，所以侨暹的华人也较别处多，据可靠的调查，至少在三百万左右。暹罗的人口号称是有一千二百万，但这数目是不很正确的，实际上至多不过八九百万，而且有中国血统的还占了半数以上。因此，暹罗是华人的世界，确是不可掩的事实。

讲到华侨的事业，范围也是非常广大的，如暹国主要的出产米、木两宗以及卷烟、制糖、火柴等工业和大小各业商店，几乎完全是我们侨胞在经营，而在内地务农或捕鱼的为数亦不在少。这在表面上看，彷彿是华侨操纵了暹国经济，可是暹罗能有今日的繁荣，实在还是我们侨胞的功劳。

我们要是以地方来区别，那末侨胞中最多的是潮州人，其次是广州人与琼州人，再次是梅县的客籍人和福建人，最少的是江浙两省人。上述六属，各有一个会馆，这是历史最久的华侨团体，至于各业公会，还是近年才有的新兴组织，总管全侨的，那就是中华总商会了。

商会，原是一种商业的集团，但暹罗的中华总商会，却等于一个公使馆，因为中暹既无商约，自然是没有外交官的设置，所以一切侨务都归商会办理，于是商会主席地位之高，我们也就可以想见。唯其如此，各属领袖对于这地位的争夺，也就异常剧烈，再加以商业上的竞争，就形成了各属分裂的局面。古人说"自侮而后人侮之"，这句话是不会错的。暹政府近年来对于华人的种种压迫，一方面固然是有人在幕后指使（如上次国联否决某国侵华时，在出席的四十三国中，只有暹罗代表不投票，这就是一个明证），但侨胞们的不能团结，实在还是一个重大的原因。

1934年5月19日　第21940号

侨委会拟先设沪粤两侨务局

（南京）侨委会拟在上海等六处设侨务局，经中政会核准，因财部无款可拨，迄未实行。陈树人云此事关系侨胞至巨，不可再缓，请财部先拨一部份经费，将重要口岸如上海、广州两处先行成立，一俟全部经费拨发后，再次第设置。（十八专电）

1934年8月30日　第22042号
沙翰声谈巴西侨胞现况　今晨入京向中央报告

中央社云：我国驻巴西公使馆秘书兼中国国民党直属驻巴西支部常务委员沙翰声，为报告巴西侨务及党务近况，于二十六日乘德轮夫而特号轮抵沪，定三十日晨入京，向中央党部及外交部报告。中央社记者于昨晨往访于其寓所，据谈侨胞在巴西近况等情如次：

侨胞千余

据沙氏谈，侨胞之在巴西国者数达一千三百余人，其中以广东、浙江两省人民为多。粤籍侨胞都操劳工，如菜馆业、洗衣业等，在巴西境内北部劳工界中，颇有一部份势力。浙籍侨胞大都业商，如贩卖瓷器、针绣等货品，巴西国生活程度较低，故尚宽裕。惟如欲将其所得盈余寄回本国，则其数甚微，因巴西币制所值，较任何一国为贱也。

党务进展

中国国民党之在巴西，在民国二十一年前，因种种关系，仅设中国国民党驻巴西国通讯处于巴西京城。二十一年以后，始改为中国国民党驻巴西国分部，嗣后党务日渐进展，至去年十一月间乃改为中国国民党直属驻巴西支部，对于党务之推进不遗余力。故已有二百余人为正式党员，其余侨胞中什之八九均为预备党员，对于三民主义，均能信奉力行。

中巴贸易

至于我国与巴西间贸易情形，年来华货运巴以茶叶、瓷器等类为大宗，惟经营者非国人而尽为外人，营业状况亦年不如年，实因巴西对该国货在境内推销甚力，且价值甚廉，对外货入境则反是，所以营业日见减退。该国政府对我侨胞安全保护甚力，未有排华事件发生，所以侨胞颇能安居乐业。

补习中文

在巴西侨胞，什九都系壮年而往，劳苦阶级中人居多，故对于祖国文字鲜有研究，竟有目不识丁、言语不通者。故在巴西京城内之中国国民党直属驻巴西支部及中华会馆当局，有鉴于斯，特在夜间各设补习学校一所，创办以来，成绩尚佳。沙氏继又谓居巴国侨胞子弟甚多，但华文正式学校则尚未有一处设立，殊可虑也。

今晨入京

沙氏最后又称，本人侨居巴国已达十余年之久，因久未返国归省，故特乞假四月回国一行，除视察国内情形外，并须向中央党部及外交部报告巴西党务及侨务情形，现已定明晨（即今晨）早车入京，至于我国驻巴西公使熊崇志氏，现未有返国之表示云云。

1934年9月3日　第22046号
在日被逐华工今日返国抵沪　下午三时乘日轮笠置丸抵埠　共计七百余名多数系闽粤籍

新新社云：我国旅日华侨年来被无理驱逐返国者已数见不鲜，最近复有华侨工人七百余名被迫返华。该华工等已于上月三十日，由横滨搭乘日邮轮笠置丸来沪，该轮定于今日下午三时许抵埠，将停靠杨树浦汇山码头，该项侨民多数系闽粤及浙省青田各县籍。此次日方大肆排挤华工，其主要原因，年来日本国内工商业受经济衰落影响，致本国工人失业骤形增加，乃不惜以此种无理方法，尽量排挤华侨云。

1934年9月18日　第22061号
我对于坡督金文泰在英伦马来亚公会演说之质疑　周启刚

引言

坡督金文泰自从卸任香港总督，于一九二九年五月就任星加坡总督兼马来各帮钦差大臣之后，五年中的施政举措，就荦荦大者说，像增加国防金、地方分权、海关联合、取缔中国国民党、以马来文语为基本教育、提倡种稻、救济胶锡、当地工业化之类，伟划雄图，虎视海峡，各种政策已著的得失和未来的影响，直接有关英国殖民地的政治、军事、经济诸般利害，我们不必越俎代谋，何况金文泰爵士凭着主观的见解，于未奉准辞职之前，在英伦演说席上，自述其治理马来亚的政绩，正为博取彼邦朝野的公评，不是我们中国人所能容喙。独有取缔中国国民党活动一事，其发言离事实太远，我们对这个问题，好似骨鲠在喉，本来早想有所声述，只因当局既无有宣布其所以取缔的理由，而海峡殖民地的星加坡为三S线之枢纽，英帝国视为应付太平洋风云的前哨重镇。居留当地及马来联邦的华侨达一百七十余万，开荒垦植，繁荣斯土，历史悠久，功绩最多，聪明的英国当局，应无歧视或鄙夷的道理。当此远东危机日显，金氏受英皇重任，所以我们本着共存共荣的信念，逆来顺受，一时未便骤加论列。最近金氏在英伦对中国国民党提出六端公开指摘，我们始恍然他所提之理由，不过如是。而英皇复批准金氏辞职，足见他的政策和见解不一定能代表英国政府，于是增加我们商讨的机会，特地根据客观的事实，平心静气就金氏所指各点，予以理智的解剖，使国内外人士知道金氏对中国国民党和中国民族尚未有充分的认识。

二、中国国民党在马来亚活动的史实

要讨论中国国民党在英属马来亚活动的问题，应该把本党过去的演变略略的追忆一下。因凡百事物的活动历程，自有其连续关系，决不是凭空而至的。谁都知道中国国民党的前身为中华革命党、为同盟会、为兴中会，当初的革命志士实因清室倒行逆施，辱国丧权，足见国内各民族同归于尽，所以发生民族革命的动念。当时海外华侨不忍祖国危亡，大声疾呼，一唱百和，对革命进行精神上、物质上尽力资助，最早在星加坡、槟城、吉隆坡、怡保、芙蓉等地组织三点会，这种结社，始于清初，盛于清末，宗旨在复明灭清，后来孙中山先生到了南洋，和许多派别纷歧的志士，如义兴会、义福会、福兴会、海山会、广福会等，以及郑成功、太平天国先后失败亡命的党，声气相通，共谋光复，于是海外志士都追随孙先生加入同盟会，爱国侨胞输财出力的更盛极一时，像星加坡方面的同德书报社、晚晴园，吉隆坡怡保的新改良商号、觉醒园、文明阁，槟城之小兰亭、心广园、阅书报社，都是人才荟萃的所在。各地分会，近的如瓜拉比拉、芙蓉、麻坡……远的到仰光、荷印、海防、暹罗都散满了反清的革命同志。民国元年，改为国民党后，在星加坡设国民党交通部，各埠设支分部。民国三年后，改中华革命党，组织更为光大，海峡殖民地政府虽曾加以注意，但在霹雳、森美兰、彭亨、雪兰峨四个马来联邦依正当法律请求注册，均得许可。一直公开到一九二五年，堂堂正正的合法行动没有半点危害到当地治安秩序，所以一九二四年改组成中国国民党后，除马来联邦的公开党部外，依然可以半公开的活动。在此数十年的历程，本党总理系中山先生及其他本党的重要人员，在马来亚地方奔走领导，出入策划，均极自由，当地有名侨胞参加活动亦无阻碍，殖民地当局或冷静旁观，或暗加呵护，从来没有严厉制裁与解散，直到金氏继任总督始，才把中国国民党加一个非法团体的名词实行取缔。此种历史的事实，可以证明国民党的活动无丝毫妨害，居留政府的存心，况且历任星加坡总督对国民党的活动并不惊异，未必皆不如金氏聪明，实因金氏忽略这种历史事实，才不免少见多怪吧。

1934年9月23日　第22066号
粤省府筹设侨务局

（香港）粤省府已派员着手筹设侨务局，救济归国失业华侨。（二十二日中央社电）

1934年10月7日　第22080号
侨美华商王惠水返国考察工商业　前日由美抵沪

美国檀香山华侨王惠水，广东人，侨美已久，在该处金融界中颇有地位。最近王氏因国内工商业渐趋发达，特返国考察，以便接洽向国外推销事宜。王氏前日已到沪，寓于愚园路友人家中，今日起即将向各工商机关参观考察。

1934年10月28日　第22100号

粤南的妇女生活　郎瑛

　　粤南地方辽阔，现在我所指的仅是靠近南海之滨的台山县，其他各县大都是不同的，仅是这小小一县的妇女生活，也颇有值得告诉读者的。

　　台山县是一个富有的地方，文化也颇发达，但因经济的支配不同，妇女的生活亦有其天壤之别，她们有许多是过着很舒适的生活！有许多都在黑暗的封建势力底下过着痛苦的岁月。

　　台山一县往南洋及美洲谋生的男人极多，可以说是占了全县男人三分之一。他们在外国一混便十年八年，甚至到老死的时候也不归国的，所以，他们的妻子都在家里过着寂寞的生活。他们每年都汇寄了许多钱回来供给家庭的费用，所谓"金山客"，这些占了全县很大的权威，因为他们都是靠着美金的高价而富有的。至于"南洋客"呢，则多是在外国做苦力的，钱很少，而且大多数是穷苦的大众。所以，在出洋的两种人中，真是天堂地狱之分。不过这两年来世界经济的恐怖，不但南洋的工人被驱逐回国，而美国的华侨也遭同一的命运，失业纷纷，停止汇款，台山县顿成死县，一切的都破坏不堪了。

　　以前，乡俗中有"有女嫁金山客"的念头。每一个父母都纷纷要把女儿配金山客的，一是礼金高贵；二是人家富厚有权威，做岳父母的也得沾光；三是女儿可以享福，不作劳苦工作，尽日清闲度日。"三姑六婆"之流，也以介绍"金山客"的妻妾为荣。所以，美貌的少女都走上这条路。但她们完全不顾虑到女儿的永远幸福，因为，凡去外国的人最少也是三数年才归国一次的，甚至是一生也不归国的。那么，这可枉误了女儿的青春呵！

　　以前，我的一个表姊告诉我，她也是金山客的妻子！她说做女人最好嫁给在家里做事的男人，因为丈夫一去外国，一个人活守寡，多么枯燥啦。而且她是坚决地反对她的妹妹们再要嫁给金山客："你们看，像飞一样白白的替他守空门已经三年啦！"这是经验告诉她们，所以，这几年来，稍为读过几年书而有反抗的勇气者，都群起争取自由，不愿意嫁给金山客的。她们晓得，钱是不能够安慰她们的青春的，况且礼教束缚底下，决不由她们有非法的念头，倘如一经发觉和别男子通奸的话，遭受惨刑后还被驱逐，夫家不留，母家也不容足立。那么，不是只有一条死路吗？

至于一般劳苦大众的家庭里除了每日劳动以外，她们倒都能够享受性爱的幸福。虽然封建的家庭还束缚着她们，压制她们，使她们没有满足的生活，但近年来，教育渐渐的普遍，她们大多数从姊妹朋友中学到了反抗封建家庭的压制，反以媳妇的权威压制丈夫、家姑等是很多的，而且这种反抗的势力展开得很利害，她们大多数都有主妇的权威的。其他的生活上的种种，和各地只是大同小异而已。

富有的家庭的女儿和媳妇的生活，似乎特别该提出来说明的。所谓富有的人家除了一切地主（而这些也大多是华侨的）、大商家以外，便是往国外做工的华侨"金山客"家庭了。她们没有男人，而主持着家庭，小儿女是到学校读书。媳妇呢，她们的丈夫一结了婚便离家了。她们孤独地守着，一切劳动可以不大去干。她们天天有空，和别人家谈天，但现入学校读书的也是不少的。当然，她们很少是拿着求学的目的，不外是消磨了整年的孤独生活而已。

所以，台山各小学都有很多的少妇混在小孩们群里读书，就是中学校吧，她们也占了不少的位置呢。然而，无论如何，她们是不能够解决性欲的，青春时候的苦闷呀！为了种种的缘故，发生失贞、私奔、师生间发生了恋情等等的新闻。

1934年11月15日　第22118号
华侨汇款返国减少

（南京）侨委会消息，旅外华侨经济近年受世界经济恐慌影响，情势丕变，逐年汇款返国之数字亦随减少，大有每况愈下之概。兹就暹罗汇至汕头三年来数字而计，十六年一千五百五十余万元、十七年七千四百六十余万元、十八年三千四百二十余万元、十九年三千三百二十余万元、廿年一千九百九十余万元、廿一年一千六百八十余万元、廿二年一千四百九十余万元。此虽一隅之数字，然由此亦可窥见整个华侨经济衰微之一斑。（十四日中央社电）

1935年1月29日　第22190号

粤侨务局决缓设

（香港）粤侨务局因经费无着，决缓设。（二十八日专电）

1935年2月17日　第22203号

粤火柴业式微　去岁倒闭大工厂共五家　所存各厂入春尚未复工

（广州通信）省粤火柴工业为主要工业之一，民国十二年前为全盛时代，各地共有火柴厂百余家。民国十三年后，工人要求加薪胜利，工资突增，业务受一打击，益以年来南洋一带商务疲敝，粤省火柴运往南洋之销场顿减。至民国二十一年，只存三十余厂，该项工业苟延残喘，至其不能与外国货在南洋一带竞争销场者，其症结在于粤制火柴成本过重。查粤厂所制火柴，工资既巨，出厂后又须纳两重捐税，即每笒（一千二百盒）火柴，须纳统税三元八角，原料税一元，连同成本每笒售出价约八元，反之，外国火柴每笒几廉三分之一，因此外国火柴不但全占南洋销场，甚至粤省内地，亦有舶来火柴运销，至是粤火柴业遂呈奄奄一息之象。去岁各工厂因货品无销路，积存火柴约值二百万元，且年关时期，无现金周转，各厂遂于岁末停工，而无力支撑宣告倒闭者，计有广州公益厂、江门文明厂、花地大益厂、市桥广中兴厂、台山珠江厂等五家，亏去资本约达百余万元，牵累甚大。至停工而未倒闭者，入春以来，仍无复工之望。闻去年积存之货，一时尚未售去，倘春季销路渐旺，存货逐渐销去，亦须三个月后，各工厂始能复工，否则前途不堪设想。据查全省刻下仅存火柴厂十一家，计广州有中国、光大、东山、广东、巧明五厂，佛山有巧明、广州两厂，三水有西南厂，南海有民生厂，江门有光明厂，清远有民兴厂，以上十一厂共有长期工人十万名以上，临时雇佣者七八万人。若一时没无法复工，则十余万工人将尽数失业，火柴业工会连日召集会议，讨论维持办法，并召集工方代表参加，资方提出取销民国十三年工方加薪条件以维业务，但仍未得工方答允，就此推测各厂复工，尚渺无确期也。（二月十日）

1935年3月31日　第22245号
粤粮食统制会禁止暹米入口

（广州）粤省粮食统制委员会今日通过禁止暹米入口案，因暹当局压迫华侨故也。按粤省每年辄购暹米数百万元。（三十日路透电）

1935年4月18日　第22263号
萧佛成赴暹罗　暹政府压迫华侨愈甚

（汕头通信）中委兼西南政委会常务委员萧佛成，在暹罗生长，视暹罗几如家乡，萧以本人年迈，有咳嗽疾，去冬天寒时屡欲回暹休养，皆因不愿遽离政治生涯，故未果行。萧有二子，长名松坚，在广州随侍，兼充电力委员会职；次子名松琴，为潮海关监督，松琴前日离汕赴广州。据监督署消息，萧经向汕太古洋行定江苏轮头等舱位两个房间，乘坐赴暹，随行者为松坚，定十四日到香港，十五日可过汕，预定由汕直赴暹罗，松琴赴广州，则为送其父兄就道也。

今春由暹罗回汕之华侨约达六万人，中有暹商团体之代表，据言居暹京华侨不下六十万。新政府成立后，事事咨询强邻，对华侨颇加压迫，如增加货物入口税、登岸税、居留税、当店税等共十余种。近又有增加登岸税之意，原每人一百五铢，将增加至二百铢，所得税、遗产税亦在筹办中。又强施同化教育，华侨女子自七岁至十四岁，须入暹校读书，华侨教员与课程大受限制，每日只许读华文一小时，侨校受取缔停课者凡二十四校。中暹既未订商约，致在暹一百五十万华侨饱受无约国民之不平待遇。暹罗出产，以米及木材为大宗，其米全靠香港、广州、汕头等地为销场，若禁暹米进口，暹经济上受打击，必能促暹政府觉悟云。

1935年5月8日　第22282号

粤侨委会成立

（香港）粤侨委会成立，林翼中兼委长。（七日专电）

1935年5月12日　第22286号

粤省设侨务会　民厅长兼主席委员

（广州通信）省府近日为办理海外华侨事务起见，议决组织侨务委员会，以民政厅长兼任该会主席委员，聘黄隆生等九人为委员，李是男等四人为顾问，委邵孟宗为该会救济处主任、曾晓峰为普通侨务处主任，经费每月二千元由省库拨给，该会组织内容如下：

第一条、广东侨务委员会掌理关于本省在外侨民移殖保育一切事务，前项事务，以不与驻外使领馆及各厅府会职权相抵触为限。

第二条、本会直隶省政府，设主席委员一人，委员六人至十人，主席委员由省政府派民政厅长兼任，其余委员由主席委员就华侨中有资望者聘任之。

第三条、本会每星期至少开会一次，其议决事项由主席委员执行之，开会时，主席委员因事不能出席，得期前指定委员一人代理之。

第四条、本会会议事项如与各机关有关系时，得函请各机关派员列席。

第五条、本会设左列三处：一、秘书处；二、普通侨务处；三、救济事务处。

第六条、秘书处之职掌如左：一、关于文书之撰拟、翻译、收发及保管事项；二、关于典守印信事项；三、关于会计庶务事项；四、其他不属于各处之事项。

第七条、普通侨务处之职掌如左：一、关于调查海外侨民状况事项；二、关于指导监督移民海外事项；三、关于侨民出国之奖进或取缔事项；四、关于处理海外侨民纠纷事项；五、关于解答侨民出国之咨询及指导事项；六、关于指导监督侨民团体之组织进行事项；七、关于指导介绍回国侨民投资兴办实业及游历参观等事项；八、关于侨民出入口及各项之统计事项；九、关于指导及处理侨民教育文化事项；十、关于指导侨民报关纳税及代办侨民所委托之事项；十一、关于奖励或补助海外侨民事项；十二、关于宣传政府之设施及对于侨民之待遇事项。

第八条、救济事务处之职掌如左：一、关于办理救济失业回国侨民事项；二、关于设计、安插失业回国侨民事项；三、关于防范侨民被驱逐回国事项；四、关于防范侨民被驱逐及不合法之私招劳工出国事项；五、关于调查各关卡对于侨民出入口待遇及保护侨民出入口防止舟车关卡勒索事项；六、关于处理归侨纠纷事项。

第九条、秘书处设秘书一人，普通侨务处救济事务各设主任一人，科员若干人，由主席委员委任之。

第十条、本会因事务上之必要，得派侨务专员或视察员。

第十一条、本会得设顾问咨议参议由本会聘任之。

第十二条、本会因缮写文件及其他事务，得酌用雇员。

第十三条、本会会议规则及处务规程另定之。

第十四条、本章程自省政府公布之日施行。（五月六日）

1935年5月23日　第22297号
粤同乡会援助旅暹侨胞　电请政府交涉　发表严正宣言

广东旅沪同乡会昨晨分电国府行政院、外交部、侨委会、蒋公使，请向暹政府提出严重交涉，取消种种违法苛例，并发表宣言，兹为分志如次：

养电

南京国民政府林主席、行政院汪院长、外交部汪部长、侨务委员会陈委员长、日本中国公使馆蒋公使钧鉴：暹罗华侨回国代表请愿团陈述暹罗政府颁布种种苛律条例，一方系实行其同化政策，一方系限制我国移民。如此项政策见诸实行，则我三百万华侨从此将无噍类。旅暹华侨屡向暹政府抗争无效，乃推派代表回国，向政府请愿，并望一致援助。伏查此事不特关系暹罗全体华侨生死存亡，抑且影响及于我国民族发展前途，拟请钧座迅予向暹罗政府严重交涉，取消种种违法苛例，并订立商约、派遣使节，以确立中暹正式国交，务达目的，俾慰侨情，实深祷企。广东旅沪同乡会董事长唐海安，副董事长郭顺、郑正秋同叩。养。

宣言

广东旅沪同乡会援助暹罗华侨被压迫宣言云：溯我华侨之在南洋者，数达数百万，历经栉风沐雨之劳，备尝披荆斩棘之苦，方趾所至，光荣随之，盖已七百余年于兹矣。但自欧战以后，因经济恐慌与殖民问题之影响，我侨胞身受之痛苦遂与日俱增，如菲律滨、安南、缅甸、马来半岛、荷属东印度、暹罗等地，或则重订移民条例，限制华侨进口，或则增加人口税与营业税，为无厌之诛求，甚至实行同化政策，以为一网打尽之计，其用心尤为酷毒，无与伦比。如最近暹罗政府之经济排华、政治排华、教育排华，其最著者，中暹关系之日趋恶化，实一至可遗憾之事。考暹罗与我国在历史上关系，远自隋朝大业四年，炀帝征募能赴绝域之士，屯田主事常骏请使赤土（系扶南别种，即今之暹罗），帝大悦，令赍前往，赐其主，骏泛海十余日，入境月余，乃至其都僧祇城，见其王睦昆富利多赛，居处器用，穷极珍丽，遣子入贡。至是华人往暹者日多，尤以唐时为甚，及至明洪武初，暹罗遣使进金叶表，清康熙时又遣使具表来贺，迨乾隆三十六年，其国本巴见灭于缅甸，卒赖国人郑昭之力，为之复仇，光复旧物，嗣后郑氏遂被戴为该国之王，是以中国本部与暹罗间之关系至为密切。而且远在一千六百余年以前，不特向以我国为其宗主国，即血统亦同出一源。迄乎今日，在暹华侨数达三百万人，占全暹人口总额四分之一，即其国内之暹罗本族及老挝族，三分之二以上亦均混有汉族血统，以故就血统关系而言，暹罗民族尤不啻一中华民族之别支也。其次就中暹贸易而论，关系亦至密切，历代以来，暹罗藉朝贡而与我国互市。据自有海关统计迄今总计，我国对暹共入超九六零八八七三七关两，共出超四四九三零八九零关两。在一八七零年时，暹罗不过占我国输入贸易总额千分之五弱。自一九三二年以后，由暹米输华之激增，中暹贸易在我国对外贸易总额中所占地位遂见增高，暹罗输华以米谷、柚木、糖面、鱼介、海产为大宗，华货输暹则以棉纱、棉布、烟草、蔬菜、果品为主要品。即以本年第一季而论，其输入我国者，数值达关金六零八零零零零元，列入各国对华输入数之第七位，而米谷之输入竟达关金五四六一三八一元，几及其总额百分之九十，于此可见中暹商业经济关系密切之一斑。至在暹之大小商业均为我侨胞所经营，其中尤以米业为巨擘，计有大辗米工厂八十所，小辗米工厂约八百所，投资总额约达暹币二千万铢左右。华侨在暹既有如许巨大之经济势力，且具有其固有的和平、忍耐、刻苦等优美德性，故向与暹人相安共处，感情融洽。不图今者，暹罗竟一反本来面目，而以排华最烈闻于时，讵非极可骇怪之事乎？暹罗排华始于清季民初，而以最近数年为尤甚，自一九三二年革命以后，民党执政，狭隘的民族思潮弥漫国内，于是排华运动遂频频发生，一九三三年十月有暹警无理惨杀华侨之事件，一九三四年二月有限制华侨入口之苛例，近且更进一步，企谋根本同化我侨胞，其对华政策，实为最不友谊政策。在此，特举其荦荦大者，如：（一）增修移民律，拒绝不识字者进口，限制劳工及妇女之南渡，使留暹侨胞与暹女结婚，则侨生子女忘其祖国；（二）取缔华侨教育，已先后封闭六十余华校，并限制在十四岁以下者，必须入暹罗公立学校肄业，不得学习华文；（三）摧残华侨工商业，重征各税，企图将火柴收回国营，最近并拟统制汇兑，使侨胞不能汇款返国；（四）新颁渔业条例、捕鱼执照，限定暹民领取，华侨之业渔者乃改由其暹籍妻子领照，同时暹政府又颁布条例，限制渔民所雇工人必须百分之七十五为暹籍；（五）华侨子女在十四岁以下者，为强迫教育时期，不准离暹，满十八岁为服兵役期，复必须应役，否则照逃避兵役科罪，此项条例原定四月一日实行，嗣因华侨多拟将子女送回祖国，暹政府乃临时延缓，近闻将于九月一日实行。上列诸端，果均一一实现，诚恐不出十年，暹罗全境华侨子女已悉数变为暹人，再过二十年，暹罗工商业将无华人托足之所矣。夫暹政府以彼国产品，吸收我国金钱，以维持其国内经济命脉，而反忘其与中国之密切关系；又从而苛虐我侨胞，无所不至，岂惟不智，抑且有悖现代国家之道德，宁无感喟耶！我人今日敢为暹政府告者，就血统关系或经济关系而言，暹人对于华侨应以互助精神，共谋发展暹国之国力，断无加以歧视而实行同化之理。且对于外国侨民，更有公法之保护，中暹虽尚未订有商约，然此数百万有深切关系之华侨，何能纯以无约国民待遇，纵不以侨民论，亦当以少数民族论。按诸今日国际惯例，民族得享文化上之自由，殆成天经地义，是以无论以侨民或少数民族之关系而言，暹政府均绝无强迫同化华人之权利，此我人于感慨之余，甚望其能幡然觉悟，自动改善也。目前为我国计、为华侨利益计，中暹问题正常之国交的确立，实不容缓，在我国既不能再以藩属眼光看待暹罗，而要求一旦恢复兄弟之邦的好况，亦非一朝一夕之事，根本解决办法，惟有一方面端赖华侨自身之善与暹人共处中力图生存的奋斗，而为共存共荣之协调，一方面仍须由政府相机进行订立通商条约，树立对等之通常关系，派遣使节保护华侨。至国际间相处之道，惟有"力的公理"、"力的权威"，我国朝野上下如能自强不息，自必博得他人之敬爱，而不敢再以无理威胁相加。深望各界人士，本民族间一体观念，休戚与共，一致奋起为有力之援助，以解旅暹侨胞之倒悬，即所以恢复我民族国家之光荣。本会代表旅沪粤侨三十万群众，要当惟力是视，急促桴鼓之应，为我三百万华侨后盾，以相与有成，务达目的而后已，谨此宣言。

1935年6月23日　第22327号
暹罗考察团昨日赴粤考察　该团允将中国各方面意见返国后转陈该国当局研究

暹罗考察团团长吸纳等十七人，以来华考察任务已毕，于昨日下午五时，由沪乘坐大来轮船公司比亚士总统轮启程赴港，转赴两粤考察，然后再经澳门返国。该团团员于昨日下午二时半，由新关码头乘接客小轮登船，本市市政府及侨务局等均派代表到埠欢送。至于我国各方面对该团供献之关于暹罗排斥华侨意见，该团人士已允于返国后转陈于该当局详加研究云。

援助旅暹华侨昨开三次常会　派员并函电各地禁暹米　起草请愿经过书面报告

本市各团体援助旅暹华侨联合会，昨日下午二时召开第三次常委会。席间，由该会晋京请愿团报告，同时议决派员，并函本埠各米商，请予克期抵制暹米，一面电请广州各地米商公会一致抵制，兹将各情志次。

出席各委

昨日第三次常委会，出席有上海市教育会张礼春（陈鲁花代），上海市商会张南印，潮州旅沪同乡会郭启明，华侨联合会谢德南、黄建中，广东同乡会郑秉楷，主席郭启明，纪录陈鲁花。

讨论经过

首由前次晋京请愿代表团黄建中报告经过，略谓请愿团代表五人于十五日搭十一时夜快车晋京，于翌晨七时即抵首都，当与京方欢迎代表会见，共商关于请愿及联合投递觉书于暹考察团办法，嗣以沿途劳顿，遂辟中央饭店三六三号略事休息，并计划十七日请愿所取步骤。十七日上午，分向中央党部、行政院、外交部、侨务委员会等请愿，中央党部由叶秘书长楚伧接见，对该团援助侨胞之热忱深致嘉许，并允即日转陈中央，令驻日蒋大使继续与暹交涉。复会同京市农、工、商、学、妇女各团体联合会至华侨招待所，致觉书于暹考察团，请彼等将国人希望暹政府取消各种虐待华侨苛例、改善侨胞待遇等，转达该国政府。午后，在中央饭店招待京市新闻界，到各报记者数十人，由黄建中报告请愿之目的及使命，与暹罗压迫华侨情形。各报代表亦先后发言，表示愿尽舆论天职，会场空气颇为紧张。晚间，侨委会常委萧吉珊氏亦设宴为各代表洗尘，各代表在京连日呼号奔走，备极辛苦，所幸结果尚颇圆满云云。继由张南印报告晋京旅费，共收五团体垫款二百五十元，计开出二百一十二元，各团体实垫四十二元五角七分，末并宣读第二次常会议案。

议决各案

决议事项：（一）关于轮流办公案，议决前因各常委晋京请愿，兹定于本月二十四日实行；（二）潮州同乡会提议，请愿代表团晋京，蒙萧委员吉珊赐予指导，并设席欢迎，隆情厚谊，应否函谢案，议决由上海各团体援助旅暹华侨联合会致函道谢；（三）常委华侨联会报告接到广东全省商联会来电一通（原电存案），议决复电报告本会援助暹案经过详情；（四）案密；（五）常委华联会提议，根据广东商联会电请对暹经济绝交，应先在沪实行抵制暹米进口，并电广州、香港、厦门、汕头各地一致抵制案，议决派员并函本埠各米商请予克期抵制暹米，一面电广州各地米商公会，一致抵制；
（六）常委湖州同乡会提议，将晋京请愿经过详情报告本会各会员案，议决
由代表团起草书面报告；（七）关于各会员负担开办费十元应如何征收案，
议决函各会员请于本月底如数返会；（八）预定第四次常会日期案，议决定
本月廿九日下午二时半开会，主席由广东同乡会负责云。

1935年6月28日　第22332号
华侨需要现币应由中交两行代运

（南京）汕头侨批业付给华侨汇款，需要现币，由暹罗中华总商会电请
中央准给运现执照。中央现电复，该业如需现银币，应由各该商人商请中、
交两行代汇代运。（二十七日中央社电）

1935年7月10日　第22344号
中兴贸易公司举办南洋国展　星埠来电添购大帮货品　接洽处靶子路四二五号

中兴贸易公司为粤商陈贵立、贵培昆仲所组织，以推销国货、发展海外
贸易为主旨。去秋，曾两次派员调究国际贸易情形，携带精美国产分赴新嘉
坡及南洋群岛各处，择地陈展，极得良好效果。该公司有见及此，今夏特由
陈贵培君亲赴南洋，携有各种精美样品，先后在星洲商会及大世界展览，极
得侨胞热烈欢迎，赞许吾国工业进步之迅速。曾一度宴请各界，藉资联络，
到有刁总领事、施正领事、李副领事及商会正副会长、报界记者、商界闻人
等，对陈君此来发展国际贸易，极愿赞助，大世界场主李春荣君愿以场地假
借，以供陈列，藉广宣传。侨胞乐用国货，于此可见一斑。刻该公司接星埠
来电，添购大帮货品，以应需求，闻国内厂商，日来携样品至靶子路四二五
号该公司接洽者，颇不乏人云。

1935年7月18日　第22352号

援助暹侨会函粤援侨会禁销暹米　闽粤销数占全国四分之一

　　本市各团体援助旅暹华侨联合会，经上次会议议决，对禁止运销暹米事件，闽粤港汕一带原拟派员前往，兹粤方各团体已成立援助暹侨会，该会乃决计函请粤援侨会，就近□理禁止运销暹米于闽粤港汕一带。关于沪禁止运销暹米经过，并函录详情知照该会，请积极进行。因暹米销沪，仅及全国运销数四分之一，四分之三仍运销于上述各地带，故禁止运销暹米，华南各地能与沪上同一步趋，则暹罗经济之死命，立时可予制裁云。

1935年8月4日　第22369号　本埠增刊

华侨在全世界（五）　钟民谊

　　缅甸

　　缅甸东界暹罗，位于我国云南川边的南部。在这里的华侨约有三十万左右，其中大部分都是熟练工人、商人与苦力。自一八九五年英国并吞缅甸以后，华侨在缅甸的势力即大受打击，但直到欧战发生时，缅甸的华侨势力都是在日益发展的。他们在仰光等地经商做工，每年都可获得若干钱财，其中有许多人是已经成为了富翁。同时，缅甸华侨除了经营其个人的事业外，还努力创办学校和报纸，以发展华侨教育与文化。但自欧战爆发后，情势就日益和前不同了。一则由于英国煽惑缅人排斥华侨，使我在缅侨胞大受打击；再则是因为印度齐智（印度的钱庄）势力日益在缅甸发展，使华侨中的下级商人反要赖以维持生计，实际上华侨在缅固有的地位已被齐智取而代之了。同时，欧美各国的金融势力也日益深入了缅甸，现今在仰光已有七个国家的银行，共有十余家之多，其资本都很雄厚，组织也较完善，但属于中国籍的在仰光的银行却只有一家，而且资本亦不甚雄厚，在营业上当然也就不能与他人竞争。这样，缅甸的金融既在外人掌握之中，工商业也不能与别人竞争，同时又受缅人的公开排斥，华侨在缅甸的势力又怎么不会日益衰落呢？

越南

越南在中国的南部，与粤桂滇等省相连接，我们通常叫它做安南，外人名之为法属印度支那。远在秦汉时代，越南即曾为中国内领，元明清三代亦奉中国为宗主。直到一八八五年《中法条约》签定，越南才由中国的领土变为法国的属地了。这里所有的华侨究竟有多少，直到现在尚无确切的统计，有的说是四十万，有的说是六十万，有的则说是在百万以上，但不管怎样，在越南的华侨人数至少是有七八十万的，其中多半是广东和福建人。一九零六年十月十六日法政府为求其统治便利起见，依据籍贯、语言之异同将南圻华侨分为五帮，分五区居住。所谓五帮者，即广州、福建、海南、潮州及客家是也。

广州人在越南者多半是从事于工商业。在西贡等地的米店、木店、布店、砖瓦制造、石灰制造、毛皮兽骨等业皆为广东人所经营，此外如木匠、石匠、裁缝、靴工以及屠户等亦多系广东人所担任。福建人在此地的人数虽然较少，但其在工商业方面的势力却很大。在堤岸等地的工厂和米店大都为他们所开设。据调查，西贡有碾米厂三十余家，其中华侨所经营者竟占二十八九家之多，而福建人却在此二十八九家中占最大多数。客家华侨亦多在西贡和堤岸各地，其所经营者主要是茶业，越南茶业几为其所独占。至于潮州人，则多半是在此地作船夫和苦力，其其西部诸省者，亦多有从事农业的。

在法国未并吞越南以前，华侨在越南颇受优待，华人赴越亦极便利。近来法人对于越南华侨加以种种苛捐杂税，虽苦力小贩亦不能免。至于华人赴越，更是多方为难：入口时不仅要检查身体，打印指模，而且还要缴纳入口税若干，身税若干；若被认为稍有不合，即不许登岸，就是登岸后随时亦有被其驱逐出境的危险。因此，越南华侨也和其他各地的华侨的命运相同，是在日益衰落中的。

菲律宾

菲律宾是与我国的闽粤两省隔海相望的一个大岛，面积为十二万方哩，人口有一千一百万。远在周秦时代，菲律宾与中国便已经有往来了。菲律宾人有许多是中国人的混血种，其农具，其风俗习惯，乃至其名称之发音，有许多都是与中国相同的。这些事实，都可以充分证明中国与菲律宾关系之密切。

1935年8月20日　第22385号
半年来粤省出国侨工概况　赴美洲者几等于零　南渡者比较前略众　星洲近又限制入口

（广州通信）粤省出外侨胞向居多数，自世界不景气弥漫，华侨失业者不可胜数，纷纷被迫回国。从来赴美洲者多为台山、开平、恩平、新会各县人民，而赴南洋者多为潮梅及琼崖各属土人，迩因美洲金价暴跌，华侨在美之经济大受打击，且美政府限制现金出口，美洲华侨每年汇回乡土之款不及往昔十份之一二，益以美人排华潮日烈，华工老于美洲者皆纷纷失业。近又严限华人入境，故内地赴美觅工者，无形中裹足不前。似此情形，不但四邑人士金融日竭，即全省经济亦蒙绝大影响。至南洋方面，比年以来亦因树胶、锡米等价贱，缺乏销场，南洋华商破产者日有所闻，影响所及，南华华工失业者无虑数十万，流离转徙，被当地政府驱逐回国，情形之惨，目不忍睹。星洲政府以华工过剩，恐妨治安，曾颁限制华工入口之例，惟女客不在限制之列。当此之际，适值粤省顺德、南海各县丝业衰落，女工全数失业，于是顺德女工南渡者不下万余人。直至去年春初，南洋树胶、锡米微涨，凋零商业，似有复苏希望，星洲限制华工入口额遂增为每月四千名，然因同时限制生产之故，仍未恢复景气。但在此南洋商务略有转机当中，粤人南渡者又复挤拥，除潮安、梅县各属人民由汕头出口者不计外，由海口市出国者，半年来（由本年一月至六月）四千八百七十人，由广州市赴香港出国者亦有数万人，其中赴星加坡者为多数，南洋至是又骤多华工十余万人。微兴之工商业究不能尽量将此十余万人容纳，于是男女华工又呈供过于求景象，十份之三四无职业。星政府近为防范计，又颁限制华工新例，下令由九月一日起，将以前限制华工入口额四千名减为二千五百名，以资调剂该地劳力，一俟工商业稍再发展，始斟酌情形，增加入口额焉。（八月十五日）

1935年9月2日　第22398号
粤侨委会成立

（香港）粤侨委会一日假省参会行成立礼，林翼中等十一委同时就职，省派李禄超监誓。（一日专电）

1935年9月20日　第22416号
粤侨务会收容失业归侨　发给免费船票指导回籍　无家可归送救济院安置

（广州通信）近日因全世界不景气弥漫，华侨在外谋生困难，做工者固纷纷失业返国，即营小商业者亦间为当地土人所排斥，不能自存，故年来美洲墨西哥与夫南洋各属之华侨，回国觅食者不可胜数，就中赤贫归里，资金乏绝，以致转徙流离者，情尤凄惨。广东自侨务委员会成立后，首以安置失业归侨为急务，俾失业归侨回籍得有所归宿，昨已订定收容遣送失业归侨办法如下：

（甲）凡失业华侨持有下列凭证之一，经救济事务处会同秘书处审查明确者，准予收容：

（一）持有当地政府及中国领事之遣送凭证者；

（二）凡有脱身纸或凭扎或小部者；

（三）凡有当地政府或华侨团体发给免费船票者；

（四）凡有当地党政机关或华侨正式团体证明者。

凡持有上项凭证，均限于最近五个月内起发给者，方作有效，否则概不收容。凡持有各项凭证者，一经收容，须将该凭证缴呈，并映相存册发证，以便存案备查。

（乙）凡左列之失业华侨，本所概不收容：

一、凡有共产嫌疑，被海外政府通缉有案者；

二、在海外有为非作歹之行为，被当地政府逮解出境者（如因宣传三民主义而被迫出境者不在此限）；

三、经本国政府通缉有案者；

四、有违法律之行为，经被告发者；

五、有犯法行为经受法律之裁判者（如有潜行入境而被遣回者不在此限）；

六、返国后有能力自给者；

七、曾由本所介绍往工作而中途退回者，或临挑选前往工作不愿前往者；

八、曾由本所资遣回籍者；

九、曾由本所送往救济院安置者。

（丙）所有收容华侨应随收随送，及随时设法安插。凡住宿所内者以一星期为限，其遣送办法如左：

（一）不论老幼少壮，愿回乡者，给以舟车免费票及侨委会证明书，并指导其回籍；

（二）其无家可归或残废者，送救济院安置；

（三）凡有疾病，送方便医院就医，如疾愈归所时，仍须依限分别遣送；

（四）凡收容之华侨，自愿回籍而程途遥远，虽有舟车免票，但因沿途伙食缺乏者，得体察情形，酌给伙食费；

（五）遣送伙食费分为四元、三元、二元、一元四种，按其途程远近分别酌给。（九月十四日）

1935年10月6日　第22432号　本埠增刊
华侨在全世界（十三）　钟民谊

新西兰

新西兰即一般所称的纽丝伦，也是英国的五大子国之一。这里华侨的地位大略也与在澳洲者相同。据调查，在五十余年前，此间即有华侨四千二百十五人。但同样，当地政府及人民对于华侨非常注意，时时加以排斥，在一九零七年新政府更规定凡华侨入境概须受英文百字的试验。这么一来，在新西兰的华侨当然不能有所发展了。

新西兰的华侨以广东人为最多，他们多半是作小商人、园艺业者，其生活据说还不很坏。

西印度群岛本是黑人的世界，但政治经济的权却全在欧美人之手。华侨因为能刻苦耐劳，在一般工商业中亦颇有力量。虽然近来此间的黑人与白人的混血种在一般职业部门中颇为活跃，与华侨竞争，但亦不能动摇其固有的地位。

1935年11月5日　第22461号
美陆军长邓恩赴粤观光一瞥　拜会军政当局敦睦中美友谊　离粤后赴菲参加菲开国盛典

（广州通信）菲律宾共和国定十一月十五日正式成立，美国以所扶植之属土建立国家，对此有特殊关系与热望，故菲新政府之开创日，美国朝野人士东渡赴菲参观典礼者将有数百人，而政界要人如美副总统及美国陆军部长邓恩，亦先后乘舰赴菲。查邓恩所乘齐特斯舰，业于十月二十九日上午抵香港。驻港英美军舰鸣礼炮十九响致敬、邓恩□登陆，正式拜会港总督，在港酬酢一天。复应粤省当局之邀请到粤观光，由美海军派浅水舰为邓氏坐驾，三十日晨抵珠江白鹅潭，由沙面租界登陆，先到驻粤美领事署略事休息，旋偕同霍琪士乘车拜会粤军政当局。粤军政界陈济棠、林云陔、李宗仁、邹鲁、萧佛成、刘纪文等，先在中华北路迎宾馆欢迎，并在馆前排列巩卫队一大队，全副武装听候检阅。邓氏一至，举枪致敬，在军乐悠扬中，邓部长巡阅武士一周，始入迎宾馆花厅，与陈、李、林、刘、萧、邹等握手，寒暄少须，至十一时许，邓部长始兴辞而出，应沙面美领事之午餐。餐毕，参观广州名胜，游华林寺、六榕寺、中山纪念堂、中山纪念碑、黄花岗七十二烈士墓、石牌中山大学新校舍等，下午四时赴东山航空会，应西南政务会诸委员会茶会，各政委及军政界长官均列席。散会后，返沙面，出席美侨之欢迎会。晚间八时，陈济棠、林云陔在市府合署欢宴邓氏，省中军政长官作陪，陈致词毕，由林云陔致欢迎词如下：邓部长阁下、各位来宾，今日承美国陆军部长暨夫人光临广州，吾人深觉荣幸，省政府特联同陈总司令设宴款待，藉表欢迎。中国外交政策，向主友睦，吾人承古人之遗训，素以亲仁善邻为主旨，此种政策至今不易，正与贵国总统罗斯福所谓"自重而尊重他人"之善邻政策相吻合。孙总理亦曾以信义和平的主义训示吾人，惟实现和平，当以成立国际真正友谊为先决条件，故贵国总统宣言中所谓"国际友谊与私人友谊无异，必须尽其所能，集合人类之力量，以造成一种互相谅解及互相合作之空气"等词，实令吾人得一极深之印象。中国与美国通商以广州为最早，而居留美国华侨亦以广东人为多。此次贵部长惠然肯来，使两国当地人士倍增友谊，诚历史上一极有价值之纪录也云云。至八时许，尽欢而散，即晚邓氏乘原舰赴港。三十一日由港赶程赴菲。（十月三十一日）

1936年3月6日　第22574号
劳往汕粤

汕港向为南华重要港埠，招商局四新轮开行后，于南洋营业，独占优势，而于广东汕港三处分局之编制，亦须遵照新章改组，劳副经理已定本月七日乘海贞轮赴粤，考试南洋分局职员，所有部派考试委员亦与劳氏同往。

1936年3月23日　第22591号
潮梅人被骗赴暹惨况　五六百人到暹被拘　现均在狱候赎释放

（汕头通讯）年来南洋各地工商业一蹶不振，华侨失业回国者甚众。然此辈回国后，因家乡农村破产，求事困难，依然失业，饥寒交迫，故仍思寻机南渡，值去年南洋树胶锡价，稍有浮涨，工商业有复兴之象，贫侨闻讯，莫不争先前往。一般轮船、客栈奸商，遂乘机欺诈渔利，一面操纵船票价格，一面派人四处欺骗华侨，包藏搭客前往南洋各埠，顾是举屡被南洋各殖民地政府发觉，致造成枉狱。最近潮梅贫苦侨胞被骗赴暹以致入苦狱者达四五百人，兹志各情如下：

暹罗自施行移民律后，赴暹侨胞因感居留手续苛繁，均裹足不前。各轮船公司及客栈营业遭此影响，收入短绌，于是朋比为奸，设局欺诈。首由各客店派出客头及押客，分向潮属内地，伪谓暹罗移民条例业经改更，所缴居留费及入口执照费减为五十铢，无须其他检验等手续，苟由彼辈包运由汕赴暹，每名只收七八十元便可安渡。于是一般有意南渡而未明底蕴之内地乡民，多为所愚，或向亲友假贷，或典鬻产业，筹足川资，偕同客头押客赴汕候轮渡暹，殊银既交清，则被牵下轮，或隐藏于竹篓之中，或舱隙房隅，煤堆货里。盖奸商只图金钱，而置被骗旅客安危于弗顾也。去月十二日，汕某公司代理之某轮，由汕开暹，至是月二十日抵暹。暹公安局长先据报称，该轮密藏大批搭客，预逃入口，于是即派警兵，偕移民局职员及暗探等六十余人，下轮检查。结果被获一百八十余名。至是月二十九日，某轮再度由汕抵暹，再被严密之检查，结果又检获四百二十三名。当轮船抵暹时，所有搭客悉皆被押，因搭客众多，秩序极度紊乱，该轮所遭搜检时间有达二十余小时者，除极少数领有出入口证之搭客幸得离开外，其余均不得越雷池一步。越日，复经移民厅职员检查痧眼，及调查出入口手续等，经十时左右，将图偷渡进口者截获后，即经暹法庭判罪，每人罚款二百铢。惟各人均直认逃避入口不讳，故减半处罚为一百铢，其无款可缴者则监禁一百日以代罚金，期满拘押回国。自此惨案发生后，旅暹华商，纷谋营救。暹京中华总商会尝开会商议救济办法，本拟代出罚款，使脱苦狱，惟因被拘者数达五六百人，需款六万铢以上，值此商情不景气之秋，筹款困难，故未能成议，结果决定登报申述商会困难苦衷，请各被拘者亲友自行设法援救，并将暹罗移民法译函汕头广州海口当局，晓示民众，以免被骗，同时由总商会分函各船公司诘诚各轮职员，以后不得骗包华侨出洋。

1936年4月8日　第22607号
汕华侨互助社建议保护华侨出国　严厉取缔船公司与客栈

（汕头通信）潮梅人士向靠出洋工作图活，但上月有赴暹罗者，在暹罗盘谷方面，被当地政府指为潜行入境有六百余人，悉遭拘留，处以苦工一百日之后，再押解回汕。此外如星洲、安南、荷属东印度等地亦有同样事情发生。故三月二十七日，太平洋号轮船由西贡回汕，载来被驱逐回国者四百余人，其中有一百三十余名系广肇籍者。闻彼等在乡中典卖产业，或向亲友借贷，得数十元川资，被人包运往星洲作工。此百余人之众共乘一小航船，经过琼崖，扬帆南航，航至安南境某小岛附近，舟中水粮两缺，且遇大风浪，海关巡船将其截获，问明原因，知为潜行入境之华工，诚恐沿途发生危险，乃转押上太平洋轮，连同在暹罗、安南被逐者一并运回汕头。各人登岸后，表示非常失望。因饱受辛苦，固不待言，而川资损失，回到故乡势难为活也。汕市善堂乃设法遣送往港，使各回原籍。又在暹被拘去之六百余人，消息传至潮汕后，各人家属纷来汕头，追问经手客栈客头，凡与此案有关者，早已躲避他去。汕头华侨互助社特向政府报告本案真相，及请求当局此后认真取缔，其原文节录如后：

星洲政府限制华工进口后，本市代理外轮之南记、波宁两公司借口汇价金贵，将二十余元之三等票价增至九十余元，复因限制票额之故，私设二盘客栈，因求过于供，得操纵票价，旋涨至每票一百元以上，一般青年无力筹措巨额盘川，只有困守家园。此等垄断图利，应行取缔。

前年树胶涨价，星洲政府逐渐增加华工进口额，每月由一千名增至四千名，该两公司表面言减价，实际仍被垄断操纵。

奸商客栈客头互相勾结，落乡宣传减价，招揽搭客，包办船票一切手续，向搭客先收票金，迨客抵汕后，客栈则不认账，形同串骗乡愚，此案层见叠出。

代理洋行卖票之波宁、南记两公司，对于往星洲、庇能不在限制之妇女及老客，每票仍售价四五十元，客头须带有妇女、老客四五名以上方能照此价，否则每票一百元以上，多方剥削。

各轮在汕开行时，该两公司必派职员下轮，点查客票。照章小童半价，有稍高者则被迫购全价，如不补足则被逐登岸，何以此次贵阳轮匿藏客至四百余名之多，夏乐士轮匿藏一百八十余人，亚睦轮匿藏至二十四人？该总理职员点客，全无所闻，是串通舞弊无疑。

轮船开行时，市府为防范贩卖人口，亦派稽查多名，下轮点客，此次匿客至数百人，竟未发觉，其中显有别情。

贵阳轮中搭客，多被客栈诱骗，典借得来盘川，今被骗囚于异国，家属冻馁担忧，应着船务公司、客栈偿还原款，赔恤损失，方昭平允。

本案关系主犯，即轮船公司负责人之买办、客栈、客头、船上伙伴等，勾通藏客，草菅人命，灭绝人道，污辱国体，应取销其营业执照，严行拘办。

以上八事，为互助社代表一般华侨之呼吁。三十日，东区绥署特为此事召开大会，出席者有参谋长李郁焜、军务处长罗献祥、政务处长冯鉴晃、汕市长陈同昶及各界代表三十余人，讨论三小时之久，议决办法如下：

一、在暹被囚侨客之损失，由互助社调查各经手人，以便追回原款，如敢抗拒，即行拘办。

二、此后如有代包匿舱搭客者，一经查获，照价额十倍处罚。

三、如有歹徒假造星洲居留字，蒙骗为老客者，破获后罚款一千元，八成赏线人。

四、往星、槟新客票，应实行登记，由市府召集有关系团体，妥议办法。

五、缉私人员苛扰归侨，由缉私主任叶汉□切实改善待遇。

六、客栈苛取归侨旅费，由客栈公会酌量减少。

以上决案，闻俟侨务处成立后，当有实行之望也。（四月二日）

1936年4月22日　第22621号
两广考察与南洋考察　仰庵

上海实业界组织两广实业考察团归来未久，最近又复发起南洋商业考察团，预定七月初出国。有人问两广实业考察团之结果何若？记者认为此行收获，虽无惊人之成绩，但彼此情形已见沟通，彼此隔阂已能消除，而最大之效力，则沪粤桂之贸易，将由间接的进而为直接的，将由枝节的进而为整个的。希望最短期内，由粤之省营物产经理处广州市商会，与桂之出入口贸易经理处与工商局等，会同上海之市商会、中国工业总联合会与国货团体，组织一相互贸易局之经理机关，以负担此种永久之使命。粤桂当局及伍廷飏先生，俱主张应有此种组织，而各实业家亦力赞其成。不久之将来，或可起草组织，商定办法，俾粤桂沪之贸易，可以开发展之新纪元，而不负此次之考察，此则记者所殷愿切祷者也。至南洋商业考察团之组织，尤为今日国外贸易上所切要。记者之意，应网罗各业领袖，亲往一行，事前尤应有充分之准备，与切实之接洽，时间不妨从容，调查最宜研究。而彼此联络之方案，相互贸易之计划，最好在事前先有准备，带往研究，庶几考察之时，即可商定，或可即席组织，俾返沪后即得进行，似更较有效，此则于未去以前，敢献其一得者也。

1936年5月7日　第22635号

粤省奖励兴办南洋航线　建厅拟定办法候核实施　准专航五年并给补助金

（广州通讯）粤省当局年来对于航政建设极力提倡，在本省第一期航政建设三年计划中，曾决定先行完成本省航线网，再举办外埠航线。惟在南洋方面，因华侨众多，向者来往客货，均靠外国商轮，而当地华侨大半为闽粤两省人，渴望本省政府能迅速完成南洋广州间直通航线，藉以挽回外溢利权。现广州港务局长丁培龙氏，采纳南海县民崔龙文条陈速办商轮直通南洋各埠意见，呈请建设厅斟酌实行。该项意见认为实施航业，首在资本，倘政府一时难于筹措，可由政府奖励人民，予以种种便利，用示提倡，则各埠华侨素具爱国热诚，当能踊跃集股举办。建厅经审核后认为似可采行，并即拟定办法，具呈省政府转饬实施，其办法如下：

一、宣布奖励人民振兴航业，尤以华侨为主要，使其自行集资兴办南洋航线。

二、奖励办法分两项：（甲）准其专航五年；（乙）自开航日起，五年专航期满止，每年由政府发给补助金，暂定以该船管理费百分三十五为额。

三、服务办法分六项：（甲）受有政府补助金之轮船，遇有国家急需时，应受政府指挥使用，使用期内补发金额另行订定；（乙）负有装载邮件之任务，载费详则另订定；（丙）由政府派航海轮机练习生若干人在船上服务练习；（丁）非经政府许可，轮船不得转让售与外国籍人；（戊）修理

时，在可能范围内，尽本国政府或商人经营之船厂修理；（已）客货价额须呈准政府核定，不得私自增减。（五月二日）

1936年5月8日　第22636号
匿舱赴暹同胞被囚八百余人　暹中商会函复侨委会　奸商拟阻止囚侨归国　汕市府传讯客栈客头

（汕头通信）来往汕暹之某某轮船串同奸商，包运大批匿舱侨客至暹被获后，经各方函电分驰吁请营救，并主张严惩包运罪魁。但案发以来，迄将三月，所谓包运罪魁尚无所获，而被囚者亦得有相当的营救，故是案已渐趋于弭息之象。现侨暹中华总商会，经将在暹被囚之匿舱华侨姓名、年龄、籍贯等，列册函复侨务委员会，计先后被获者共八百余名。至于包运经过，多由何客栈包运，则未据查覆。现距释放之期将近，该会除向暹当局请求于各被囚者释放时，对于应缴之居留税准予核减，一面函询各被囚者在暹之亲朋，届时是否能代为筹缴，以保居留，否则由会酌予若干旅食费，资遣归国。惟闻各包运者，咸进行运动被囚之侨客，于期满释放时，由其负责缴纳若干身税，阻其归国，以冀是案得消弭于无形。

汕市府据暹罗中华总商会呈覆侨委会，据该会在暹调查，先后被暹政府拘获监禁之华侨达八百人，已越三月之久（被判坐苦监一百日），并次第期满出狱，如在暹无人保领代缴身税者，则押解出境。上月由江苏及夏利南解回之搭客三十余人，市府当即一度传讯，彻查如何被骗，由何客栈及何人经手包办，以便一一追究。藉令经手人交回原款、赔偿损失，现市府方面虽廉得其情，但因关涉至大，尚未确定如何惩处办法。近日华侨互助社得马来亚潮州公会联合会、星洲同德书报社、星洲潮阳会馆、荷属三发坡潮州会馆、山羊口中华总商会纷纷来电，请即转呈政府，主张彻底严办奸商，及船开行时点查出口搭客有关之员吏。又有被押回之搭客陈义春者，向华侨互助社投诉，略称当日被南成英记客栈及客头陈亚月所诱，骗去大洋九十五元，南成英记收款后，答应包运到暹平安上岸，给有"茶水清"之收条，送下某轮，令藏于舱底，声明如不能上岸被解回，即交回原银。今自受苦楚，被押回汕，请转向市府传南成英记、陈亚月等，追回原银。日前市府据此，业传双方到案，南成英记、客头陈亚月，直供认包客往暹不讳，市府以南成栈有蓄意欺骗华侨谋财之罪，将本案移送汕法院办理矣。

1936年6月7日　第22665号

（广州）粤省政府将于本月二十日发行空防债券一千万元。（六日路透社电）

（广州）当局今日下令，各大中学校提前三星期于本月十四日齐放暑假。（六日路透社电）

新加坡、马来群岛华侨，虽多属广东等省人士，但对于国民政府近来努力奋斗情形，颇表同情。近闻日人通信社种种传说，虽不甚置信，但亦已稍觉不安。此间华侨团体，特纷纷发电致两广当局，吁请与中央政府团结，以免为日人所窃笑，而招亡国之祸云。（六日国民电）

1936年8月10日　第22729号
粤侨务局经费规定

（南京）侨委会呈准设立广东侨务局，经费定一万元，局长人选待陈树人返京后决定。（九日专电）

1936年8月20日　第22739号
侨委会呈准在粤设侨务局　局长谢作民将赴粤

广东为我国南部之通商大埠，每年侨胞经过该处者为数甚多，亟宜有相当设施，以谋侨胞之便利。侨委会委员长陈树人，特呈准在广州设立侨务局，并发表谢作民为局长。谢氏为现任中委，年前亦曾客处海外，对侨胞情形甚为熟悉。据本市侨务局消息，谢氏不日即将来沪，拟赴粤视察一切，并筹备设立侨务局云。

1936年8月22日　第22741号

谢作民日内将赴粤

（南京）侨委会设广州侨务局，以谢作民任局长，粤主席黄慕松电京表示赞同，并欢迎谢早日赴粤，筹备成立。谢俟摒挡一切后，即往履新。该会俟广州侨务局成立后，并将斟酌情形，设立汕头等处分局，办理侨务事宜。（二十一日专电）

1936年8月28日　第22747号

谢作民昨赴粤

新任广东侨务局局长谢作民日前来沪，摒挡一切后，业于昨晨乘法邮轮杜美将军号赴港转粤履新，本市侨务局长简经纶等均前往欢送。

1936年9月11日　第22761号

（香港）粤侨务局定十一开始办公。（十日专电）

1936年9月17日　第22767号

侨委会增设侨务局

（南京）侨委会于上月派谢作民为广州侨务局长后，该局刻已正式成立。该会为使全国侨政完全统一及发展侨务起见，决在江门、汕头、海口增设三侨务局，已于十六日以会令发表麦坚石为江门侨务局长、马立三为汕头侨务局长、何祥为海口侨务局长，接新任三局长，均系侨委会委员，俟谒陈委员长请求后，即将分别赴任。（十六日中央社电）

1936年9月20日　第22770号

粤土布商对重叠抽税之呼吁　请统税局退还原纳统税　俾减轻成本与外货争衡

（广州通信）粤省财厅已着手裁撤苛细杂税。查各县房捐，台山灰捐附加，砖捐附加，英德、琼崖、惠阳出口牛猪捐，佛山戏院附加费，各县渔税等均已分别取销，独于本省惟一工业之土布出口税仍未豁免。查粤省土布业、旧式土布，如夏布、赤色布、麻布，以兴宁、潮安等属出产最多；机织土布，以广州、河南及佛山等处输出最盛，前者运销国内各省市，后者销流南洋一带。比因舶来布匹倾销，土布销路停滞，因之以织布为活之男女工人失业者几及十份之七八，粤土布业遂成奄奄一息之象。一般土布业商人，咸以丁此土布业衰落时期，政府正宜设法救济，乃海关仍旧征收土布出口税，实为土布输出一大打击，迭次请求豁免，仍未获准。广州市土布业公会，日昨复根据财部规定土布用已完统税原料织成，运出口者缴纳出口税后，该项统税可退回之条文，具呈粤桂闽区统税局，请求退税。原呈云：呈为已税复税形成重征，恳赐准免关税证单，退还统税，以利运销事。窃查粤省单纯织厂所用棉纱均来自上海，由外洋输进者仅得少数，方其运粤之始，已在沪地完纳统税，即外洋之纱亦于入口时完纳，而粤地又无商办纱厂，是则粤省市面，事实上固无未完统税之棉纱。无如属会所属各织厂均资本短少，买用棉纱多不成帮，向系分向纱商零星择购，致原棉纱完税证无法取得，而织成布匹报运出洋，因无原棉纱完税证，既须缴纳关税，又不能照例退还原纳棉纱统税，致形成重叠征抽。前经钧局体念粤省特殊情形，商准具呈海关税务司，由钧局于报运出口单上加盖戳记，免税放行，并蒙钧局于二十年三月二十四日第三九号批饬遵照在案。施行以来，业经数载，总因不能退还原纳统税，略受损失，但得免税放行，亦称便利。讵自本年八月二十一日起，粤海关突然对机织土布报运出洋，每百公斤征收关税三元九角，迭经交涉，均称系照向来税务署令办理，不肯稍加通融。窃思对外贸易，世界各文明国家无不尽量维护，务尽减轻成本，俾与外货争衡，以救济国内人民失业。今粤地土布运销外洋，较诸营销内地反加重成本，岂政府奖励出口、维护实业本意？况粤省织造土布业，年来因受外货倾销之压迫，及社会之不景气、农村破产所影响，其一线生机，全赖南洋各地侨胞热心提倡国产，土布外销，因而稍占地位。属会正拟一面领导会员努力改进出口，一面设法请求政府救济，准予照例退还原纳棉纱统税，以减轻成本，俾得与外货互相角逐，以副侨胞爱护国货之热忱。乃前项目的尚未达到，粤海关复加征土布出洋税，在此重叠征抽之下，反而增重成本，若不设法救济，行见粤省垂绝土布工业一线外销生机即遭戕灭，为此沥陈诉请察核，俯赐体恤粤省织厂特殊情形，准予变通办法，将运销出洋土布凭缴纳关税证单，比例重量，退还原纳棉纱统税，或照旧特许免征出洋土布关税，以免重叠征抽，以救粤省土布工业，则数十万土布工商，同感来苏矣。谨呈粤桂闽区统税局。

1936年9月22日　第22772号
考察归来之冯少山讲南洋各地工商业

　　前奉实业部派赴南洋马来亚、暹罗、缅甸、印度、爪哇、斐律宾、安南等处考察实业之冯少山氏，业已返国抵沪。日前本市国货运动联合会设宴招待冯氏，当由冯氏演讲考察经过及南洋各地工商业情形，极为详尽，对国人今后努力途径尤多指示。兹录冯氏演词如下：兄弟追随同志提倡国货已二十余年矣，中间曾创组上海市民提倡国货会，冀工作得以一贯进行，无虞中断，而此举之动机，原为深感我国经济落后，欲谋补救，固须多方面着手，而发展海外贸易，亦属刻不容缓。迨夫去秋，兄弟适奉实业部派赴南洋马来亚、暹罗、缅甸、印度、爪哇、斐律宾、安南等处考察实业，于是乃将推销国货、发展海外贸易之使命，一并附带就商于海外侨胞，均承表示热烈赞助与合作。今日兄弟本拟将所知各地情形与上述之举，为在座诸君作一详细报告，但在座者有林康侯、王志莘两先生，新自暹罗考察归来，对于该地近况自较熟悉。而其余各地，想在座各位亦不乏曾身历其地，且今日时间亦不充裕，故兄弟只就东西印度两要城加尔各答、孟买，及将于明年（民廿六）四月一日脱离印度政府直隶英政府之缅甸，撮要一说：（甲）加城曾为英印首都，我国设有总领馆，有华文报纸（名《印度报》），有党部，有各色会馆，有中学校，有童子军，有铁路可通大吉岭而转西藏（大吉岭在喜马拉雅山之南麓，原属我西藏之锡金，于清道光十五年割与英），而大吉岭之东，更有一地名茄岭崩，即为印度入西藏之要道（该地原亦属我西藏之布丹，于清同治四年为英所占），此外该地可达附近喜马山麓之尼泊尔、不丹、锡金（亦名哲孟雄）三小国。又该地侨胞约有四千余人，其中操做皮鞋者占大多数，当地鞋店原三百余家，全为吾侨经营，因印人为宗教与贵贱阶级关系，视制鞋为贱业，皆不屑为之，无形中为吾侨之专利。但近年来欧洲商人因鉴印度拥有三万六千余万之人口，虽印人素以跣足为有礼，且地处热带，非全数人民需要，然而生意之大亦可观矣，故近来外商对前华侨独占之鞋业，亦思分我杯羹，遂有觊觎鞋市场之计划，以机器制鞋，大量生产，而尤以捷克之拔佳公司，恃其雄厚之资本，首在该地设立分公司，推销其出品。为打倒华侨所经营之鞋店而谋独占市场，遂招募印度青年子弟在公司习业，俟得相当经验，再派往捷国实地研究，迨回印度，即贷以资金，便在各地开设支店，廉价倾销。华侨鞋业遂大受影响，至最近只剩鞋店二百余家，其前途亦未可乐观。兄弟在该地时，曾考查华侨鞋店，所以不能与外商竞争而渐归失败，其原因不全在外商倾销，而同业间非但不能团结，而反互相竞争，亦为自促崩溃之主要事故。因此，兄弟曾贡献当地侨商以意见，希望其能自相联络，合组一公栈，凡各店出品，皆须先送公栈，视质量等级详订售价，庶不致互相贬价竞争，而被外商一网打尽。加城华侨除上述之皮鞋业为粤之梅县人专营外，其余则有粤之台山、开平等县籍者，为经营木业，与为木匠，及开杂货店、瓷器店、酒馆、酒廊（按酒廊即经营酒类生意者，每年向政府投票，以缴纳最高统率者得开设）与其他商业，惟多数设在唐人街。又此外有山东人售卖山东绸与粤潮汕出产之花边等。加城华侨，虽人数与行业不可谓少，但中华商会迄未组织成立，缘派别既分，未易团结，为我国民之普遍缺点，但不久之将来，希望必能达到。因兄弟在彼，曾与该地热心侨胞领袖作数度之讨论，渠等均认为亟须组织。抑兄弟在彼时，吾侨之业花边者，经兄弟之劝，已即行组织旅印加城花边同业公会筹备会，以此推想，加城中华商会不久必能成立，而为吾侨谋福利也。（乙）孟买为西印度重要商埠，其商业可达印度之卡士来省（在我新疆边）及俾路支、阿富汗、波斯等国，我国设有副领馆、党部、学校等机关，该地人口一百十五万七千八百五十一人，比之东印度之加尔各答城，人口为一百四十一万九千三百二十一人。数目稍逊，然已居全印各城镇人口之第二位矣。侨胞在彼约千余人，大多数为粤之台山、开平等县者，唐人街亦有杂货商店与酒楼等，在印度回人街有华侨专营粤产绸缎及杂货，每年生意可做三百万元（印罗比），该行等又组织有商余体育社，又近年因印度生意比前进步，故目下陆续回该埠之山东人已有数百，多系由上海乘船直达其营业地，系专营山东绸及粤之潮汕花边桌布等。鲁人身体健旺，能耐劳苦，每日身负大包，乘脚踏车往各内地乡村兜售，孟买现已设有山东同乡会，主持会务之正副会长人甚好，兄弟会于渠等设宴欢迎时，以及开华侨侨民大会欢迎时，曾尽力勉以爱国爱群，尤其是同乡会，于每星期中应定有一日开会，劝勉各尽大国民之责，不可显露弱点，为别国人所轻视，且入内地做生意，应熟识商情，重礼貌，货真价实，渠等甚以为然。（丙）缅甸东界暹罗，南濒孟加拉海，西界印度阿萨姆省。（未完）

1936年9月23日　第22773号
冯少山讲南洋各地工商业　（续昨报）

云南毗连，首邑为仰光，夏季政府迁往眉描（在高山上，拔三千四百尺，气候甚凉）。吾国在仰设有领馆、商会、学校、会馆等，全缅人口有一千四百六十四万七千四百九十三人，内华侨十九万三千五百九十四人（华侨之在仰光者，计三万零六百廿二人）。缅京名瓦城，此为京城之最后者，缘缅王地版于一八八五年十一月廿八日被英捕去，放逐于孟买海滨，于是国亡。华侨最多为滇人、闽人，次为粤人，而滇人多营四川黄白丝、玉石等生意，闽人则多营山货、杂粮等。据谓有许多闽人均落籍于缅，到各山巴（即乡村）开店，娶乌套姑（即缅姑）为妻，常于春耕时以资金贷给当地农民，待秋收时，或以现金，或以所割之谷，折价归还，利率极高。而粤之台山人，则多营酒廊及典当（按典当与上述酒廊同办法）。又华侨之在仰光者多有开设店铺，而以轻利吸收当地土著资金，而入内地创立生意与做典当等。又华侨在缅，有极富有而开设米厂与机器厂者甚多。再兄弟在印概括的观察，印人不乏富商大贾，盖以一人之力而拥有大规模之麻厂及打包厂二三家，或兼有瓷器厂、电灯泡厂等等，平日存积货品与原料有至数百万者，亦可不靠银行周转，而青年子弟亦甚振作，工业渐形发达。而此外印度有一种人，为麻德力士南面，土著名吉宁，专做劳工；而又有一种名为孟华，则操全印商业之牛耳；而另有一种齐智人，则专以重利放债，如沪俗之有印子钱者。查目下吾国运销南洋国货，多系华侨所需之日常用品，间由香港运去，惜皆为闽粤之土产，机制国货，近始稍稍活动，如棉织料、布汗衫或皮包等。至与印毗连之吾国西藏藏俗，每人须备有精美瓷质饭碗一只，非中国货不可，而此种货现皆由华侨运往加城，由藏人来加购办，而目下各种需要吾国之瓷器，吾国赣省景德镇业制瓷器者，则因目光短浅，不知迎合他人心理，改良出品，接受定货。即以成套茶杯而论，在南洋销场甚好，但其格色若稍为变更，则竟无人接受。此点鄙意吾国实业部，应与江西省政厅、建设厅设法，务使货能改良。近闻杜重远君业已出狱，续办光大瓷业公司，似此则上述云云，当然可以由该公司接办无疑。兄弟现已拉杂报告，已费时间不少。总之，国货推销海外极有希望，尤其在南洋一带，非但侨胞欢迎国货，即当地土著亦甚欢迎。惟希望国货厂商，须随时研究南洋各地风俗、气候、习惯，改良出品，譬如绸缎在南洋各地，需质料特别柔软与稀薄，盖地处热带，非此不可。抑兄弟尚有未尽之意，以为除国货向外推销，而我侨胞之在海外，以资本与劳力所得之产品，我等应使之运回国内销售，俾经济得以活泼，则目下即须组织一机关，为进出口之贸易，当为国内外人士最注意之事也。

1936年10月7日　第22787号
海口江门侨务局长赴粤

侨务委员会新任海口侨务局局长马立三、江门侨务局局长何伯祥，在京谒委员长陈树人，请示毕，即行来沪。兹悉两氏已于本月四日乘法邮船赴港转粤，筹备成立云。

1936年10月18日　第22798号

南洋群岛不景气　侨胞狼狈归国　计十五名被逐回国　一人由侨务局遣送

我国旅居南洋群岛侨胞，近年因受世界不景气影响，致营生困难。兹有旅居荷属东婆罗洲三马林达埠之侨胞十五人，在彼经营小贩历十余年，最近竟致无钱捐领营业牌照，而被荷当局驱逐回国，除其中十四名因均属粤籍，当返抵香港后自行转往原籍，尚有黄伯英一名（年四十岁，旅南洋十七年），因系四川遂宁县人，故由港搭海口轮于日前抵沪，资金告罄，投请市社会局救济。昨经该局转送上海侨务局，由该局商同招商局搭江新轮遣送赴汉，再转四川原籍云。

1936年10月20日　第22799号

时人行踪

广州侨务局局长谢作民，日前来沪处理私事，业于十八日乘夜快车晋京，谒侨委会当轴请示一切，即将来沪候轮返粤。

1936年10月20日　第22799号

张惠长谈古巴侨务　侨胞三万余人生活尚安　新创中华学校现已成立

我国驻古巴公使张惠长请假归国，于十八日乘柯立芝总统号轮抵沪，决定昨晚入京谒张外长述职，再遄返粤省原籍省亲。记者昨晨特访张氏于寓次，兹将张氏所谈古巴侨务情形志后：

晋京述职

张氏自出使古巴已历一年余，此次请假归国，系于九月二十五日由古京乘飞机首途，至美国洛杉矶，乃乘大来公司柯立芝总统号轮东渡归国。据张氏对记者谈，此次请假三个月，除向外交部述职外，并须返粤省中山县原籍省亲，因家君素患疯症，病势颇增剧，故急于请假归国，决定昨晚乘十一时夜快车入京，晋谒外交部张外长报告一切，是否赴杭谒见蒋院长，待抵京再定，一俟向政府述职毕，仍行来沪搭轮返粤省亲云。

华侨状况

张氏继谈古巴华侨状况，统计侨胞旅居古巴者约有三万余人，大都为粤籍，闽浙等省次之，均从事杂货、洗衣等小买卖及作工营生。年来因世界不景气影响，受当地政府之限制及该国人工之倾轧，致营生稍有困难，遂有失业之侨胞，幸于该处华侨有类如同乡会等之组织，互相协助失业者，住宿不成问题，故无流浪无依之侨胞。

创办教育

该处侨胞人数虽达三万余人，素无华侨创办之学校，以致在该国生长之侨胞，本国文字与语言完全隔膜。当本人莅任之初，鉴于华侨孩提失学之堪虞，乃召集该处有力侨胞创办学校，经七八月之筹备工作，现已在古巴京城设立"中华学校"一所，尽量收容华侨子弟入学肄业，该校已于去岁十月一日开学，经费除由侨胞担任捐助外，政府亦予相当补助。此种初步教育，俟办有成绩，再行逐渐推广，庶侨胞教育不致堕落。

古巴政治

关于中古邦交，素称敦睦，两国政府与人民，莫不以极友好之态度相处。古巴国为南美洲一国家，一切政治设施大都效法美国，年来政治情形甚为安定，语言以西班牙为主体，出产以糖、烟为大宗，均推销南美各国，全国人口约计四百余万，外侨有六十余万人，日人侨居者约一千余人，均从事于种植生活云。

1936年12月2日　第22842号
谢作民谈推进侨务　鼓励侨胞回国投资　今后注重实施事项

中央社云：中委兼新任广州侨务处长谢作民于三十日由京抵沪，候轮南下履新。关于广东侨务现况以及今后应予实施方针，据谢氏语中央社记者如次：

粤籍侨胞状况

粤籍侨胞足迹遍全球，不特广、肇、潮、梅、海南等地，民间经济多藉侨胞汇款回国，即广东全省经济建设和教育诸端，亦凭华侨资力发展。年来粤省政治及建设未见进步，复因在外侨民感受不景气的影响，致海外资源输锐减，民间疾苦日甚，足见广东在外侨民华业，影响该省人民生计甚巨。

鼓励回国投资

海外侨胞虽在经济崩溃氛围中，究以根基已固，经济力量尚可有为。故近来回国投资侨胞不减于前，且见增加，因在外经营事业情势之转变，对侨胞回国投资当予以鼓励，至于侨胞移资国内后，在海外活动资本是否将发生问题，当予以计划及培植。培植资源方法，不应只从正面经营个人财产着想，当导我侨民，使之互助一切社会组织，合现代经济之原则。

推进广东侨务

侨胞在外情形与现应注意之处，已如上述。至今后广东侨务之推进，就个人上月到粤审察所得，以为应予实施事项约有如下数端：（一）华侨团体指导事宜。凡社团组织当谋大众福利，广东华侨团体为数甚夥，为谋侨胞福利计，必先充实力量，健全其组织，所以应分别予以奖勉或纠正，指导之，扶助之。（二）保护华侨出入口事宜。华侨出入口之弊端，国人尽知，今后应注意者，如改善护照填发及外领签证手续，并查明呈请交涉取消或修改各居留地政府所颁布之苛例等等，同时尤应防止欺朦出国情事（按，入口方面，则应尽指导保护之责任，如协商海关，实行优待华侨入口办法，与知照归侨家乡之地方长官，俾予切实保护）。（三）华侨子弟归国就学指导事宜。海外华侨子弟所受教育，国文程度每感低差，常影响其回国升学之决心，今后应商请省市立教育机关，请予特设班级，以资设法提高其国文程度。（四）提倡华侨经济组织问题。在外侨胞之经济组织，万不可仍涉散漫，现代经济环境之认识与经济智识之灌输，既属必要，尤应提倡有计划的联合，延聘专家从事研究。（五）奖励华侨投资问题。以往侨胞回国投资，每以情形扞格，漫无途径，故今后应商由本省关系建设各官厅，考察各地需要，某一地方应兴办之事业，需资本若干，随时拟订计划，用各种方式昭告侨胞，奖励投资。（六）失业归侨有效的救济问题。华侨失业归国，过去尝给以川资回籍，但华侨以在外多年，生活习惯与工作经验不同，返乡后仍流离无依，所以给资回籍只可作为临时办法，不是根本救济之策，今后应利用华侨投资事业，收容失业归侨云云。

1936年12月30日　第22870号

（南京）华侨胡文虎，近决在粤办《星粤日报》，资本定一百万，已在粤自建社址，定明年二月落成，四月一日出版。（廿九日中央社电）

1937年1月20日　第22888号

（广州）粤华团体西贡华侨兴仁社、海外同志社、南洋华侨兴业社、广州医师公会等，十九日分电中央请明令讨伐杨、于叛逆，以肃纪纲而救陕民。（十九日中央社电）

1937年1月31日　第22899号
粤侨务处办侨民登记

（广州）粤侨务处为明了侨民动态，举办侨民出入国登记，及对工人出国严加审查，以杜流弊。（三十日中央社电）

1937年2月4日　第22903号
暹罗华侨希望开辟中暹航线　许葛汀正与招商局接洽

中央社云：暹罗中华总商会常委许葛汀氏归国以来，向中暹协会及中华国货产销协会接洽协会会务，与曼谷中国国货公司进行事宜，已志前报。兹悉许氏对于开辟中暹航线事，亦正与招商局长蔡增基氏晤谈中。据许氏称，往返于汕头、香港、暹罗间之侨胞，每月不下四千人，暹米之输入国内者达百万吨，其他木材、海味之转输者亦复不少。若以三四千吨之船舶吃水十五尺以下者，开行于上海与曼谷之间，经厦门、汕头、香港各埠，每月对开两次，在客运与货运方面必可有相当把握，而尤足以便利国货外销，与裨益于国内外文化之沟通也。闻蔡氏对于许氏计划甚为嘉许，常赓续商讨设法，促其实现云。

1937年3月5日　第22926号
华侨潘实吾返国抵沪投资　今晨先赴粤一行

　　南洋华侨潘实吾氏，关怀国内实业，于上月返国抵沪，由侨委谢仲复陪同视察本市实业情形。潘氏以港粤两地事务待理，故定今晨乘坐麦金兰总统号轮赴粤，预定勾留一周，再行来沪，访晤本埠实业界领袖，进行投资事宜。

1937年3月5日　第22926号
汕出国侨民覆验有沙眼

　　（汕头）汕海港检疫所前因向出国人民收检验费一元，曾遭反对。兹复每名勒加照相费六角，又惹起纠纷。该所检验放行之侨民，屡被暹罗政府验有沙眼而逐回，昨贵阳轮所载侨民曾由该所验放者，经英国医生连亨利覆验后，其中六十八人患沙眼而退回，舆论深致不满。（四日专电）

1937年3月10日　第22931号
汕头检疫所虐待出国同胞一斑　华侨团体呼吁救济无效　检疫所最近竟变本加厉

　　（汕头通讯）潮梅各县出洋谋生之同胞，每月过汕放洋者数逾万人，汕头检疫所长王拱宸，前经规定出国者每人征收检疫费大洋一元，各埠华侨团体公会以该所此举属于苛例，曾纷电南京侨委会，请愿取销，惜归无效。故凡放洋者，如无检验证，则不能搭船。然有检验证者，乃到暹罗后仍受当地入口署医生之检验，足证汕头检疫，绝无利于中国同胞。查上月有五十一人被遣方拒绝登岸，称为瘀眼症，勒令回国。以是出洋同胞，对于该检疫所，实极端不满。汕头华侨互助社再将此事电请侨委会设法改善，但侨委会尚无善法答覆。不料检疫所竟再颁新例，凡出洋者除纳费一元外，检验证上另须贴本人相片两张，相片须该所指定之影相馆摄影方能生效。顾摄影取价特别昂贵，且又非一时间可以影就，出国者与旅业公会等团体大起反对，依然无效。该所已于三月一日开始实行该新例，二日有英商贵阳及夏利士两轮开往暹罗，计有出洋客商二千五百余人，各人以影相不及，曾向检疫所请求通融。该所置之不理，致客商甚愤，大肆咆哮，高呼"中华民国万岁"，讵该所职员忽拔枪恐吓，时出洋者以船将开行，纷纷登轮。该职员又奉所长之命，登轮向两轮船长交涉，将二千余出国者吊上岸上，行李一齐起岸，并令两轮暂缓开行，致出洋者狼狈不堪。轮船公司对此即将情形向驻汕英领事报告，英领事只有摇头叹息，并向检疫所疏解，仍无效果。汕头华侨互助社、旅业公会等团体，乃转向汕市府请愿，并向检疫所交涉，始终无效。三日晨，轮船公司方面再恳请英领事向市府交涉，始允许出国者再行登轮，但其中尚有二百余人以影相不及回居旅馆中。汕市各团体四日电呈中央侨委会，报告经过，并请切实执行保护华侨之议决案，勿对三申五令之爱护华侨文告，等于虚文，该团体等又具呈行政公署、市政府等机关，请切实援助出国华侨，词呈恳切，但不悉效果又将何如耳。

1937年3月22日　第22943号
潮汕当局改善待遇华侨办法　华侨过去备受压迫　今后当可避免痛苦

（汕头通信）潮汕同胞每年出国及回国者，数逾二十五万。移民动向与社会荣枯历来有密切关系，受各国人士之注意，例如数年之前，世界经济崩溃，南洋各国殖民地即限制华工入境，颁行种种苛例。潮梅同胞受条例之遏止，毫无出路，各地经济金融，立呈枯涩慌乱之象，民生社会遭受重大打击。自前年冬起，南洋土产起价，市场日臻繁荣，华侨去岁汇回潮汕款项从四千万元陡增至八千万元，各地经济衰落状况随之湮没。出国华侨及华侨眷属，亦如潮涌以至汕头待输出国，而船位因求过于供，船票价格大涨，往星洲之大舱票原定三十五元者，飞涨至一百五十元，犹须在旅馆中久候方能购得，且票价由船公司及客栈操纵。星洲政府每月只限六千华工进口，票额支配于各埠输船公司，妇人、童子、老客则不受此限制，每张船票约四十六元大洋可以购得，以视新出国之华工，待遇悬殊。闻去岁操纵船票者获纯利七十余万元，此皆从华工身上榨取出来之汗血也。

汕头市政府昨奉到省府颁下"侨民出入国须知"章程，依章前往登记者，可照登记时之先后次序，凭登记证向轮公司购买船票，脱离操纵者之额外榨取，其办法概要如下：（甲）登记须知。凡出入国侨民申请登记时，应具二寸半相片一张到登记处填表，出国须缴验护照，或当地政府之回埠字据，入国者应将侨居地之凭证缴验，凡具备上项手续者免费登记。（乙）出国登记。须照表册填写本人姓名、年龄、籍贯、职业、学历、经历、技能、家庭状况、同居亲属、经济状况、出国目的、现往何地、入国民党否、护照号数、国内外通讯处，贴相片。查出入国登记表册，内容大致相同，凡经登记之后，可以得到许多便利，及减轻无数不应受之压迫敲诈和痛苦。又汕头海港检疫所苛抽出国侨民检验费一元，另勒缴影相费六角，查汕头每年出洋人数约十二万名以上，如照额抽收可得二十万元。旅汕各县同乡会、各华侨团体纷起通电反对，组织委员会积极与检疫所周旋，风潮日趋扩大。第五区行政公署据华侨互助社、旅业公会呈请撤销病侨秕政，该公署已转呈省府核办，似殆知改善待遇华侨之必要矣。

1937年4月10日　第22962号

来函

径启者：贵报三月二十二日新闻《潮汕当局改善待遇华侨办法》一则，末载"又汕头海港检疫所苛抽出国侨民检验费一元，另勒缴影相费六角"云云，殊与事实不符。查敝所征收检验费系遵照中央颁布海港检疫章程，并奉卫生署命令举办有案，且全国各处海港检疫所均已行之多年，安得谓为苛抽？至出国侨民来所检验痧眼、麻疯、痘症、皮肤等病，系为增进其切实福利，以免出国后被居留地政府拘解回籍，于种痘证书上粘贴二寸半身相片一张，则为增进证书信用，杜绝冒代瞒验，领证出国，并防止重新行使旧证，避免缴费。所有相片，概由侨民自由向市上各影相馆摄制，每张价约一角，迨制成后，始携向敝所粘贴，绝无购置照相机与侨民摄相之事。又贵报三月十日新闻《汕头检疫所虐待出国同胞一斑》中云，"三月二日贵阳及夏利士两轮开往暹罗，有出洋侨民二千五百余名，以影相不及，向检疫所请求通融，该所置之不理，致侨民甚愤，大肆咆哮，高呼"中华民国万岁"，讵该所职员忽拔枪恐吓"云云，尤非事实。查敝所对于侨民，素以和平诚恳态度相待，三月二日为实施证书贴相之第二日，诚恐或有临时未及摄影，故对于无相片者均特别予以通融，宁有大肆咆哮，高呼"民国万岁"情事？且敝所及各办事人员，并未置有枪枝。又云"该职员又奉所长之命，登轮向两轮船长交涉，将二千余出国者吊上岸上，行李一齐起岸，并令两轮暂缓开行，致出洋者狼狈不堪。轮船公司对此，即将情形向驻汕英领事报告，英领事只有摇头叹息，并向检疫所交涉无效"云云，查当日贵阳轮因时间太晚，英领事检查匿舱客等不便，故留其待至翌日上午检查放行，夏利士轮则于是日下午出口，且当时英领事及其医官随员暨市政府检查员，各该船务公司及轮上中外办事员，均有在场，可为证明。素仰贵报持论公正，为全国人士所钦佩，用特函达查照，希烦照为更正，是为至祷。此致申报社，代所长陈敬安，四月五日。

1937年5月17日　第22998号
暹罗华侨六人归国观光　前日抵沪今日晋京

大通社云：暹罗华侨陈文添（籍广东）为国民党驻暹第五分部执委兼国府侨务委会顾问、暹罗京城曼谷国柱自由日报社长、暹京黄魂学校总理，平日对祖国一切状况颇为关怀，曾于民二十年领导侨胞数十人，组织教育观光团归国观光，于前日抵沪。同来者有陈氏秘书庄世鸿暨陈由岗（国民党驻暹罗清迈支部执委）、陈鸿阶（侨商）及陈之公子他威、女公子丽英六人。

华侨教育

陈等尚于上月间，由暹京曼谷起程，先抵汕头，然后换乘招商海元轮来沪，于前（十五日）下午抵埠，下榻新新旅馆五一五号。记者昨日下午前往访谒，承陈文添氏见告，暹地华人创办之新闻事业尚属发达，计有《华侨日报》、《中华日报》、《曼谷日报》、《暹报》、《国柱日报》等十余家，销数亦殊可观。至于旅暹侨胞在目前约计有三百余万，经营商业者最多，农业次之。教育方面，在暹华侨所办学校，地方当局待遇较前已觉改善不少，故华侨教育比较以前为发达云。

今日入京

陈等定今日晨八时搭京沪早快车晋京，谒见中枢当局并参观各种建设，约勾留一旬返沪，然后再转赴青、济、平、津暨苏、杭各处参观，返暹时，乘便尚须转粤观光，

1937年5月21日　第23002号

汕头二十日电：华侨教育考察团四十余人，十九晨乘海元抵汕，即上岸参观，并赴各界欢迎会，下午登轮赴省。

1937年6月14日　第23025号
华侨在粤投资计划将实现

（香港）中央侨委会核准华侨在粤投资计划，即由谢作民带粤，将组大公司，资额二千万至五千万。（十三日专电）

1937年6月24日　第23035号
潮梅移民新动向　从南洋转向琼崖与闽西发展　当局合作人民乐于舍彼就此

（汕头通信）潮梅人口稠密，十五县居民约一千二百余万，占全粤人

口三分之一。据去岁调查，潮梅有农田一〇六二〇〇亩，占全省耕地五分之一，荒山旷地到处皆是。政府方面过去向无整理计划，任令荒废，致每年缺乏八个月食粮，全靠外米运入以济民食，此乃潮梅社会一般的情况。人民为环境所迫，多漂渡海南谋主路。经汕头出国人士每年平均约一十二万，回国者仅八万，余三分之一留居于暹罗、马来亚、荷印爪哇、安南、印度、菲律宾各埠，南洋遂成为潮梅过剩人口宣泄之尾闾，国内人士曾旅行南洋者，无不承认南洋为第二之潮梅，潮梅人亦视南洋为第二故乡。惟南洋各埠近年新设移民局限制人口人数，提高入境税、居留税等，故启程之前，非预先筹足三数百元川资，则不敢冒昧南渡。如此巨额川资，在乡贫农筹措诚非易事，幸此日全国已告统一，国民经济建设委会已着手企划人民生活之改进，最近虽无显著进步，关于地政、垦荒、造林、水利、筑路、浚河等，均能依照程序逐渐推进，潮梅移民之动向随着政治之安定，渐次转变。现在政府决计开发琼崖，查琼崖气候物产，大致与南洋方面相同，旅外之潮梅人早经把目光注视到琼州去，数年前梅属人士移居琼崖者已经有千数百户。

目下凡欲往南洋之贫农若提出其三数百元旅费，移居海南岛立可变为自食其力之小地主。在今日政治清明之时，移民琼崖之新动向，已经充分表现于吾人之前。其次则为移民闽西，查闽西、龙岩、连城、清流、长汀、永定、上杭、武平、宁化一带，为昔日梅属人民祖宗之发祥地，语言、风俗、习俗完全相同，近十年共匪盘据闽西作乱，壮丁被裹挟北窜，战区延达二万余里，死亡枕籍，田地荒芜过半。

现在闽西地方平靖，公路交通利便。虽云移民不比往南洋之长途跋涉，有离别乡井之苦，且农林局近已派技师前往调查土质，揭阳、博罗两县政府负实计划移民事农村合作委员会，允供给移民衣食住及耕具种子等，以后逐年偿还，故潮梅人士乐于就此新途径也。

1937年7月2日　第23043号
周启刚谈视察闽粤侨务目的　侨务机关管理工作急须改善　三日乘轮启程需时一月北返

中央侨务委员会为切实改善华南各地管理侨务工作，特由副委员长周启刚前往闽粤两省及香港视察，周氏与其夫人及秘书等，业于前日由京抵沪，寓新亚酒店，定三日乘招商局海贞轮启程，预定一个月北返。

视察目的

记者曾于昨晨访晤，叩询视察目的。据谈，中央侨务委员会自在闽粤两省设立侨务局管理华南各地归国出国侨民事宜以来，已历半载，因事属草创，尚无成绩可言，然统计闽省进出侨民每月均达二万人左右，故管理工作必须严密妥善，俾出国侨民不致因谋生及遭流离，归国侨民不致因久离祖国感人地生疏之苦。侨务会有鉴于斯，特派本人前往视察，以资改善，视察区域规定为汕头、厦门、海口、江门、广州、香港六处，除香港外，均有侨务机关设立，将来香港亦拟设立，因该处毗连粤省，为赴南洋必经之口岸，对管理侨务上甚为需要，预定一个月北返。如时间许可，福州及澳门两处亦拟前往，外传经粤港赴南洋视察，系属误传。

注意要点

周氏继谈，我国人民谋生海外已具悠久历史，因千百年来素不注意，致海外一千数百万侨胞备受当地政府苛例虐政之苦。然证诸事实，均为侨务管理疏忽所致，故凡属华侨荟集之处，急须注意地方确实详情。如最近新加坡需要华工六千人，则国内赴该处之侨胞，万不能逾限，否则即受不能入境之限制。盖现在欧洲国家对各殖民地异常注重，故国人对海外侨胞移殖区域，应严加注意，以免人众无工作可搜，人少则地位被他人所夺，平均侨胞移殖实为切要，而国内各口岸私运侨民出口，尤须取缔云。

1937年7月6日　第23047号

周启刚赴闽粤视察　谢仲复等设宴欢送

中委兼侨务委员会副委员长周启刚前日由京来沪，转往闽粤两省视察侨务。侨商谢仲复等昨日中午假座觉林，邀请本市工商界领袖及与侨务有关人士，设宴欢送，到林康侯、屈文六、沈仲毅、谢筱初等二十余人。首由谢仲复起立致词，略谓周启刚先生曾经侨居海外，对于侨胞情形异常熟习，与各地侨胞亦有相当联络，以故对于侨情格外关切。此次赴闽粤两省视察，经过汕头、厦门、海口、江门、广州、香港六处，均系侨胞荟集之地，我们可以预料视察的结果，将来侨务必有很大的改进。嗣林康侯起立致词，历述去年本人等赴暹罗视察，受当地侨胞热烈欢迎之情形，并对中暹航线交通，希望招商局精密计划，早日促其实现，以解除各属侨胞之痛苦。最后周启刚答词致谢招待感意。周氏散席后，于下午四时乘海贞轮赴港，视察时期，约一个月左右。

1937年7月6日　第23047号

粤拟开办黄埔南洋航线

（香港）粤官商拟集资五百万开办黄埔南洋航线，省府及黄埔关埠公署各拨百万，余三百万招商。（五日专电）

1938年3月2日　第23255号

暹罗华侨义勇第二队一一九人昨抵港，日内赴粤各地工作。（香港电）

1938年3月7日　第7号　香港版

华侨抗敌会组难民垦殖会　发动华侨投资收容难民垦殖　安定社会协助政府长期抗战

（广州通讯）华侨抗敌动员总会近来对于救济难民垦殖问题，进行异常积极，当经第五次常务会议决议组织"救济难民垦殖委员会"，并由救济部主任那森洲拟具救济难民垦殖委员会简章，提会通过如下：第一条，本会定名为救济难民垦殖委员会。第二条，本会受华侨抗敌动员总会救济部之指导，由华侨投资收容难民从事垦殖，开辟富源，救济难民，安定社会，协助政府长期抗战，取得最后胜利，并为华侨建立国内经济之基础为宗旨。第三条，凡慷慨好义、热情救国并有资望之侨界领袖，得由华侨抗敌动员总会聘请为本会委员。第四条，本会委员暂定二十五人。第五条，本会各委员均负劝募投资、监督垦殖等为主要任务。第六条，本会在广设总办事处，在海外各地可分设办事处，办理劝募投股及联络通讯各种事宜。第七条，各地办事处之组织法，由当地各委员酌量情形自行拟定，报告本会核准施行。第八条，募得股份之款项由当地委员及认股人会同署名径寄华侨抗敌动员总会财务委员会主任委员梅光培先生收，并发收据再换股票。第九条，本简章如有未尽善处，由常务委员会议决修改之。

1938年3月8日　第8号　香港版

侨委会常委陈春圃昨抵港视察广东侨务

侨委会近以长期抗战展开以后，华南地位日趋重要，而动用华侨之人力物力财力以支持抗战，增厚力量，尤感迫切，重以华侨汇款业占闽粤两省经济之主要地位，如何作有效之动员，以谋国民经济之发展，关系尤大。因派该会常委兼教育处长陈春圃氏南下视察广东侨务，随时与粤中有关当局或团体接洽，以期取得密切联络，陈氏昨已抵港，寓弥敦道新亚旅社二一九号。预备勾留数日，与各方洽商，然后晋省，留港期间，并拟听取各侨校当局关于最近设施之报告，如时间许可，或往各校视察云。

1938年3月14日　第14号　香港版
粤发行国债　侨团表示踊跃认销

粤省劝募国防公债委员会,自奉令核准发行。民国廿七年广东省国防公债一千五百万元后,港侨胞社团以历次对于认销各项公债及捐助义款,极为踊跃。此次当局既发行公债,尤表同情。日前广肇客栈履行广联商会主席林培主、曾经表示尽力认销,昨复有鹤山商会等侨团表示响应,据该会重要职员王某称,港澳两埠粤籍侨胞占全数十之八九,据报合销二百万元,想不难于短期间内即募可足。以本会立场而言,当尽力量之所能及而认购云。

1938年3月26日　第26号　汉口版
侨务委会派员慰问粤海渔民

（本市消息）自全面抗战至今,粤海渔船被敌轰毁者不下二百五十艘,渔民被害者在万人以上,昨侨委会派常委陈春圃赴港慰问,并携带临时救济费前往。

1938年4月12日　第43号

侨务委员会广东侨务处处长徐天深、昨由广州到港。

1938年4月30日　第61号　香港版
华侨汇款归国　办理难民垦殖　难民百名移博罗开垦

（广州通讯）粤省华侨团体会同筹办非常时期之难民垦殖实验区,预定经费约五百万元,已划定连山、南雄、翁源、曲江、河源等五县荒山荒地为垦殖区后,经派员分赴外埠筹款,已得菲律宾、星嘉坡、南洋群岛华侨投资一百五十万元,现仍继续招集。现为迅速成立计,特由华侨抗敌动员总会领衔,具呈行政院请发给募捐证,使该款早日汇返开办,并呈请经济农本局派专家来粤，指导设区工作，决定本年六月底成立云。

广东当局为增加战时生产与救济失业人民起见，对于开垦全省荒地之进行，异常积极。现博罗、英德两垦区经已开办，已决定移拨难民救济会本省分会收容之难民前往开垦。昨（廿九）日据土地局长高信称，本人经与难民管理会方面磋商，移拨少壮难民一百名前往博罗开垦，已准备一二日间即可前往云。

1938年5月5日　第66号　香港版
中山同乡济难会组织章程通过

中山海外同乡济难会前经中山侨商会所发起，召集该县各侨团举行联席会议，起草章程，组织成立，章程草案业经修正通过，大致以中山侨商会所为主体。

1938年5月5日　第66号
侨委会函复渔协会开示粤省护渔办法

侨务委员会据中国侨港渔民协进会代电，为粤沿海渔民被敌摧残利诱及盐卡公务员敲诈情形，呈请转函各关系机关，饬属注意等情，当经该委员会妥为处理，并经广东省政府函复办理经过，该委员会准此，即以快邮达渔民协会查照。原文如次：中国侨港渔民协进会鉴，准广东省政府二十七年四月一日公函开，案准贵委会本年三月十八日洪移字四六五号公函，以据中国侨港渔民协进会代电，为粤沿海渔民被敌摧残利诱及盐卡公务员敲诈诸情形，嘱查照转饬所属注意，予渔民以保障等由。准此，查关于救济本省失业渔民一案，前奉行政院颁发"非常时期救济难民办法"、"渔垦管理区计划纲要"下府，业经饬据农林局及难民救济分会，拟具渔垦实验区计划草案，提付本府委员会决议"交建设厅难民救济分会"会同妥拟答覆，嗣又据建设厅呈请转函两广盐务管理局，令饬沿海各地盐务处卡，对于非常时期，渔民领用渔盐逾期报验者予以改善等情，又经转函办理至关于渔民组织训练事宜，前准本省党政军联席会议，函送广东省沿海失业渔民救济及组织训练计划草案过府，并经令行难民救济分会遵照办理各在案，准民前由，除令行建设厅及难欲救济分会会同办理外，相应函复，希为查照等由，特达查照云云。

1938年6月5日　第97号
华侨抗敌总会设立垦殖公司

华侨抗日动员总会为救济战时难民，增加粮食生产起见，特举办战时难民垦殖实验区，业经呈请国府经济部及广东省地政局，指拨广东省连县及湖南省江华县为垦殖区。关于难民垦殖计划，深得各地侨胞热烈赞同，经已自动集得巨款五十万元为开设经费，该会为联络港方侨团推进工作起见，特派常务委员兼书记长陈光润来港，设立华侨垦殖公司，鼓励华侨投资垦殖，及指导华侨归国服务，现已择定德辅道中廿二号三楼为办事处，即日开始办公。

1938年5月19日　第80号　香港版
南洋敌矿场我罢工侨胞回国抵粤　由华侨安集所招待

（广州通信）暴敌自侵略我国以来，专用凶残手段，以期将我民族消灭，此种兽性举动，为世界人类所共弃。查南洋吉隆坡龙运矿务公司为日敌所创办，我国华侨被其诱入充当矿工者数十人，特约同罢工返国，以免资敌利用，各情已志前报。查该帮华侨矿工田子彬等一行五十三人，日前乘轮抵港，昨已来省，由华侨安集所妥为招待云。

1938年5月24日　第85号　香港版
新加坡归国侨胞　粤省府分别收容

（广州通信）新加坡日商龙运公司华工，自日前罢工归国参加抗敌工作，第一批工人五十三人，第二批十八人，业经先后抵国来省，晋谒当局报告，省政府以各工友深明大义，舍弃个人之利益，为国家服务，深为嘉许，已分别收容，就各个工友之技能予以工作，余则资遣回籍云。

1938年5月25日　第86号　香港版
顺德商会资助侨厦难民回籍

旅港顺德商务局昨午召开特别会议，讨论资遣旅厦被难同乡回乡问题，议决即拨款交东华医院代汇厦，俾送旅厦顺德难民回乡，并派员协助办理旅厦难民登记手续。

1938年5月25日　第86号
旅暹侨胞两批返国抵汕　将赴前线慰劳各将士

旅暹爱国华侨两批，近××××××××××，××离暹归国，业经先后到汕。兹悉该侨等将经港入粤，转程赴汉，向我军政领袖默祈致敬，并往各战区慰劳各前线将土。

1938年5月25日29日　第90号　香港版
粤购机会收到　美华侨捐款

（广州通信）粤购机会今（二十八）又收到美哥伦比亚花冷纪埠中华总会馆汇来美金一千五百廿元。

1938年6月5日　第97号
港侨制品在粤入口　各专税照税率八成减征　惟须由厂联会证明以资辨别

本港华侨工厂林立，惟所制出品运销国内，概须照舶来品征税。故销路甚弱，未能与洋货抗衡，反之，运销南洋各属，因得种种利便，日形发达。此种现状，实为畸形之发展，自平、津、京、沪相继沦陷后，外货运销中国，全赖广州为尾闾，时有供求不应之势。中华厂商联合会有见及此，爰应各厂家要求，迭与粤省财政当局往返磋商，将港侨出品进口税酌量减免，业经邀准，乃中联会正式去函财厅请办，昨经曾厅长复函，准照各项专税税率八成征收，以示优待。惟港制出品进口时，须由厂商联会出具证明，以资辨别。

1938年6月11日　第103号　香港版
全港侨团为救济难民昨召开紧急会议　各社团出席代表即席认捐款项以大会名义通电世界各国呼吁

本港四妇女团体联合会，以敌机狂炸广州，平民遭其荼毒，不可胜纪，其侥幸逃生来港者日逾数千，各难民以虎口余生，亟待救济，故该会日前发出通告，召集全港各界侨团，于昨日下午四时半，假座华商俱乐部举行紧急会议，磋商救济难民办法。出席者：中华国医学会、崇正总会、普益商会、合一堂、华人机器会、红十字会驻港办事处、五旬节会、香港中华艺术协进会、香港学生赈济会、上海学生留港同学会、妇女策进会、南北行、洋务公会、全国童子军战时服务通讯社、妇女新运会、妇女慰劳会、女青年会、印刷业工会、陶秀女校、香港四妇女联合宣训班、东华医院、中华厂商联合会、旅港顺德商务局、中国妇女同盟会、妇女兵灾会、潮州八邑商会、惠阳青年会、新会商会、酒楼茶室总工会、钟声慈善社、粤债会香港办事处、番禺商会等代表四五十人。开会后，公推华商总会代表黄茂林为临时主席，旋由妇女慰劳会代表何香凝报告是次召集大会宗旨，继由临时大会主席黄茂休暨中国童军通讯社、东华医院、中国红十字会驻港办事处等代表先后致词。

各方提案

各代表致词毕，主席乃宣读大会讨论提案：一，救济广东受伤民众。（甲）组织救护队；（乙）供给救伤药品。二，救济逃港难民。（甲）增加难民收容所；（乙）向香港政府借地设立难民园艺场。三，向国际扩大宣传。（甲）通电；（乙）新闻；（丙）照片。四，扩大香港各界购买国防公债。五，举行卖物会筹款。六，大规模演剧筹款救济难氏。七，大会组织，共分八部：（一）总务；（二）征募；（三）教济；（四）宣传；（五）调查；（六）运输；（七）游艺；（八）财政。

讨论事项

主席继谓现目吾人对救济方面，首先最要者则为有充裕之经济，否则吾人虽如何积极进行，于事无补，在座诸君请祈加以注意。李炳森提议，谓广州难民亟待救济，急不容缓，兄弟敢请四妇女团体，将其现存款项尽量拨出，汇往广州，以救燃眉之急。众鼓掌赞成，即席由妇女慰劳会代表认捐港币五千元、钟声慈善社一千元、厂商联合会及电器商会一千元、学生赈济会一千元，其余各侨团代表答允开会尽量捐输。李氏继复倡议个人捐募，计即席认捐者有李炳森、何香凝、黄茂林各港币一百元，李能、辛子善、黄招若兰各十元，何伯陶、黄联福各五元，石百恒、陆浮、刘谈锋各三元，共八千三百四十九元。至是，钟子晋提议，谓关于大会组织，兄弟以为以团体为单位分部进行工作，征募金钱、药物，将来救济办法与经济分配，吾人可以去函广州。方便医院主席蔡昌磋商云，何艾龄女士谓，顷聆钟子晋先生报告，广州方便医院为救济难民之故，药物、金钱，经用一空，购办棺木，亦无办法，本人方面以为留回有用金钱，为现日生存难民着想，其拾获已毙尸体，不如火葬云。

决议事项

继而决议事项如下：（一）定名为香港各界赈济华南难民联席会议。（二）公推王孝英、韩文干、梁谦武、钟子晋、何艾龄等起草电文，向全世界各国及海外华侨呼吁。（三）公推华商总会为理财，全体参加社团为征募，其余各部交由四妇女团体分配担任。（四）请华商总会派代表前赴广州调查救济近况。（五）由各社团联合署函，请求华商俱乐部每周借用该部一日或一夕。（六）上列六项提案押候下次会议，再行讨论。（七）定下星期一（十三日）下午三时举行第二次会议，地点仍旧（华商俱乐部）。

1938年6月11日　第103号

潮州旅暹侨胞进行平粜代赈　第一批为一万包

　　潮州八邑旅暹侨胞鉴于故乡粮食问题颇形严重，特筹集巨资一百万元，在当地购米运汕，转至潮梅各属散赈，但为准备作长期救济起见，经决定不作免费之散赈，而改为举办平粜，首批之一万包业于昨日启运来港，不日即可抵埠。暹罗潮州会馆特派总干事李世流于昨午乘机抵港，转程赴汕主持一切，该会并致函此间潮州八邑商会，请予协助。

1938年6月15日　第107号

海外侨民捐款救济粤难民

　　广州十四日电：粤省府今又接到纽英仑中华公所抗日后援会捐款国币五千元，菲律滨中华妇女救济会捐助国币万元，均经指定为救济广州难民之用。（中央社）

1938年6月21日　第113号

各方关怀粤省灾民　暹华侨汇款赈灾　港代表慰问灾民　那斯呢协助防疫

　　广州二十日电：华侨抗敌暹分会今汇千九百余元，交总会收转赈济各受难同胞，并谓此后随筹随寄。（中央社）

　　广州二十日电：余汉谋今接见港赈济华南难民联会代表韩穗轩，对港侨关怀祖国同胞之盛意表示感谢。余氏深望港侨继续努力募捐，协助政府办理救济工作，至连日风议筹设难民医院，尤盼早观厥成，俾受伤难民得一安全地点安心调养，末谓敌机袭市，市民抗敌心理未曾稍馁，且更坚定云。又韩氏今续往市内各医院慰问受伤同胞，定廿二日返港。（中央社）

　　……

1938年6月25日　第117号

越南迪石华侨救灾慈善会　近筹得国币一千元　特汇港购买粤债

昨日各方劝募粤债成绩如下：咸鱼联益特别队募得三千七百二十元，矿商联合会共一千五百三十元，女界不秋队一千一百卅五元，佛学会五百一十元，教联德辉队六百廿五元。

红磡明新学校，自组长期贮捐比赛后，各生异常努力，两星期内贮捐成绩共得三十四元五毫九仙。

九龙城大同学校学生长期节食捐输运动，近将四周内捐获款项平均分购粤债与救债。

1938年6月28日　第120号

潮梅民食可获解决　暹侨平籴源源运汕准免缴税　粮食会拨米救济海陆丰居民

（广州通讯）查潮梅民食，据一般估计，在青黄不接期间约不敷九十万公担。省政府吴主席关心民食，早经统筹并顾，除先后将奉准关税记账洋米划拨五十五万公担，由该地人口以资接济，并由汕市府着汕米商负责购办洋米十五万包外，所缺二十万公担，亦正在统筹办理。兹闻暹罗华侨关怀乡梓，特组织潮州米业平籴公司，负责购运洋米返潮汕平籴、并由萧委员佛成领衔，呈请当局予以免税进口。闻余总司令、吴主席得电后，当经联名电请中央准予在六七两月内运平籴米二十万公担免税进口。现查暹侨第一批平籴米一万包于本月十四日运汕，经由省府电请财部饬关免税验放；第二批平籴米一万包亦于本月廿一日起运，省府据电，复经即予核转，以期迅速运入，接济民食云。

（又讯）省府吴主席以据报海陆丰一带民食不足，特将奉准七十五万担记账洋米余额内，饬粮食会划拨六千包，由香港海陆丰同乡会负责购运返乡平籴，以济民食。闻昨经省府电达九龙关，转饬汕尾分卡放行，并分电该同乡会主席钟秀南及邱专员、姚县长等，妥为协助办理，务期普及，以惠群黎云。

1938年6月28日　第120号
海外侨胞关怀乡梓　昨又汇粤两批赈款

□□蓄意侵略华南以来，每日派机向各处无设防城市大举轰炸，屠杀我同胞，各地受灾难民日益众多。在国外，各地侨胞对祖国浩劫极为关怀，多以财力物力捐助，非常时期难民救济委员会广东省分会，昨又接到纽约全体华侨抗日救国筹饷总会汇来救济难民费国币一万元，同日又接到小吕宋广东会馆汇来国币一万八千元。

1938年7月6日　第128号
侨务处长徐天深陈防范日机滥炸意见　择山岗丘陆多挖防空壕　预备车辆接送较远市民

（广州专讯）广东侨务处长徐天深以去月日机滥炸广州，人民惨受摧残，昨拟具防范意见数项，条陈粤省府采择施行。省府以徐处长所陈不为无见，经发交省防空协会、市政府省警局等机关分别参考办理，兹节录原意见书之第一、第二两节如下：（一）饬令各商店铺户，于商业繁盛、人口稠密街巷，利用比较坚固建筑，在骑楼下每隔三十间，尤其交叉路口，团聚沙包，作成可容百余人之避难室。一可临时避难，二可执行任务之宪兵、警察、壮丁队暂时掩护。其沙包能由各商号铺户自备更好，否则公摊若干之数，由政府酌量津贴之。倘能由政府仿效首都办法，组一军事工人团，分别选定建筑地点，即行建筑。费用若干，俟全市筑竣后，由全市商民平均担负则更好。（二）在黄花岗、观音山、河南等地，择山岗丘陵之高处，多挖防空壕，使东南北市区一带商民得以就近躲避。再广州市距日机根据地太近，故空袭警报与紧急警报时间均甚迫促，市民多掩避不及，必要时将最近收回公共汽车分别派出若干辆，在一定地点接送距离防空壕较远之市民（或老弱妇孺），得迅速避入防空壕，以免半途被日机扫射。

1938年7月10日　第132号
广州红十字分会盼侨胞踊跃募捐救护车　借以增强救护力量

月前广州市被日机狂炸，难民死伤枕藉，其中最惨者，有不少受伤之难民，虽伤非要害，而均救护不及，流血过多，遂成不治，此中损失实由消极防空中之救伤方面未尽妥善所致，而究其未尽妥善之原因，则由于缺乏救护车，以致输送迟滞，闻中国红十字会广州分会亦仅有救护车一辆，不特输送伤者赴院救治发生困难，即救护人员出队时，一车亦不敷分配。现该会除积极扩编队员、购办药料外，并希望香港及海外侨胞，本爱国爱乡之热诚，踊跃募捐救护车，以增强救护力量，并以香港与广州只隔一衣带水，香港侨胞不少亲友居广州者，故亟希望踊跃捐款，报效该会救伤车云。

1938年7月10日　第132号
潮侨筹赈兵灾难民会昨举行第一次理事会　通电呼吁救济潮汕难民　全体职员定期出发劝募

香港潮侨筹赈兵灾难民会，昨夕八时，在旅港潮州八邑商会召开第一次理事会，由马泽民主席。开会后，首由主席宣布开会理由，随即报告事项：（一）本港华商总会复函略称，已去电国联，请制止日机滥炸行为。（二）糖商总会来函并捐二百元，交潮州八邑商会拨作善款之用。（三）潮州八邑商会此次素食售花所得，共约七百元，拨交大会作为善款。（四）潮市商会陈焕章来电。（五）汕市市长何彤来电，报告汕市被炸惨况。（六）汕市存心善堂来函报告收到捐款二千元。（七）五百元药品已由陈觐光医生购备待输运汕。计讨论事项、决议：（一）发函本港各社团请赈汕灾。（二）通电国内外慈善机关呼吁援赈汕灾。（三）由主席团定期全体职员发向香港各潮侨募捐。（四）选定各部及其职员：一、总务部设文书、庶务二股；二、财政部由潮州八邑商会主理出纳；三、游艺部；四、宣传部；五、交际部。（各部职员再由主席团另订）

1938年7月18日　第140号
旅暹华侨捐款购机

　　广州十七日电：粤财政厅曾厅长昨接旅暹华侨救国后援北碧港呈□分会函，粤汇来该处侨胞捐助购机款计国币五百八十五元。又该会百碧分会侨胞汇来购机款计国币四百元。又国民党驻暹罗北柳支部，函汇该埠侨商李荣发盛捐购机款计国币一百元。又暹罗万磅埠侨胞汇来购国防公债计国币四百九十元。又暹罗平平公司全体职员汇来购国防公债款计国币五十元。又寄费国币一元均经收到，并分别转交广东国防公债会及购机会核收，并覆电嘉勉。（中央社）

1938年7月18日　第140号
粤华侨动员会欢迎归侨

　　广州十七日电：华侨抗日动员总会，以暹罗华侨西医救国团及越南华侨抗日救国团暨星洲缅甸各地侨胞激于义愤，不远万里，归来投效，为国服务，其义勇精神可嘉。该会特于十六日下午六时举行茶会欢迎，以示敬意。到会宾主五十余人，由陈常委兼秘书长光润主席，致欢迎词，并报告该会中心工作：（一）注重华侨宣传及国际宣传。（二）长期输将财力物力。（三）积极动员海内外侨胞实际工作。（四）号召华侨投资救济难民垦殖生产，继由各代表报告该地侨运动态，直至八时许宾主尽欢而散。（中央社）

1938年7月21日　第143号
商会筹赈会讨论侨胞献金办法　林培生建议献金纲领　估计可获百万元以上

　　华商总会筹赈会昨日下午三时常务委员例会，兹记情形如下。
　　报告事项
　　开会后，首由书记报告一周成绩，计公债三百六十元，港币捐款二千零四十三元九毫七仙，国币捐款七百一十二元，继报告：（一）林培生函倡议举行"八一三献金运动"。（二）华安公所函报七七素食花得港币一千零零九元二毫九仙、国币一元、粤毫券二元。（三）旅港顺德商务局七七售花素食一百四十五元四毫。（四）宏兴号、礼和玻璃厂等函请推行月捐运动。（五）湾仔水渠街瓜菜小贩丁炳南等五十四人，捐卖冬瓜六十余担，第一日所得共七十二元三毫一仙。（六）忠义和函告卖帽助赈之三百元，赈款已交足。

讨论事项

报告毕，即讨论林培生草拟之"八一三献金运动"办法。议决：（一）提交审查委员会审查办理。（二）推赵超凡、林培生、雷荫荪、幸玉铭、刘景清、周星池、刘毓芸、李善卿八人为审查委员，并以赵超凡为主任委员。（三）审查委员会定于本月廿二日开会。

成绩估计

又献金运动提议人林培生此次建议"八一三"献金运动，除拟定各项详细办法外，并将本港人口之比率估计将来之成绩比率。以一百万人口为估计标准，二十五万人完全缺乏献金能力，二十五万人每人可献一仙，得二千五百元；二十万人每人可献一毫，得二万元；十五万人每人可献一元，得一万五千元；八万人每人可以献五元，得四十万元；五万人每人可献十元，得五十万元；一万人每人可献廿元，得二十万元。只此数目，已超逾百分之数，尚有其余一万人，则预算其力量可以献金一百元或一千元一万元以上者，故此数当更有可观。

1938年7月21日　第143号
广州缺乏救护车　亟盼踊跃捐输

救护队甚感工作困难，被炸者每因不救毙命。迩来日机狂炸广州，救护工作至关重要。广州防护团救护总队第三大队长、强华救护队特务长周振强，昨由省到港。据谈本人担任第三大队，所管范围系黄沙太平长寿逢源陈塘五分局段内，另兼助西村及西门一带区域工作。上述各段灾情，以黄沙、西村、西门等处为最惨，尤以黄沙段可称全市灾区中之最惨者，故本队工作至为紧忙，每日警报发出时，即一致动员出发。而其中最感因难者，则本队绝无救护车，各队员只有跑步到灾区施救，所救得之伤者因无车送往各医院救治，只有暂时放于附近骑楼下，等候以人力扛送，故其中不少因流血过多，不能迅速救治而毙命者，情极可悯。此则由于物质设备未周，无可如何。本人此次来港，即欲向各界侨胞陈述救护实在情形，素知港侨热心爱护乡邦，对于本队缺乏救护车一事，必能踊跃捐输云云。

1938年7月21日　第143号
医务监督对于检查汕头轮船之解释　潮州商会函请改善检查办法

本港当局为杜绝外地流行症传染，凡属来港船舶，必须驶入禁海，施行检查及防疫注射，但轮船停泊禁海，有须经过数日之后始获放行者，此举对于来港者颇感不便。迩者汕头来港难民颇多，抵港后，亦须受检查待遇。潮州商会主事人为此，日前曾以商会名义具呈华民政务司，转达医务监督，请求将此办法改善，以利行旅。该会昨接华民政务司复函，有所解释，原函云：来函诵悉，当经转达医务监督，现医务监督请本司函复贵会。略谓，敝监督极欲将轮船由禁海从速释放，但有时遇有必要，须扣留至相当时间，俾得确知搭客人等并无染有霍乱症，始能释放。在诗士顿（即新海门）轮船最初系有缘故令人思疑者，且霍乱之症状，须数日方能表露。如水程系有四五日之久，则可得知搭客有无传染，但如汕头来港，水程短促，则真实情形，非候数日后不能知。尚有重要者，必须知得船上搭客是否染有霍乱症，以便将船薰洗。若任由大舱搭客上岸四散离去，则过后或恐发觉系有传染，当日未能查出，致下次搭客被其传染等语。本司希望贵会对此解释能得满意，为各方面有关系之利益起见，轮船及搭客之扣留，断不致超过必要之时间，此层谅为贵会所深知也。此覆旅港潮州八邑商会、华民政务司那鲁麟。

1938年7月21日　第143号
潮侨同乡会议决捐赈难民　今夕演剧筹款

香港潮侨筹赈兵灾难民会，昨夕八时，假座潮州八邑商会召开理事会第二次常会。（一）讨论潮州同乡会主席林子实来函请求捐助。函云："径启者，汕市于本月一二两日，被日机轰炸，灾情甚重，伤痕未复，日机仍不时入境窥伺，惨剧重演，殊难预料。敝曾为防患未然计，除着敝会组织之战地救护团第一队长驻汕市事救护外，惟对于药物一项诸多用罄，用特备函附表，请为查核发给。想事关救护灾黎，贵会定能予以同情，乐为赞助也。如何之处，乞为见复为祷，此致潮侨筹赈兵灾难民会。"议决由筹赈兵灾会酌量捐给。（二）筹赈会定期二十一日起，假座太平戏院开演老一枝香潮州班筹款。（三）宣读汕头市长何彤来函，收到赈款。至十时散会。

1938年7月21日　第143号
匹头洋货等数大商行联合提倡国货　订定章则一致遵守

第四路军总司令余汉谋，日前致函本港华商总会，请联合各行商，一致提倡国货。商会筹赈会据函，经议决定于昨日召集匹头、洋货、电器、海味、煤炭等行商主事人，商洽联合进行。昨日各行商主席及代表依时到会者多人，由商会副主席与各代表接洽，转述第四路军来函之意旨，并谓粤省政府当局，帮助此事之进行甚力，最近已派出专员来港协助一切。各行商主席亦以国难严重时期，在此长期抗战当中，国家经济力量之充实，实为当务之急，故对于提倡国货之举，咸表赞同，均愿竭力劝导全体同业一致奉行。会商结果，由匹头、洋货、电器、海味、煤炭等数大行头联合全体同业，订定提倡国货章则，一致遵守。

1938年7月25日　第147号
中央赈委会拨赈款万元汇汕　昨电港潮侨筹赈兵灾难民会

　　潮侨筹赈兵灾难民会，本月六日电中央赈济委员会，因日机肆虐，向不设防城市轰炸，请拨款救济潮汕遇难同胞。兹得该会电复，拨助国币一万元，即由中国银行汇粤省府转拨汕市放赈。兹录原电于下：潮侨筹赈兵灾难民会，鱼、代电悉，日机狂炸汕市人民，死伤甚众，瞻念难胞，曷胜痛愤，兹拨助国币一万元，即由中国银行汇交粤省府，转拨汕市府办理抚恤救济，特复赈济委员会孔祥熙、许世英。养。

1938年7月25日　第147号
暹侨汇款救济汕市难胞

　　汕头二十四日电：暹罗华侨，今汇国币二千元，救济汕市被日机惨炸伤同胞。（中央社）

1938年8月2日　第155号
简讯

　　旅港潮汕华侨救济难民会，昨接有何彤电告，以日机狂炸市区，屋宇倒塌，居民惨被生埋，汕市缺乏起重机，掘救受伤难民，殊感困难，吁请捐助起重机，俾资救护。潮侨救济会昨已开会讨论，议决捐助起重机一架，价值约需千余元，即日开始募捐。

1938年8月15日　第168号
港侨团遵粤方指导献金运动续举行　赈联会齐一步骤并防止流弊　昨例假各公司献金情形踊跃

　　此次香港侨胞举办"八一三"献金救国运动，事先因缺乏统一机关，只由各界团体分别举办，迨至"八一三"之时将届，始由全港各界赈济华南难民联席会督办其事，惟是时间短促，与其他种种原因，终未能收统一之全效。粤省主席吴铁城暨余主任汉谋，因此特派出代表来港指导进行，在迅速期间，获得良好之办法，决定香港侨胞之献金运动照粤省办法，展期至十九日结束，各团体指定一定时间由督办此事之赈联会派员负责监视开箱，使全港各界献金统由各指定银行汇齐汇寄中央政府，不得移作别用。此项办法决定后，经由赈联会通函各团体知照。

防止流弊

记者昨向关系方面调查，得悉此次粤省当局派员来港之目的，实对于香港侨胞对于献金救国运动之热烈而无统一之机关，任由各团体分别举行，必难获良好之结果，因特派员前来指导，决定上项办法，其目的在使全港侨胞对此具有重大意义之救国运动，能够齐一步骤，不致行动散涣而影响成绩。其最主要之目的，厥为防止流弊之发生，盖鉴于过去香港侨胞之救国运动，往往因无统一办法，而致发生弊端。故此次特别注意派员开箱监视及献金不能移作别用，以免失去献金运动之重大意义。

继续献金

查赈联会之通告发出后，各银行公司及多数团体均遵照联席会决议，将献金运动展期至"八一九"。昨日乃为献金运动第五日矣，惟昨日适为星期例假，各银行照例休业一天，公司方面上午休业，至下午始照常启业，故昨日上午献金运动顿呈沉寂，至下午各公司开业后，侨胞又复继续献金，踊跃情形比与"八一三"日不稍减。至于团体方面，多数原定于昨日结束，但接到赈联会通告后，均已决定展期，昨日并未受星期例假影响，各团体之属员仍一致继续献金。

百货公司

查先施、大新、中华、永安、瑞兴五大百货公司，昨日上午停业，下午开业后，献金者仍有不少，成绩亦有可观。据昨晚记者调查，昨日各公司之献金成绩如下：永安公司港币二百余元、国币一百元、金镖咀一支、八岁小童献纳之"钱罂"一个、金章一枚。大新公司金镖两个、金手镖一个、"劳啤"廿余个、港币百余元。中华百货公司港币约二百余元。瑞兴公司港币约三百余元。先施公司共约七百余元，并金杏仁盒一、金链一、金牌一、金镖一、金玉耳环二对，金仔二、金袖口钮一对及金戒指、金盒等共十件。

基督教会

全港基督教联会以"八一三"献金运动意义重大，凡属国民，应将财物贡献于政府，于是通函各教会，请教友将财物献出。各会接函后，以此举对于国家与难民，皆有裨益，一致赞同。故昨日港九各教堂叙集时，各人将财物投入箱中，异常踊跃云。

歌姬义唱

塘西歌姬对救国救乡义举素具热心，此次献金运动，彼辈更为热烈赞助，日前决定于"八一三"晚起一连二晚义唱，将度曲所得之资全数捐出，作为献金。前晚一晚成绩已得二千余元，首名一百八十九余元，次名一百八十八元余，三名一百三十余元，其余多在百元之间。昨晚继续度曲，事前各歌姬各酒楼兜接唱客，以求荣获冠军，且昨晚为星期日，塘西饮客倍形热烈，各歌姬大有应接不暇之势，成绩比诸前晚更为高强，约在三千余元间。彼姝为国效劳，洵难能可贵云。

妇女赈会

妇女兵灾筹赈会昨收到献金成绩如下：李树芬夫人五元、李树培夫人二元、郭琳弼夫人五元、童子周启业二十元、童子周启邦廿元、陈绮华金镶闪山云戒指一只、陈嘉芙金镶钉宝石戒指一只、朱淑文小姐寿辰纪念银四元四毫。

学生赈会

学赈会"八一三"献金运动推行异常积极，制定献金包二万个，现已发出献金包一万四千个，尚余六千个。各学校团体欲领者，可投函或亲到学赈会领取，现献金包交回者尚未见踊跃，然继续交来，将必异常踊跃。又湾仔段"八一三"纪念在培英中学举行会中游艺，皆由湾仔段宣传部戏剧组担任，表演动人，成绩优异。

商会成绩

华商总会献金台，自本月十日开始献金后，各界侨胞每日到场献金者甚为踊跃，除第一日外，其余每日可得数千元至一万元。截至前日止，结算之后，共收到国币一万一千一百六十七元一角五分、港币五万六千零九十元零七仙、毛券三百一十九元、毫币七十八元一角、救国公债一百一十元、戒指九只、手镖十二个、银鼎一具，及其他金银器皿多件云。

渔民献金

本港渔民献金由渔民协会劝导，该会目前发出献金箱四个，分发香港仔区渔民（因长洲渔民归街坊献金办理），定"八一三"日为献金日，查一年来渔民受兵灾影响，生活大受打击，但彼等亦深明献金救国意义之重大，各均竭其力量贡献于国家，虽则款项无多，然彼等爱国热诚实至可嘉。昨日渔民协会常委宇宙生，亲赴香港仔收集献金箱，以便汇集向赈联会报告云。

惠阳商会

侨港惠阳商会为表示侨胞拥护祖国热诚，日前由会发起举办献金，向同人分头劝募。截至昨日止已告结束，计共献金三千零一十二元。关于此批献金之用途问题，微闻有以之移购粤债者，但据该会多数人士及主席之意见，以为应该遵照此次督办献金之华南赈济难民会既定办法，决不移作别用，将于日间全侨献金运动结束后，即将此款直接汇呈中央政府云。

1938年8月19日　第172号
献金运动结束以后

这次粤民港侨的风起云涌的献金运动，自"八一三"开始，截至今日结束期止，无论贵贱贫富，男女老幼，大都能本救国救己的精神，相继踊跃输将。尤其广州方面，虽在日机不断威胁破坏之下，而一般市民及勤劳大众，不惟不稍规避退缩，反更激起敌忾之心，尽其毁家纾难之力，爱国热忱，真可惊天地而泣鬼神！

据闻此次献金成绩，广州方面，统计所收金银饰物，五金器皿，各种钞币及房产等，可达额定二百万元，全省献金运动总结，约有三百万元；本港方面，亦可望三四十万元。这样相当巨大的数字，当然不能不说是已很可观了。不过我们平心而论，这成绩似乎还有两点美中不足的现象，就是港侨人口之多、财力之富都远驾于广州之上，而献金成绩，反不及广州四分之一。

又两地的献金人阶层比较，中产以下的劳苦大众，如苦力、车夫、小贩、擦鞋员及乞丐等大多争先恐后，把血汗博得的有限金钱，或是借以养命的仅有小费，和满腔热烈的情绪，一同捧献于献金台前，至于富有资产的人，反多不肯十分出钱，甚至一毛不拔，这却是两地的通病，无庸为讳的事实。

现代战争，不仅是武器战，而同时是一种经济战。经济力量的伟大，在成为决定胜负的因素上，更远超于武器的优良。而军队精锐的力量，是建筑在优秀人力和精良物力的结合上的，倘仅有坚决勇敢的战士，而没有充分的精良的近代军需军械，仍然不会机动地构造成无敌的铁军。欧战时英国名震全世的古奇奈元帅说："战争所最需要的是钱。"我国临全代会宣言："抗战之胜负不仅取决于兵力，尤取决于民力。"所谓民力，《抗战建国纲领》似已明确规定："发动全国民众，组织农工商学各职业团体，改善而充实之，使有力者出力，有钱者出钱，为争取民族生存的抗战而动员！"这都是争取战争胜利，一针见血的定论。今我抗战军事转入第三阶段，国家民族的命运，实已走到了千钧一发之紧迫关头，此时大家还不出死力以抢救，等此一瞬即逝的机会过去，不幸万一沦于亡国悲境，纵有巨万家财，寄人篱下当寓公，而无光荣强盛的祖国做靠山，必难免不再蹈犹太人被外族迫得上天无路入地无门的覆辙！假设饱受亡国惨祸的犹太人，此刻还有他们的祖国可救，纵说飞机坦克要用人油发动，炮弹枪子要用人肉制造，他们也许愿意粉身碎骨而为之，可惜这机会已失而不复再返了。

虽然抗战途程犹甚遥远，语云："往者不可谏，来者犹可追。"我们亟应各本良知，自我检讨，倘过去对于爱国救国的运动，果然不曾出过力出过钱，或已出过而数量渺小，则亡羊补牢，尚未为晚，急起直追，此正其时。今国事既大有可为，人如各存纾难之念，则献金不必一定有台箱，可随时就近向政府机关尽量献纳，或在各地购买救国公债，或在国外购买金公债，输金方式虽有不同，救国实效则初无二致，何去何从，可变通为之，惟时间以愈早愈好，献金以多多益善。

尤有进者，海外富有侨胞，大多是见义勇为慷慨救国之士，须更进一步投资国内，建立国防工业，发展军需工业，特别是国防工业的生产，已经是保障抗战胜利极重要的条件之一。务望富有资产的侨胞，勇敢的快来投资国防工业，勿因利小而不为，勿以力弱而畏缩，虽是一钉一针之微，只要有助于抗战，都是值得做的。

何况这样的做法，不仅可以增强抗战实力，同时还可以解决减少游民难民的问题，力无闲散，钱无糜费，将来所业欣欣向荣，其利益至少当不在投资其他企业之下，这真是一举数得的伟业。富有资产的国人和侨胞们，爱国之心，既不后人，幸勿一误再误，坐失良机！

1938年9月2日　第186号
全港侨胞昨日欢迎吴主席　吴主席演讲抗战以来之广东　港粤关系密切今已显著合作　吴主席定今日招待各界侨胞

粤省府主席吴铁城来港回拜香港总督罗富国爵士，去月卅晚乘九广专车抵此间，翌日即赴督辕拜访总督，并与各侨胞领袖分别晤见。本港各界侨胞特于昨日下午四时半，假座香港大酒店茶会欢迎，全港华侨绅商、各界侨团代表参加者数百人，情形非常热烈。会场布置，与开会仪式，俱极简单严肃。各界欢迎代于下午四时二十分钟齐集，吴主席则偕同参议唐士煊、吴子祥二人莅会，由欢迎大会主席罗旭和爵士等迎于门次，吴主席到会时，全体起立致敬礼，吴主席与各欢迎绅商及各团体代表分别握手点首为礼，旋依次就座，各用茶点。当由罗爵士致欢迎词，代表全港侨胞对吴主席表示敬意，继由吴主席致答词，对于抗战一年来之广东情况，如全省民众抗日意志之统一，军民协力保卫国土之积极，与及粮食准备救济难民等，俱有详细之报告，在增进港粤关系与中英邦交方面，亦有详细训示。直至五时许，始尽欢散会。吴主席并定于今日下午四时半，仍在大酒店招待各界侨胞，兹将昨日欢迎详情，分录如次：

百余团体踊跃参加

是日参加欢迎大会者共百余团体，派代表出席者，有电器商会、中央国医馆广东分会直辖香港中华国医学会救护队、海外流动宣传团驻港办事处、新旧铜铁行商会、匹头行公会，渔民协进会、中药联商会所、福建商会，金山庄行华安公所、银业行联安堂、惠阳商会、肉行守义堂、□港肉行总商会、嘉应商会、香港中华厂商联合会、榄镇同乡会、摩托车工会、九龙各社团赈灾联合会、台山商会、糖果商会、南海商会、入口洋货行普益商会、华人赈灾会、三水商工务局、鲜鱼行总会、广肇客栈行广联商会、香港佛学会、中华基督教青年会、孔圣会、南华体育会、中华体育协进会、钟声慈善社、方言工会、广肇客栈行、中山侨商会所、南海沙头镇同乡会、新生活妇女运动会、崇正工商总会、建造商会、航海联合公会、合群劳工俭德会、恩平同乡会、煤炭工会、旅港潮州八邑商会、华人机器会、集木行商会、酒楼茶室总工会、果菜行工商总会、中华基督教女青年会、樟木杠家私同业会、侨港琼崖商会、藤器永兴堂、香港九龙教育会联合会、香港华侨电影公会、矿商联合会、米业商会、东莞商会、番禺商会、中国航空公司、泛美航空公司、红磡三约商会、妇女慰劳会、香港余闲药社、香港小型足球协进会。

绅商名流赴会者众

华人代表：东华医院、保良局总理，华商总会干事植理，以及各绅商名流个人赴会者，计有周寿臣、罗文锦、罗旭和、周俊年、李树芬、黄炳耀、李右泉、曹善允、李星衢、何棣生、周锡年、李葆葵、周兆五、谭雅士、邓肇坚、陈鉴坡、黄耀东、岑伯铭、黄驻荪、谭焕堂、区绍初、黄茂林、林以德、邓志清、钟杰卿、幸玉铭、刘毓芸、林培生、吴泽华、周星池、张满洲、陈兰芳、冯子英、周刘庆桂、郭凤轩、何罗慕娴、周怀璋、蒋法贤、黄锡松、赵超凡、刘景清、罗延年、容冠文、李佐臣、何世荣、李子方、曹竣安、李炳森、简东浦、陈承宽、余卓生、刘希泽、区廉泉、陆霭云、董仲伟、邓文田、林弼南、周兆五、劳勉儇、杨永康、黄炽普、罗显胜、云宦清、汤亦唐、许立三、唐镜彼、霍铁如、马蔚轩等。

罗旭和氏致欢迎词

茶会后，首由欢迎大会主席罗旭和爵士代表致欢迎词，词曰：吴主席此次莅港，吾人因事前未有预闻，关于欢迎一节，无多余时刻从事筹备，兼且吴主席以国难当中，对于欢迎仪式，不欲有所铺张，故今日只设一茶会，聊以申敬。此茶会虽设备简略，质朴无华，惟吾人对此欢迎之举则至为热烈。吴主席自主理粤政以来，励精图治，夙夜匪懈，深为舆情所爱戴。今在此非常时期，更能力任巨艰，与百粤人民共分忧患，其临大事、决大疑，皆从容应付，措置裕如，精神魄力，实至伟大，尤令人□胜钦敬。香港与广州两地密接，休戚相关，且本港居民中，华侨又占百份之九七，故对于救国工作早已同具热诚，悉力以赴，所得成绩亦颇昭著，此种工作自当再接再厉，为祖国与桑梓效命，今后惟愿中国升平早现，粤地四境乂安，而吴主席亦日益康健，为国家多建功业。今请各位起立，以茶作酒，敬为之祝。

吴主席之详细报告

罗爵士致词毕，吴主席起立致答词，对于广东最近情形有详细报告。吴主席之演词云：主席、在座列位先生，兄弟此次再到香港，为答拜香港总督罗富国爵士，并藉此机会再与香港侨胞各界领袖会见，承各界侨团今日招待，实在非常感谢。顷间主席罗爵士致词，对于兄弟备极推许，实在非常不敢当。兄弟于去年四月间，奉政府命调任广东省主席，当日过港时，亦蒙各界团体招待，同时对于广东桑梓曾有许多意见，为兄弟理政之参考。惜乎兄弟就职仅及三月，中日战事即告发生，中国已处于非常时期，政府所有各种工作，集中应付抗战，关于一切事业与乎各种建设，因时间与财力种种关系，不能不暂行搁置。所以兄弟就任一年来，并无显著奉献，实属非常惭愧。

协力同心　尽忠为国

现在中国处于抗战时期，粤省政府今后唯有鞠躬尽瘁，尽忠职守，使广东三千五百万同胞齐心协力，一方面以广东全省民众之力量，贡献于全面抗战，使抗战获得彻底之成功；一方面对桑梓地方尽力保卫，以期达到保国保家之目的。香港侨胞，十九为粤人，关怀桑梓安危一切情况，尤为殷切。兄弟今日特藉此叙商一堂之机会，将抗战一年来与及最近广东一般情况，向各位作一简略的报告。在抗战时期，广东政府与民众，广东军队与人民，意志完全统一，在军政民意志统一之下，经过一年来，大众齐心协力，应付当前之种种国难。

意志坚强　决不屈服

过去一年来，广东沿海地方被日舰封锁，同时沿海若干岛屿亦被敌占领，敌人封锁我粤沿海之政策，当然为断绝我海道交通。在此时期，敌舰采用恐怖手段，第一时期对渔民施行屠杀焚烧，使广东沿海二三百万渔民因此失业；第二时期则施行怀柔政策，以金钱物质诱惑沿海渔民；第三时期利用渔民作间谍，侦察沿海各地方防务虚实。惟广东人一般民族意识非常坚强，爱国非常热心，虽然在敌人威胁利诱之下，受敌人利用者绝少，此不特可以为香港侨胞告慰，抑为广东人无上荣耀之事也。

渔民失业　妥谋救济

不过因日舰不断骚扰，渔民失业甚多，彼等不能出海捕鱼，只有在沿岸或内河作业，生活大受打击。现在中央政府当局业已极力设法救济，救济方法大致分为治标、治本两种：治标方法，即为渔民失业后，由政府与社会团体设法拨款维持其生活；治本方法，政府现已进行设立渔垦区，并训练渔民学习手工业。因渔民在海上生活过久，使之开垦及制作手工业，必须相当时间训练，于开垦方面，将杂以有经验之农民，至于手工业方面，其办法亦已在筹划中。今决定今后将所有失业渔民加以组织并训练，使彼等宁死不卖国不卖乡，此种工作非常重要，深望香港侨胞予以相当助力。

救济难民　将及二万

关于本省之救济难民情形，自战事发生后，上海长江一带，广东籍难民之回籍及由外省逃难来粤之难民，非常众多。同时在过去一年来，广州市频遭日机空袭，工商各界人民损失财产或因此而致失业之难民亦有不少，政府界局均已妥为安置，属于外省难民则以种种方法送回原省，如属本省者则资遣回原乡，如属本省人而遇难无家可归者则设法收容，对于妇女难民则设法使其获得工作，协助生产，难童则给以教育，一一妥为安置。计一年以来，本省收容难民达二万人之众。其始难民俱集市区，后以市区迭遭敌机滥炸，难民安全实有问题，遂决定分别疏散，现在难民已分别遣送至东江、北江各安全区收容，妇孺则另外安置。过去香港侨胞对于救济难民工作协助既多，尤其是香港政府一年以来照料及收容过境难民，其盛意非常感激，深望香港侨胞今后对于救济工作，更加努力。

粮食充裕　无虞恐慌

兄弟深知各界侨胞对桑梓有一事非常关怀者，厥为广东省之粮食问题。各位亦知广东粮食之不足，每年均须购进大帮洋米接济。自抗战一年来，广东对于粮食供给问题，已积极准备，其办法厥为厉行节约与增加生产，如提倡种植什粮等，因此过去一年能获平安过去。广东省粮食之缺乏，尤其在春夏之间为最甚，盖在此青黄不接时期，粮食最为恐慌，但今年则已特别提前准备，盖现目外汇高涨，洋米价格甚高，倘非设法节省消耗，增加生产与邻省运输接济，无以维持粮食也。

全省动员　保卫疆土

广东为华南重镇，而广东人民族性之坚强，不为任何威胁利诱所屈服，此种精神人所共知。方今敌人谋侵略我疆土，吾人已加意防卫，一方面为国家而巩固广东，一方面为广东而巩固广东。广东在余总司令领导之下，一年来关于保卫广东工作，积极准备，准备之中发动全省武装民众。在历史上，广东民众之力量至为强大，人民自卫武器全省有五六十万，此点实为广东之特色。现在为保卫广东，业已发动全省武装民众，使彼等均能参加组织训练，深信武装民众训练完成，可使保卫广东武力增加不少。至于抗战时期之广东地方治安，一年来经过，尚称良好，各属匪患绝少，所余宵小之徒，政府已积极将其根本肃清，此亦可向侨胞告慰者。

积极增进中英邦交

广东与香港，一衣带水，一利一害，均有密切关系，彼此应该合作、应该协助，现在两地合作与协助之精神已逐渐显著。我国在患难时期而获得友邦之帮助，此点实足宝贵，而且非常重要，尤其是在患难时期，所经过历程合作之精神，已非常巩固与密切。广东为我国南方重镇，香港为远东英国重镇，两地商务经济及各方面，若能增进其密切关系，则不特两地可以得益，即中英历史上友好关系亦增进不少。兄弟深望香港侨胞，今后对于增进中英友好负起应有之责任。

今日招待各界侨胞

今日因为时间关系，兄弟不欲阻各位宝贵光阴，谨订于明日（即今日）下午四时半，仍假现在地点，略具茶点，请在座各位莅临，藉作欢叙，一方面因为兄弟此次来港时间短促，未便向各界侨胞分别拜见，故藉此机会与各位叙首，同时明日兄弟对于港粤繁荣前途，再有多少意见，希望各位赏光。

吴主席词毕，掌声雷动。罗爵士复起立代表侨胞答谢吴主席之训示，并请是日参加欢迎会之代表明日（即今日）依时赴会，遂散会。

1938年9月3日 第187号

粤省府主席吴铁城昨招待各界侨团 除表达谢意外并详述港粤关系 继由罗旭和周寿臣分别致答词

粤省政府主席吴铁城，以本人迭次过港，都承本港各界侨团热烈招待，兹乘来港答拜港督之便，特于昨日下午四时半假座香港大酒店天台花园设茶会招待各界，藉申谢悃。到有本港绅商名流、侨团领袖数百人，济济一堂，冠盖甚盛，依时开会。吴主席于一再劝请来宾进用茶点后，起立致欢迎词，词毕，全座报以强调之掌声。随由华人代表罗旭和致谢词，救国公债劝募委员会主任委员周寿臣致词，对吴主席委托劝销粤省国防公债一节，表示敬谨接纳，并谓当竭尽绵力，以副吴主席殷殷期望之意云云。宾主酬酢至六时许，始行欢散，兹录吴主席演词如后。

招待会中主席致词

在座列位先生，兄弟因为职务关系，不能常常来港，向各位拜候，又未能请各位上省指教，此次因为回拜香港总督之便，得与各位叙首一堂，实为非常快慰之事。同时现在国家抗战已到最后胜利将届之时候，今日在此间与各位之叙会，可谓为请各位到省观光之预约，因为我国抗战获得最后胜利之后，广东政府定必邀请各界领袖到广州作盛大之叙会，借以规划战后之复兴，今日可谓为将来盛大叙会之预送请柬。

最后胜利几点明证

"最后胜利必属于我"，诚非自欺欺人或夸大之词，实有百二十分准备把握者。现在兄弟以职位关系，虽未便以种种情报宣布，但亦可提示数点明显之事实，足为最后胜利必属于我之明证者：一、日本劳师远征，而我国则就地抗战，即如兵家所言，以逸待劳，无有不利者；二、日本战费浩大，一年支出四十八万万五千万，每日则支出一千四百万，而我国则每日支销仅为二百万，日本耗费之巨大，与我国为六与一之比；三、日本为工商业国家，遇战事发生，工商业大受影响，工商业既停顿，国家生命亦不能久持，我国则为农业国家，全国各地，均充满国家生命资料，其相去比较甚远；四、日本兵力平时仅得二百五十万，侵华以来死伤已有六份之一，我国则人口众多，有无限量之抵抗能力，人民一面可以种田生产，一面又可游击战，观乎北方各省游击战，已生显著成效，其力量与正规军相等；五、日本在国际孤立，德意两国难有实际之援助，最近之张鼓峰事件可为明证；六、各国帮助日本军火，我国人固然希望各国停止供给其武器，惟是日本现在仅存现金五万万元，外国售与军火，可以将其现金吸收殆尽；七、日本人民完全反对战争，现在此种反战风潮已日益扩大，不但社会常有反战运动，即军队亦非常厌战；八、日本在中国作战，深入内地，军队越深入则死伤越大，越深入则需要兵力越多，而我国则兵源充足，补充极端容易，无一不证明此次战争最后胜利为属于我者。日本在我国作战，已消耗非常巨大之兵力。过去一年来，日本以其优越犀利之武器，动员全国海陆空军，而所占据之地方仅属于交通线与沿海地方，此外所有地方，日本无法征服。在日本方面，希望此次战争能速战速决，但我国则决定长期抗战，战事越延长则日本越难支持；我国抗战最后胜利则越有把握。由于上述种种，是以世界各国军事政治专家，对于中日战事之观察，均谓中国在战斗上虽或失败，但在战事则必得胜利，是以世界各国对于我国抗战，均已有上述之确论。

战胜以后港粤工作

然而抗战必胜后，又将如何？吾人应知我国此次为国家民族生死存亡而抗战、为奠定国族基础而抗战、为社会获得新生命而抗战、为国际获得新生命而抗战、为社会工商百业获得新生命而抗战，吾人既明白此次抗战关系如此重大，有非常之影响，可知将来广东与香港之关系，实已比前时大不相同。此时吾人亟应通力合作，以迎接战后光明大时代之来临。关于国家民族将来之影响如何，暂且放下不讲，单就广东与香港之将来而言：第一、战后当然百废待举，急需建设；第二、战后全国统一，地方安静；第三、国际信用向上进步。诸如此类之兴旺情形，俱与全国有关。中国既好，广东亦好；广东既好，香港亦好。广东在地理、商业、经济、国际政治各种关系，与香港利害相同，是以广东好，香港比广东更好。关于此点，吾人可就下列各点事实证明：一、广东得天时地利之胜；二、世界进步，香港与广东地位同为东西重要门户，得风气之先；三、远东海道交通，以香港为中心，由来已久，现在航空均以香港为中心；四、上海受战事影响，破坏过大，不但需要长久时间方能复原，抑且因经过中日长期战争，政治经济各方面均已变化，上海将来之重要性已大减，香港势必取其地位而代之；五、贯通南北干线之粤汉铁路经与九广铁路接轨，同时广东与邻省交通亦日益发展，将来广州与香港成为远东至欧洲间之唯一口岸，同时又因战事关系，我国西南交通日益进步，在战事发生以前，全国以长江为大动脉、以上海为一重要口岸，以后此种形势，定必转变无疑，将来中国对南洋、菲洲、澳洲等出口路线，当以广东及香港为最便利；六、内地各省此次受战事蹂躏，人力物力均感拮据，而广东经济基础较为巩固，故广东无论是否沦为战区，亦当较胜一筹，是为将来广东与香港繁荣之根本；七、广东交通运输便利，各省人财物力可以畅通；八、湘桂川黔诸省，将来所需之建设材料，必经香港与广东运入，上述各省矿产及各种出产非常丰富，将来运销欧洲，又必须经香港与广东。

同心协力　竭力经营

观于上述各点，将来前途实非常光荣远大，但吾人应善为运用，通力合作，竭力经营，以成就此伟大事业。吾人生逢乱世，且属弱国，当前国难，吾人并无怨恨之事，不特并无怨恨，抑且经过此次一场大战事，吾人所得到之教训，更可藉此发奋图强，此后成功立业之机会亦更多，吾人不可辜负此大机会。广东与香港战后之地位既如此重要，将来战后之兴旺又如是之大，是则将来两地之合作实为非常重要者，譬如香港为人之口，广州则为咽喉，广东则为身躯，口与咽喉、身体，息息相关，所以香港与广东关系，密如骨肉。中英关系则有如兄弟，中英两国均为爱护和平之民主国家，吾人必使此两大民族握手合作，此则必须从广东与香港方面做起。因为香港与广东有如此重要关系，经济商业与其他种种关系，必须使其日益密切。广东与香港既能合作，进一步则可增进中英两国友谊关系。上述乃为兄弟对于广东与香港将来之希望。

捐输救国　应更努力

今日兄弟并附带数言，谨为各位陈述。自抗战以来，香港侨胞之爱国热诚，几为国内同胞之上，香港侨胞各种捐输及推销公债均甚踊跃，最足令人兴奋者，厥为贫穷侨胞此次献金运动，有义卖赈灾之举，此种义举，乃由下级侨胞提倡，尤为难得。香港侨胞在过去一年抗战中，对于购债、捐款、救济难民伤兵种种工作之努力，兄弟谨代表广东省政府向全体侨胞致谢，兄弟更望香港各界侨胞，今后对于粤省国防公债，踊跃推销，同时深望香港救国公债劝募分会委员诸公担任劝募，使早日获得巨款，完成广东国防，充实保卫广东武力。此外尚有一点，则为兄弟到港仅两三日，闻若干侨胞所言，谓香港仍有许多殷商富户，对国家抗战尚未出财出力，此点或为办事人办事欠缺周全，未向殷商富户请求所致。香港侨胞向来热心，希望在港社会领袖，负责向殷商富豪劝募，相信一定可使全港侨胞，无论贫富，个个出财出力，贡献于国家，使抗战达到最后胜利之目的。今日招待列位先生，因为兄弟不能常常来港与各位见面，今日谨将个人对于广东与香港之将来繁荣前途之意见陈述，藉供各位参考。

1938年9月18日　第202号
华侨抗日会首次会议

（广州通讯）华侨抗日动员总会第二届会员代表大会第一次正式会议于前（十六）日上午八时举行，出席代表一百一十六人，开会行礼如仪后，由主席团邢森洲致开会词，次由大会筹备主任陈光润报告筹备经过及报告该总会成立与备案经过、工作概况及此后展望。又军委会政治部部长陈诚，电派第四战区政治部李主任煦寰莅会指导，即由蔡副副主任劲军代表陈部长（诚）训话。下午七时，继续举行会议，行礼后，各地代表分别报告各地侨胞救国情形。十七日上午八时，由大会秘书长陈光润率同代表团二十一人，携备鲜橙及饼干，前往慰问此次粤北歼灭日机八架，空战受伤飞天将士朱嘉勋等五人。九时，又由代表慰问团第二队代表二十七人，难民救济会派谢心准引导前往难民收容所慰问受伤同胞。

1938年10月3日　第217号
旅暹侨胞被逐归国

（汕头一日电，迟到）暹罗非法拘捕华侨五千余人，其中七百余被放

逐，同乘轮抵汕，此间各界热烈欢迎。（中央社）

1938年10月4日　第217号
旅暹侨胞释后被逐　派代表返国报告经过　本港潮侨将请政府提出交涉

　　最近暹罗政府非法逮捕我侨胞五千人，此事发生后惊动各方，迨经当地侨团分别电向中央及侨务委员会报告，请设法交涉释放，国府经令外交部侨委会办理。暹罗政府自经我国提出交涉后，已将被捕之一部份侨胞释放，其中有八百余名为潮籍之侨胞，获释后被驱逐出境，经于本月一日返抵汕头，省府主席吴铁城业经电知汕市长何彤，妥为收容，分别设法安置。同时汕头各界同胞对被逐侨胞，亦深表同情，已决定予以种种援助。据悉，本港潮籍侨胞对此事亦将有所表示，彼等对于暹罗政府无理驱逐我侨胞，深表愤慨，认为暹罗政府此举，系属日方主使所致。现有一部分潮侨拟联合向中央政府当局，请求对此事应切实交涉，保障今后华侨安全，不再有同样事件发生，同时并设法援助被逐返汕头之侨胞。此间潮州八邑商会则须接到汕头政府及团体方面之报告，俟得到详情后，方能决定如何办理。又查此次旅暹侨胞被释放后，又被驱逐，事态极端严重，当地侨团特举派代表返国，向祖国政府当局报告事件经过，并向政府请愿，闻各代表业已首途，不日可道经本港返国云。

1938年10月7日　第221号
潮州八邑商会为暹侨被捕事将向政府呼吁

　　暹罗政府××拘捕华侨一万三千余人，×××××××××××在羁押期，××××，除准予保释者仅三百余人外，其余则分批驱逐出境，第一批七百余人经于本月一日返抵汕头。被逐侨胞因被捕时事出仓猝，复经多日之拘禁，故被逐返国，皆身无长物，鹄形菜色，状极狼狈，更有数十人因刺激过度，以致神经错乱者，×××××××××××××××××，海外各地华侨，尤深愤慨。旅港潮州八邑商会昨（五）日晚召开常务会议，对此事曾提出讨论，决电国民政府及中央侨务委员会，以正式手续向暹罗政府交涉，保护旅暹华侨，即将被捕侨胞查明释放，今后并须负保护责任。该电将于二三日间发出云。

1938年10月17日　第23216号　上海复刊
吴铁城盼华侨捐款

（广州）省主席吴铁城今发出通电云：中央社转海外各侨胞均鉴，倭寇犯粤，军民合作，誓志守土，必能予日军重创，惟预计难民日增，亟须巨款救济，侨胞爱国精神，宜于此时尽量发挥，切盼努力宣传捐款，陆续内汇，乞转各埠。至感，吴铁城叩。（十五日电）

1938年10月19日　第23218号　上海复刊
粤籍中委致电海外侨胞　希望踊跃输将

（重庆）在渝粤籍中委以日军南侵，顷由汪副总裁领衔，致电海外侨胞，希望踊跃输将，原电如次："倭寇南犯，军民誓死抗战，此为战局重大关键，吾国最后胜利之开始，务望侨胞踊跃输将，更多援济。临电神往，敬祝努力。汪兆铭、邹鲁、孙科、王宠惠、陈璧君、陈树人、林云陔、李文范、陈公博、邓家彦、甘乃光、马超俊、梁寒操、刘纪文、林翼中、萧吉珊、谢作民同叩。"（十八日电）

1938年10月31日　第245号
国华银行今日开幕

国华银行，由粤人及南洋一带之粤籍华侨，与上海实业金融界诸人投资经营，民国十六年创办于上海。成立以来，业务日渐发达，国内重要都会商埠，次第开设分行办事处共十所。该行第一任总经理为唐寿民，未几，唐就任中央银行常务理事兼业务局总理，国华总经理一职遂由该行副总经理饶韬叔升任，由此业务益形扩展。近以该行董事会改选，饶被选为副董事长，所遗总经理一职，由沈以甘接充，并推区芳蒲为董事长，唐夏民、瞿季刚、邓瑞人为常务董事，其余□监事中以粤人为多。现赁定皇后大道万国银行对面大厦为香港分行行址，其经理为卢衍明。卢为粤人，首在美国研究经济会任广州分行经理，该行副理为钱道五，系由南京分行经理调任，同为金融界中坚份子云。

1938年12月6日　第279号
回国代表谈南洋惠侨爱国爱乡　筹集百万救济难民　每一侨胞决捐家产十份一　抵港各代表分头调查灾情

（本报专访）南洋惠州十属同侨回国代表钟醇生、黄适安、黄赫群等三人，自返抵港后，关于赈济事宜□筹□，连日来分与当地有关之慈善侨团分头磋商，彼代表等不辞劳顿，曾一度带同布帐多具及备各种粮食，前往新界抚慰难民。记者昨据代表黄适安君称，兄弟等此次奉南洋惠州十属同侨返国，调查此次华南灾情及救济难民，经过多日探询，及往新界调查灾情史实，大致已集得一部分，且昨亦已将此材料草就报告书，准备于日间寄回南洋各同侨参考，作进一步之救灾矣。盖此次南洋惠州十属同侨十七万余，因闻日人在大亚湾登陆，惠州十属灾情严重之消息，曾于去月发动大团结联合救灾大会，在会中之决议案，最值得报告者：（一）每同侨务捐其家产十分之一，以为救灾；（二）彻底救灾，分治标治本两步骤，驱逐日人出境；（三）举派代表回国调查；（四）第一期首先捐集国币一百万元，救济灾区及逃出之难民。黄氏继谓惠州十属同侨此举，与一般救灾团体□灾之作风，有多少不同。希望我侨胞切实帮□，并谓拟于明后两日，择定时间，招待此间报界，报告此行任务及观感云。

1938年12月22日　第295号
惠阳博罗灾黎遍地　急济会救济东江难民　先拨药物托惠阳商会施赈
南洋惠侨昨再汇返一万元

　　惠阳博罗自遭日兵蹂躏后，灾黎遍地。自两县相继光复，各方积极善后，救济工作。本港中西人士共同组织之紧急难民救济会，现正进行救济东江各属难民，昨先拨出药物一批，委托惠阳商会，交该会内地工作人员散赈。惠阳商会除派大量人员返乡外，并以宝安县遭劫后，粮食缺乏，灾情亦甚严重，特捐助白米二十包，□药物一批，定今晨交由宝安小运往南头，交梁县长宝仁代为散赈。又查南洋英荷两属惠州同侨救乡总会，公推黄赫群、黄适安、钟醇生为代表回国调查灾情，并办理施赈。查该代表自抵港后，除调查灾情缮写报告书后，并飞函总会报告内地灾情惨重，请即汇款救济。总会接言后，即于本月十二日在吉隆坡开常务会议，议决除汇五千元交香港总督转□国救济中国难民会香港分会外，又汇一万元交代表团协同惠阳商会、海陆军同乡会，分头办理施赈事宜，同时总会函告代表团，谓南洋□他惠侨现已普遍地劝募义款，彻底救济灾民，办理地方善后等事宜。又香港中国妇女兵灾会为设赠医施药□，于元朗与坪山间，曾向九龙巴士公司商酌□地，业已由雷瑞德答允借出，并捐帐幕一座，以该会赠医施药用。现该公司以际此严冬，露宿荒郊，夜雾甚重，每由此积病，更由公司及职员两方筹款，捐搭帐幕十八座，每座可收容百余人，共二千人左右。

1939年1月6日　第309号
抗战一年来海外侨胞救运概要　动员人力财力均著良好成绩　港侨捐输
成绩仅居第四五位

　　中央侨务委员会，最近发表《抗战一年来之侨务》，对于一年来海外各埠华侨救国运动情况，捐输人力物力财力之成绩，有详细报告。兹择要录如下，藉使本港各界侨胞参考，使益加奋勉。

抗战开始　捐输热烈

卢沟桥事变发生后，政府尚未举行募捐，救国公债虽已公布，而尚未开□动销之时，华侨之捐助抗战运动早已风起云涌，侨务委员会最早收到之捐款在七月二十二日。自此以后，至“八一三”以前计收到捐款十八宗，数达八万余元。就“八一三”以后之捐款，亦颇多为“八一三”以前所汇寄者，其中温哥华侨胞捐寄三万五千二百元，西雅图侨胞捐寄七万一千一百八十六元，以时考之，皆在七七以后，“八一三”以前。由此事实，可见侨胞捐款，不独于数为最，且于时为最早，其自发精神，固有足多，其□见远识，亦有不可及者矣。

一年期间　达八千万

华侨捐款汇交机关至不统一，间有因当地环境关系，只能筹赈款而不能筹义捐，且此赈款亦不便汇寄政治机关者，多寄中国红十字会经收；间有因经募机关之从属关系而汇寄者，例如由国民党总支部或支部经募者，则寄交中央党部，使领馆经募者则寄交外交部；间有因捐款性质而寄者，例如赈济伤兵难民之捐款，则寄赈务委员会；购允军实之捐款，则分寄军事委员会或军政部，或航空委员会；间有因乡土关系而汇寄者，例如广东侨胞，间有寄广东省政□收转者；至于救国公债，必寄交救国公债劝募委员会总会，或其他指定之银行，更有明令所规定，此外径寄行政院或财政部者，为数亦甚不少，自不恃言。现财政部已着手向各经收机关调查捐款总数，大约最近之将来，□有详确之报告发表，依现时各方之估计，则侨胞捐款总数已达八千万元左右。此虽概括之词，要亦距实际数目不远。至侨务委员会经收捐款，各币合计约合计国币三十一万三千余元，其□汇侨务委员会而由救国公债劝募委员会总会截收者，计国币七十五万四千二百九十四元九角七分。原汇侨务委员会而由中央银行收转救国公债劝募委员会总会者，计国币二十九万零九百九十元七角六分。原汇侨务委员会而由中国银行收转财政部者，计国币四万四千一百四十元一角七分，总计约国币一百四十万元。

香港成绩　居四五位

至各地捐款之比例，截至今年五月止，英属马来亚捐款公债合□数达二千四百余万元，实为首屈一指。若依人口比例计之，则菲律滨侨胞人数约十一万，捐款及公债总数已达菲币八百万元，平均每人负担菲币约八十元，是为初期捐输之冠。此外澳洲、美洲等地，亦异常踊跃（按：香港侨胞捐输成绩仅居于第四五位）。就此论之，侨胞之热心，实各地尽同；偶有不同者，环境各异耳。现在各地均已举行有系统有计划之常月捐，成绩极有可观。新加坡之常月捐办法，系依照侨胞原有之乡土组织，分福帮、广帮、潮帮、客帮、琼帮、□江帮等六帮，分头劝募，此外凡华侨经营之事，就其物产每担抽百份之若干，每月可得一百五十万元以上。菲律滨侨胞之实行劝募常月捐则系今年三月由菲律滨华侨援助抗日委员会发起主持者。

经济制裁　打击日人

持久抗战的基础，在经济力量之充实与巩固。此实施方案，积极方面，在经济建设；在消极方面，则当在经济上给日人以打击。此种特殊工作，华侨尤优为之。盖全世界均满布华侨，而华侨又多半为零卖商，苟华侨一致起来排斥日货，则日本国际贸易必受绝大之打击。华侨对日经济制裁，一年以来成效至著，吾人苟一查南洋一带（主要华侨居留地）之日货入口报告，及日大藏省对南洋贸易之输出统计，即可知侨胞对日经济制裁为力之大。对日经济制裁除抵货外。封销输日原料亦为主要工作之一，日人仰给南洋之原料至多，就中以马来亚之铁为最重要。在抗战以前，日本每年取给于马来亚之铁砂，为数在□百五十万吨以上；抗战开始后，峇株巴辖××矿山之华侨工人首先停工，吉宁丹了如奴及柔佛各地受×雇用之工人亦先后停工，结果××矿山几全部停顿，每月运往日本之铁砂共减少百分之九十以上。

人力物力　动员情形

关于人力物力之动员情形，则更千头万绪，有书不胜书之慨。抗战初起，海外侨胞之暹罗而回国杀日者，日无虑千数百起，侨务委员会付侨胞此种爱国壮志，固深致嘉许，但一方权衡利害，认为侨胞之最大任务，唯在输财，若弃其千辛万苦所争得之职业地位，而反归国从事甚□练之兵役，实□用□其长，遂通电海外各地，勖侨胞以生产事业为重，专负轮财输力之两大责任。自此以后，侨胞请缨归国之人已渐减少，但技术人员则仍供给不断。举例言之，如越南及美洲华侨之于航空人材，除将已造就者资送回国外，更以公费就地训练航空生以宏造就，最近旅美华侨更侨资成立"旅美华侨航空学校"，以造就航空人材。其余各地，对航空、机械、防空、防毒、化学、交通、工程、医疗、救护等专门人材，均有源源不断之供给云。

1939年1月6日　第309号
军政要人战局谈片

（郭沫若谈）……次晨（从桂林出发的第三天）车抵三塘，距与□粤□会合□——衡阳仅十二公里，不知它又在打什么主意，而在三塘久停不开。我想换换口味，便下车去搭西南运输公司的汽车。该车系从衡阳江□运汽油到此，另由火车转运他处，□数十车往返同运数日，迄今尚未运完。虽说战时一滴油，胜似人身一滴血，但我们对这货色之充分准备，于此即想见一斑。司机人姓黄，他是南洋粤籍华侨，在南洋自备汽车，习就驾车技术，抗战军兴，始约一般华侨爱国同志，设法回国服务，各就所能，司机已一年多。据说，他本人和其他数同志，在南洋做生意所拿月薪，都在百元上下；回国以后，每人虽仅拿薪卅六元至四十二元，惟其是救国工作，精神上反觉特别高兴……

1939年1月12日　第315号
惠博难民卅余万饥寒交迫　惠侨施赈处赶制大批寒衣施赈　拟制寒衣十三万件先制一万应急　共需款十八万余电南洋总会汇港

（本报专访）东江各县于去年失陷后，备受日人蹂躏，以致灾区辽阔，哀鸿遍地。南洋英荷两属惠州同侨，为救国救乡，特组织□南洋惠侨救乡会，并派代表团钟醇生等三人回国，担任调查及施赈，各情已选志本报。该代表团到港后，为普遍施赈，难民得到实惠，乃召集惠属各县旅港人士成立驻港施赈办事处。成立以来，选出黄达荣、陈承宽、柯效棠为主任后，即积极从事内地施赈工作。该处近接调查灾情专电报告，只就惠博灾区而论，直接被灾无衣无食无住被难之同胞为数不下卅余万，劫后灾黎，哀鸿遍野，已饱受风餐露宿流离失所之苦。近又以天气严寒，朔风砭骨，难民冻毙堪□。

故办事处据报，即于昨十一晚召开常委会，商讨切实施赈事宜，到惠属诸县名流二十余人，由黄达荣主席，决议先制棉衣一万件，运内地分赠各县难民，并决议先就调查确实之惠阳、博罗、海陆丰等四县待赈难民数目及受灾轻重情形，电马来亚英荷两属惠侨救乡总会汇款一十八万五千元回港需用，交该处设计股设计分配。兹探录该设计股定分配原则如下：一、难民数目，惠阳难民廿万、博罗难民八万、海陆丰难民五万（包括海上蛋户），共卅三万；二、户数，共有难民六万六千户；三、分配原则，每户赠二件，须寒衣十三万二千件，内分老人、壮年、小孩三衣料，计棉衣一万件分赠老人，大卫生衣五万五件赠壮年，小卫生衣六万七千件分赠小孩；四、需款数目，棉衣每件一元五角，共一万五千元；大卫生衣每件七毫，共三万八千五百元；小卫生衣每件四毫。共二万六千八百元；合共八万零三百元。米一千包，每包十元，共十万元。药五千元。共港币一十八万五千元。又该处为免开会手续麻烦起见，对南洋此次拨款多少，以现在经已调查之各县人数比例为分配原则云。

港难民营　人数九千

最近数月内，本港政府在本港及九龙、新界各处设立难民营多处，收容各处来港难民及本港中之无家可归者，当其盛时，所容难民达二三万之众。截至现在，数目已大为减少。据本月七日之统计，其数为九千五百二十一人，较诸去年十二月十日大减，计粉岭方面（三所）从前共达三千人，本月七日则减至一千七百零七人。锦田方面，从前达三千八百四十七人，本月七日则减至三千零十六人。至京士拍球场及北角幕帐人数则趋增加，计去年十二月十日皇圃球场帐幕有一千三百四十七人，北角帐幕有四百人，本月七日，前者增至一千五百九十四人，后者增至一千三百一十九人。至其他帐幕人数，本月七日所为之统计如下：马头角帐幕（二所）一千八百零一人，荔枝角医院六十一人。

深圳竹桥　行将工竣

新界方面之难民，现仅余元朗一站、粉岭一站，已于昨日全部逐完竣。元朗一站明日（即今日）开始迁移，大约在十四日以前即可竣事，深圳方面床位布置已陆续实现，现在收容已达二千余人。至于深圳河之竹桥，经由与政府当局商洽完妥，现已兴工建筑，其位置在又生戏院之后，计共英度阔二十尺，建筑坚固，由许处过桥即可直达英界安全区，该桥三日内即可完成。但完成后，即加封锁，在必要时始行开放云。

1939年1月13日　第23303号
潮汕人士出洋激增　但南洋各埠均增税限制入口

（汕头通讯）潮梅各地人士因战事发生，生活困难，于是出洋谋生者，加倍拥挤。英荷南洋各殖民地，对于入口华侨原有一定之额限，故船票高贵，各埠之入口税，近亦提高。暹罗与安南提高甚多，往暹罗者，每人须缴纳一百五十铢身税，另居留税每年十二铢，现提高至二百一十二铢；安南入境须缴二十四元税金，现亦提高至三十六元。近闻星洲亦要缴纳入口验身税，仰光方面则须出护照，方准入口。汕头口岸各外轮照常往来，往星洲船票，本月起男客由每张一百八十元（港币）涨至二百余元，女客由八十元涨至一百八十余元。因出洋者激增，旅费税金亦随之步步高涨。惟出洋者多系华侨家属，或在外洋有工商业关系者，每月平均有四千余人，虽被提高，亦未因而减少。往年华侨汇款回国内约三亿元以上，今年因汇水关系（法币低跌），特别增多。截至年底止，约达六亿元之数。政府在南洋遍设银行，吸收华侨汇款作外汇基金，同时在闽粤各县市设立分行，便利侨胞家属取得汇款，政府与民间两得其益。自抗战以来，闽粤金融稳定，社会秩序如常，人民生活得以调剂，南洋华侨之汇款回国亦有关系也。

1939年1月23日　第23313号
侨委会奖掖华侨投资　特设投资指导处

侨务委员会鉴于西南各省富源亟待开发，为便利华侨投资起见，特设华侨投资指导处，并在福建、广东等省侨务局设立分处。凡华侨回国投资对于内地情形不甚明了者，该会当派员予以指导，闻南洋方面侨胞已集合五千万元，准备投资国内，开发富源。华侨领袖胡文虎氏，业已由新加坡抵港，与各省接洽开发事宜。

1939年2月6日　第23327号
参政员陈守明昨日抵渝

（重庆）旅暹侨胞参政员陈守明五日飞抵渝，陈树人、萧吉珊及行政院、外部均派代表赴机场迎接。按陈为暹侨领袖，对当地公益文化事业提倡赞助甚力。民国廿二年外部委为驻暹商务委员，对中暹关系力谋促进，抗战后对各项爱国捐款，尤为赞助。去年奉令任暹侨筹赈祖国难民委员会主委，前被选任参政员，因事未克出席会议，将应得之公费全部并另捐，凑足两万元捐献政府制寒衣。月前其夫人在港逝世，陈又将其亲友赙仪献交政府，作有关抗战救难之用，其热心爱国，深可嘉尚。按陈身任商务重责，兹不辞艰辛，远道回来，国人闻之，深为感仰。树人等拟六日宴陈洗尘，并请有关各部会长官作陪。（五日电）

1939年2月14日　第348号
农历岁晚中华侨汇款归国激增　去年汇款总额达六万万元　汇款均以港为中心转各地

（本报特讯）我国同胞赴海外谋生者甚众，而其中尤以粤籍者为最多，盖广东为濒海之区，与外间关系颇为密切，且民性耐劳，善于商贾，勇于劳作，在海外所得代价较高，谋生较内地为易，而勤俭积□，将余汇返祖国，以维家属之生活，亦足供温饱。故每岁旅外华侨汇款归国者为数至巨，而此宗汇款，亦为我国之最大资源，每当农历岁末之际，华侨汇款归国，转寄其家中充当过年用费者，数目尤为可观。目前正当战鼓频征中，汇款亦告激增。记者昨向某金融家叩询华侨汇款归国近情，据谈称，往昔海外华侨汇款归国者，年约在三万万元至四万万元左右，此宗汇款对于国外汇兑清算，有极大之裨益。自我对日抗战爆发后，华侨爱国心切，故汇款返国者较之昔日尤为增加，其中一部系捐献政府或认购公债者，一部则因国内各地遭受战祸之影响，家眷或有流离迁徙者需资□□。故去年一年中，华侨汇款归国较昔年增加□倍，总数达六万万元之巨，其中有一万一千万元系直接捐献于政府者，更有若干系捐助于各慈善团体为救济难民、慰劳伤兵之用者。目前我当局正积极倡议开发西部富源，奖励华侨投资办理，故华侨汇款回国为开发富源之用者，数目亦至巨。查所有各地华侨汇款归祖国之款项，均须由本港转达，故目前此间外汇交易极为活跃。又查此种汇款，属于华中、华北者系由上海转，属于粤北及赣、闽者由汕头转，属于桂、滇、川等省者则由广州湾转往云。（隽）

1939年3月6日　第361号
华侨在安南　沅云
安南的风光与华侨

话到安南，大家便会联想到历史上谅山之战打胜仗求和割地的故事。可是想不到在今天，这个民族史上耻辱的地方，竟成为长期抗战国际通路的大动脉，由海防经同登到龙州，由海防经河内到河口，是通到云、贵、川、桂各省的捷径，所以当时的交战国不是意大利、不是德意志而是法兰西，说起来又算是不幸中之大幸了。

在安南第一个印象，最使人好感的就是他们的市政，尤其是河内，那直挺挺的柏油马路，两旁直挺挺的绿树，中间一列直挺挺的街灯，左右两排约等于马路二分之一宽的行人路，再加上绿茵嫩草的穿插，以及浅灰色浅黄色的洋房建筑，真好象是处身于园林之中，而不觉都市的嘈杂。假如你在黄昏的时候，从Bulevard路穿出剑湖，徜徉在剑湖的一角怀抱中，静听对湖飞过来的绯色音乐，眺望一下在灯光云雾下的虹形红色宫殿室的咖啡厅，微风送过来一阵阵的古庙钟声，包管你有如在北平中南海或颐和园昆明湖前的感觉。这种安闲恬静的景象，并没有浓厚的铜臭气味，也没有十足的西方色彩，而是蕴孕着中国气派的人生态度，一种人工与自然和谐的美。

在安南第二个印象，接触到的是安南人。在我的印象里，安南人是和槟榔分不开的，在谅山、在同登、在海防，许多安南人都有着一排黑齿，口不停嚼的吃槟榔，吐出一口口的血水。女人都开胸襟，系上布带；男人则穿着半截黑长衫，×××××××××。一到河内，景况便大大不同，革履西装的安南男人，绸衣白裤的安南女人，那种文雅的神气，并不亚于中国的摩登仕女。安南人的体实不强，女人尤弱不胜风，再加上她们那种娇媚的装束，脑后披着一束柔发，上身穿着紧凑的薄纱，下面套着白绸裤，双飘带系上一对露趾的拖鞋，行起路来，骤然地完全符合中国古画上仕女的神态，无怪乎中国人来到这里要大喝其采，自愿与安南人同化了。

在安南第三个印象，碰见的就是华侨。我们一入安南，不通言语，不识路途，所以能够到处畅行无阻的，完全是靠华侨的指引。在马路上，我们看见商店上有"广"字的招牌、"福"字的招牌，就是广东人、福建人开的商号。根据这个原则来购物问路，百无一失。在河内，火车站街、广东街、福建街都是华侨商业的中心；在海防，华人街、东京街也是侨胞的丛集地点。侨胞一见面，问的不是天气，不是行情，多半是抗战的消息，他们的关怀国事，由此可见。在安南的华侨以粤人为最多，闽人其次，桂、浙人又次。华侨一切的事业及公共机关都在广东人的手里，河内、海防、南定只有广东帮和福建帮，两帮尚能融洽合作，共□公益。西贡一带，光是广东人便有广府、四邑、潮州、东莞、南路、客家□帮别，合作精神远不及河内、海防。帮长制度由来已久，帮长二年或三年一任，帮长资格必须为本地华侨殷富，热心公益事业，捐输□于侨胞，德齿俱茂的人。有的地方，帮长由华侨选出，再请地方政府承认；有的地方，帮长由政府固定数人，再交华侨选定。后者的情形极少。帮长的唯一任务便是替法政府收税，华侨的身税（每年十六元五角）、各商店的牌照税由帮长汇集转交越地当局。华侨有帮长选举权及被选举权的限于领有商业牌照的商店，每商店仅有一票，选举的地点在市政厅，历年的选举均无贿弊喧夺等情事。做帮长的人可以免去自己商业的牌照税和所有家人伙计的身税。此外，越政府并酌予薪俸，年约千至二千元，概从华侨税收方面抽给。但是做帮长的人均为富有之户，志不在钱，故薪奉多捐做公益事业，或捐助学校，或捐助医院，或捐会馆慈善费。华侨最讲面子，做帮长最有面子，故殷富者愿意担任一任帮长后便撒手不干，做帮长要出得起钱，要管街坊的事业，好的帮长常常是捐钱最多见义勇为的帮长。海防的前任广东帮长黄荔洲先生、现任帮长罗伟基先生都是热爱祖国的人物，人缘也还不错。听说西贡方面，分帮太多，有此头脑清醒的人悟于侨胞分帮的非计，进行合帮运动，但为法越当局所阻扼，认为此种传统习惯不必更动，免生枝节。在统治者的心目中，华侨的组织越分化越好，这种统一的要求，是他们大不赞成的。

在河内，有一部份福建的华侨约一二百人，因为历代世居安南的缘故，其妻其族，都是安南人，他们的儿女也都是安南的装束，他们不承认他们自己是福建人，而别自来一个组织，叫做盟乡会，介于福建人与安南人之间，以示区别。他们纳的牌照与身税都照安南人的办法，每年可较华侨所纳的减少一半不止。他们的孩子进安南学校，他们的家庭及生活习惯找不出一些中国人的型式。可是河内的福建会馆原先又是他们发起建筑的，至今他们和会馆的关系，只有天后圣诞日来烧香礼拜一下。这种忘本的潜移，很值得我们的杞忧，好在这种人只是极少数，不多。海外的华侨，说他到处都是，又到处都不是了。

华侨和安南人的通婚并不怎样流行，大概以福建人为多，广东人长大了必回祖国一次，结了婚再出来。这里妇孺老弱的身税极低，每年只要一元多钱，故不为家累。侨胞并不怎样看重安南人，这大约是传统的关系，然而事实上，××××××××××××××××，随地小便，满地吐槟榔汁，好吃懒做，荏弱畏事，好像生成给人统治的模样。我有一次参观河内博览会，看见正厅中有一付金色大字的对联，上联说"纵有为，何必登高山望远海"，下联说"日无事，不妨饮醇酒近妇人"。亡国之音，活现纸上，××××，愚民政策算是登峰造极了。

在安南的华侨，他们的休闲生活××××××××××××××××××××××××××××××××××，海防的华商会馆有党部的阅书报社，只有几份香港报，××××××××××××××××××××××××××××××××××大约看的报纸，总是四五天前的新闻。西贡有中国报，办理并不见起色，海防华侨近来也有人计划办一种报纸，但是因为机器进口关税太高，所以迟迟没有见诸事实。华商总会的组织现在筹备中，听说不久就可以成立，这也是安南华侨的一桩值得报告的大事。

1939年3月7日　第362号
南洋各属侨胞征募技术员返国服务　参加者已达百人即将来港

我南洋各地侨胞，以祖国内地运输渐以汽车为主体，故对汽车驾驶及修理人材至感需要。星加坡南洋各属华侨筹赈祖国会，特征集有志同胞回国服务，槟城、霹雳、雪兰峨等地纷纷响应，报名参加之司机及工程人员□达百人。据此间关系方面消息，一俟参加者满足名额（一百名）后，即行拔队返国，拟定本月十一日离星来港云。

1939年3月9日　第364号
本港货物输粤停顿　办庄大受打击　亟向南洋发展

自日军踏进华南后，本港与内地水陆交通即告梗断，仅有港澳一线尚可与内地沟通。而粤东潮汕及南路方面，又因沿海线公路破坏，极感不便，益以最近海烽海南继起，故本港洋货及大小工业出产品之输入内地，遂告停顿。据向来办洋货及港厂品进口办□中人称，三四个月以来，该行业务多数停顿，现内地四乡各墟市，洋货几已绝迹，港中洋行及庄办业务均受重大打击，同时港中向以内地市场为骨干之小工业厂家，亦受不少影响。兹为维护其本身业务计，除节减工作人员数字，节省日常经费外，均已积极向南洋各地谋发展，冀将出产品物向南洋方面大量推销，藉以抵偿过去损失云。

1939年4月6日　第392号
又一批旅暹华侨回国参加抗战

（汕头快讯）自七七抗战开展至今，暹罗回国服务侨胞不下千人，上月三十日暹轮美华号抵汕，又有暹罗琼籍青年符猛拔、幺科顺、许文善、廖成璋、韩皆畴、陈维康、王禄志、韩瑞光、符和福、吴坤元、邢贻利等共十一人，自备旅费回国服务，并带具药品四十余箱，当由本市暹罗华侨抗日同志会接待，并开茶会欢迎，报告最近祖国形势及华侨回国服务团注重各点，至于所带药品，亦经该会代为交涉免税进口。查符君等十一人俱系司机专门人才，现决带同药品投效某战区薛司令长官部下服务，经即去电报告，在未发前，另由暹抗会负责招待云。

1939年4月8日　第394号

谁无桑梓？　本港各邑商会纷纷发起救乡运动　四邑商工总局昨议决赶组筹赈会　鹤山商会派代表四人返邑办急赈

　　江门战幕展开后，台、新、恩、开四邑及中山、鹤山等邑均陷于紧张状况，前既患米荒，贫民绝粒，今又加上兵灾，战区人民被×××，流离颠沛，为状益为悲惨。旅港各邑侨胞，××××××，痛桑梓之多难，现已纷纷发起救乡运动。四邑商工总局为此，昨日下午二时半特召开会议，讨论进行办法，已即成立四邑□赈会。中山商会则定于今日会议，讨论救济办法。至于鹤侨方面，亦派代表四人回乡筹办急赈。新会商会则于昨日去电美洲邑侨呼吁，兹将各情录下：

　　四邑商会昨会商筹赈

　　四邑工商总局昨日下午三时召开会议讨论救济桑梓事宜，到有主席余焯生、值理区泽森、张澜洲、周星池、雷荫荪等二十余人。开始后，由主席宣布开会理由，继报告中央侨务□拨来二万元，应如何支配，亦同时提出讨论。到刘毓芸、张澜洲等相继发言，金以灾所重大，二万元究属杯水车薪，亟应继续设法多筹善款，一方面应派员回去调查实详细情形，俾益计划等语。遂根据上项意见，派张澜洲、刘毓芸二氏赴澳调查。调查毕，即在港联合四邑侨胞，成立四邑筹赈会，并将四邑灾情呈报该代委长世英，请协同办理，并恳其增拨赈款，以利救济，一方面由各邑商会主席去电各该邑海外侨团报告灾情，并促即电款回乡救济。关于筹赈会组织事，即席推出雷荫荪为起草委员，张澜洲、刘毓芸、伍耀云、周星池等为筹备委员，继由周星池提议，赈联会日前办理救济深圳营难民，尚余赈米，此项赈米现仍存港，今由四邑逃出之难民多流离澳门，饥寒交迫，亟应有所救济，可否请赈联会将此项米石移出，作为散赈之需。众然其议，遂议决去函赈联会求请。

鹤山代表赶返邑赈济

江门发生拉锯战，四邑各县即呈极度紧张，鹤山已成华南战事之前线。旅港鹤邑侨胞以桑梓遭难，备极关怀，前日（六日）特假旅港鹤山商会会商急赈办法，议决拨出国币一万元，返邑以为急赈，昨七日晨已派出表四人，间道返邑，从事赈济，该代表一俟工作完毕，即行返邑。至新会商会，现需筹款急赈，除设法安置逃澳难民外，昨复去电旧金山、加拿大、亚洲等埠华侨，请速汇款回港，从事救济，电云：日侵我邑，军民勇抗，难民遍地，请即电款救济。查该邑旅美华侨颇众，如能群策群力，筹集巨款亦自不难也。

中山商会开会商进行

古巴华侨捐款返国，极具热心，目前对于我国救国公债、广东国防公债暨振济难胞等，均有捐款汇返。最近旅古巴中山侨为筹款救济邑中难民，亦募得款项万余元，派代表邝贺、黄绍蕃、莫大韶等三人来港，返邑办理。后该代表等到港多日，并拨出五千元，交由本港中山海外同乡赈难□会办理救济。中山商会为□以□目江门战事，中山形势紧张，济难工作急不容缓，特定今日下午三时，假中山侨商会所，开会讨论进行工作，及请邝代表等报告古巴募捐情形。

逃澳难民现达数千众

据昨日记者查悉，此次江门失陷，四邑难民逃避往澳门者人数甚多，一部份间或有亲属于澳门者能予收留外，其因无地可栖，或有亲属居于港地而缺乏川资及二十元入口保证金来港者，不得不流落于澳门。查澳门现各祠宇庙堂聚集□难民不少。据非正式统计，四邑难民流澳门者至少三千人以上。又自江门发生战争后，江澳交通即告断绝，本港居民，所赖此路以运输接济之蔬菜粮食，遂一度中断。惟现下蔬菜、鲜鱼等仍有运来，因江门区虽在混战中，而邻近澳门各乡镇，如古镇、石岐、小榄、顺德、江尾、古劳等地，仍得改变运输路线，假最细小之水道，直接用艇运澳转港，惟因来货无多，价格非常昂贵，尤以鲜果为最云。

五邑邮运已宣告停顿

查江门为四邑各县出口孔道，自该地发生战事后，四邑各属形势随而紧张，各县居港人士欲得桑梓确实消息，纷纷函电返乡询问。上星期间本港邮局因未接到江门失陷□实消息，故对于由港寄江门及五邑邮件仍然接纳，但能达目的地与否及何时到达则不负责。最近当地战事日形紧张，据记者调查所得，本港□务局最近已布告，停止收受关于寄往江门及五邑等地之邮件及邮汇，何时能恢复收发。至于本港各银号，前有与江门各地方银来往及汇兑者，现亦暂行停止汇兑。

1939年4月13日　第399号

四邑难民将成饿殍！　港侨发动大规模筹赈　昨成立沿门劝捐队积极劝募　省府批复洋米卅万担运四邑

四邑工商总务局昨日下午二时半开董事会议，选举新职员，同是讨论救济邑中兵灾难民，到会者有黄月樵、朱任庵、梁远炤、李子贞、岑协堂、周星池、陈丽泉、伍耀云、周道庄、黄经硕、刘子清、高亮清、区泽森、马国英、余焯生、刘毓芸、伍于瀚、钟杰卿、邝先宽、陈绪钿、金让礼、伍跃廷、张澜洲、梁世宽等数十人。选举结果，选出主席刘毓芸、吴煜俊，司理黄月樵、褚安廷，司库伍瀚于、周星池，顾问李星衢、伍耀廷、余焯生，核数员陈绪钿、伍耀□等。选举毕，继开四邑筹款会议，刘毓芸主席。将各情录下：

新会县长　吁请救济

首宣读新会商会县长李务滋氏来函，请赈函云：（上略）敝邑不幸前月廿八日为日进犯，务滋守土有责，督饬所部死力周旋，数日之间、迭挫强日，后以兵器穷劣，众寡悬殊，不得已将江门会城暂时放弃，扼险待援。既经邓古司令分路增援，克日反攻，无难一鼓而复，在指顾间。惟地方受灾，尤见惨重，民众逃难，固属琐尾流离，而粮食荒歉，待哺嗷嗷，徒见其地哀鸿，沦于饿殍矣。然敝邑邻村所在，近则台、开，远合恩平，凤号四邑，地理既相毗连，休戚原属相关，苟此次抗战不力，则日势所乘，而四邑各地亦沦于灾区，可知辅车相依，唇亡齿寒。故对于救济难民，刻不容缓，兹乃吁请在港邑侨设法筹赈，尤请贵会披发缨冠，拯此危难云云。

组劝捐队　募款赈灾

报告毕，开始讨论事项，结果议决：（一）香港各界赈济华南难民联席会拨赈米二百包及药品等，先行全交新会商会办理急赈其本邑难民伤兵；（二）成立沿门劝捐队，向邑侨募捐，即席选出伍耀廷、李子贞、余让礼、周道庄、吴煜俊、陈绪钿、刘子清、马国英、黄仲安、岑协堂、褟安廷等为委员，新会商会出席董事则全体出动，协同工作；（三）救济新会难民发起即席募捐，刘毓芸、余焯生各捐港币一百元，其余五十元、二十元、十元、五元、三元等共二十余人，共得港币六百六十余元；（四）举行购运米石返邑平粜事宜，由各邑商会自行办理。散会。

免税洋米　请准放行

又记者向各方面调查，关于四邑免税洋米入口问题，因拱北关方面尚未接到正式明令，未便通行，故目前台山、鹤山二县先后运澳米石五千余包，今尚逗存澳门中，托交澳门商会代为按税分批入口，而新会商会见此按税，实属麻烦，昨特请由华商总会名义去电中央财政部，请速转悉拱北关执行免税，以行散赈。又据鹤山商会昨日接到财部快邮代电，批复洋米免税入口为三十万公担，与前时批准配增加十万公担。又四邑商会昨接粤省府主席批覆，亦准三十万公担，分由江门入口十一万公担，由拱北关入口准十九万公担云。

1939年4月16日　第402号
潮侨学会邀夏衍演讲"目前潮汕新形势"

本港潮侨学会，系潮汕藉文化人所组织，成立以来，会务蒸蒸日上。闻已呈准英政府立案外，为谋增强保卫大潮汕力量起见，近特举行时事座谈会，并邀请由潮汕考察归来之《救亡日报》社长夏衍先生担任讲席，讲题为"目前潮汕新形势"。时间：四月十六日（星期日）下午二时。地点：假座□道英辉台碚光中学，并公开欢迎各界人士参加讨论云。

1939年4月29日　第415号

港闻简讯

香港华商总会昨日接粤省侨务处训令，关于今后各国寄我国后方各地函件，请由交通部规定转运各地寄发，同时商得香港邮政局同意，在港设立广州邮件转运处，处理华南各地邮件云。

1939年5月17日　第433号

现代的木兰从军　文森女救护队　由南洋回国服务抵港

我国自展开神圣抗战后，南洋华侨不断输财输力，帮助祖国，热烈义勇之忱，令人感佩。查南洋惠侨救乡会于月前有两才队之组织，返国赴东江服务。现吉隆坡侨贤官文森氏复独资□立东江华侨回乡服务团文森女救护队（完全女性），由南洋抵港，不日出发东江内□服务。南洋惠侨救乡会驻港施赈办事处定于明（十八）日下午三时，举行茶会欢迎，藉联侨情，资用鼓励云。

1939年5月19日　第435号

国家兴亡匹妇亦有责　海外女侨胞组队回国效命　南洋惠侨救乡会昨欢迎文森队　一行七人将回东宝增各地服务

东江华侨回乡服务团文森队一行七人（女性），由队长欧巾雄女士领队，日昨由南洋归国抵港，定于日间出发东莞、宝安、增城服务，各情经志前报。南洋华侨救乡会驻港施赈办事处为鼓励彼辈起见，特于昨日下午三时在惠阳商会茶会欢迎，到该队队长欧巾雄、纪录王春江、队员祝少珍、古秀英、贺玉兰、叶清秀、李逢娣等，及前任博罗游击队副队长陈洁、柯效棠、陈承宽、林立三等数十人，情形至为热烈。

全队七人　均系女性

依时开会，行礼如仪后，首由主席柯效棠宣布开会理由，略谓"今日敝处欢迎东江华侨回乡服务团文森队，得蒙各位惠然肯来，不吝指教，兄弟觉得非常荣幸和致无限感谢。自抗战以来，南洋侨胞不断出钱出力，帮助祖国，热烈同情，令人无限感佩。南洋惠侨救乡会，前次两才队之组织回国服务，现在官文森先生又独资组织文森队回乡为前线伤兵难民服务，可见'华侨为革命之母'这句说话是非常正确的。文森队全队队员全属女性，尤为难能可贵，可见我国要得到最后胜利，不但男子要起来，女子亦要起来，男女一心来争取抗战胜利，则国家抗战的力量大胜利就来得快了。最后希望文森队全体队员回到乡村去，要动员成千成万的农村妇女起来，为国出力，以得到全民族解放，最后胜利的来临"。

日间出发　东宝服务

词毕，继由该队代表祝少珍女士以简单报告组织经过，首先述及设会欢迎甚表多谢，同时极度惭愧，继称自抗战以还，旅外侨胞均纷纷组织团队回国服务，中有未能回国服务之侨胞，对于救国工作，热烈异常。该队系去月廿一日成立，为时规定上午九时至十二时为训练，下午则从事于征集药品工作，及至二日训练募捐，同时宣告结束，当时募得款项千余元。至本月五日，动程来港，在船中有热心份子，认捐一百四十余元，将来此款尽数购买药品慰劳前方将士之用。同胞如此热情，我国最后胜利实可奠定也。祝女士继□该队将来出发东莞、宝安、增城等地服务，今日得各位热烈欢迎，表示愿以尽忠报国，最后祝女士代表全队向各人行最敬礼。词毕，旋由钟秀南致词，对文森队不远千里而来，舍救家乡工作，甚表敬意，而对该队全属女性，更足令人起敬。最后陈洁等均致勖词，四时许茶会而散云。

1939年5月23日　第431号
侨务处请补助救济华侨专款

（中山快讯）广东侨务处长近为继续救济失业侨胞起见，特呈请省府补助救济华侨专款，以便继续办理救济侨胞工作。又该处所设归国华侨安集所，照常办理。

1939年5月25日　第23431号

汕头与南洋经济的联系　战时应付办法亦已筹措完备

汕头通信，潮汕形势紧张，似乎战事已无可避免，一旦日军冲来，沿海岸线阵地随时有放弃之必要，而汕市为一平原三角洲，断非决战之场所，故亦不易保持完整。惟潮梅人民之赴南洋谋生，皆以汕市为枢纽，去年南洋华侨尚有六七万元汇汕转入各县农村，接济侨胞家属之用，人民生活费与商工业之繁荣，于以是赖。汕市地位既有此关系，万一潮汕沿岸沦陷，潮汕内地势必与南洋隔绝，兹闻当局已预筹有补救办法，略纪如下：

调整邮路

邮局方面，已派有要员驻港，设立调整办事处。凡南洋各属转往闽、浙、赣、桂、粤内地的信件，决不使经过沦陷区，受日伪势力截查。广州、厦门沦陷后，各内地信件仍照旧通寄，可资明证，纵令潮汕沿海被占，寄往梅县、兴宁各县之信，当然亦设法寄递。

活动汇兑

南洋、上海、香港各地国立银行，业已与英美各大银行发生联系，信用大著，同时又与各商店汇兑庄批局发生联系，减低汇款费，为华侨服务。国立银行外埠支店，每年可以吸收数亿元外汇的基金（如省立广东银行香港支行，去年获利二百余万元），又可在内地活动农村金融，如商号收汇私人之款，该商将款存放香港省立银行，在内地随时可向省立银行支店支现款，兑给各商店，交与汇银之家属。

战地金融

战地金融界，概运中央办法办理，如潮汕之中央、中国、交通、省立、广东、华侨、农民各银行，预先将簿记钞票移往安全地带，银行职员俟战事爆发之后，方随同军政机关退入山中，各县市亦如此。又邮局、电报、银行、商庄亦随同退却，到其时可以分为战区与游击区两种通汇办法。

袖珍银行

自军需独立后，当局即在战地组设袖珍银行，存有大量钞票，每月可以充分供应军政费。工商退在战区后方，另有整个系统，其在游击区活动银柜，以三人为一组，一为簿记员，一为掌银员，一为出纳员。例如战事倘移上潮安，汕头变为敌后方时，未及逃走之民众各团体外处汇款，由总支行转饬活动银柜发给之。此银柜是受武装保护时常迁移者，潮安附近市郊镇，则设袖珍银行，仍以活动金融为宗旨。

招考职员

现在省立银行、盐务总局等，大量招考会计员办事员，皆系适应战时流动性质而设者，凡高中毕业在商店服务二年以上之青年，皆有投考的资格。

总之，将来战事无论扩展至若何程度，华侨汇款回内地时，决不致受阻碍，倘邮信迟滞时，亦可利用电汇，将来银行必减低汇费，以利金融之流通。

1939年6月24日　第471号
港潮侨筹账会昨召开紧急会议　通电南洋潮侨吁请救济桑梓

香港潮侨筹赈兵灾难民会，昨夕八时在潮州商会召开会议，是会出席者有主席林子丰、林子实、陈容斋、李芝璋、林以德、陈子昭、许友梅、马泽民、黄兰生、洪鹤友、陈君符、洗梓庭、陈峨士等数十人。开会后，首由纪录李廉法宣读前期议案无讹，由主席林子丰签押作实后，继即起立宣布开会理由，略谓"今夕邀请各团体代表到会，因日人铁蹄已蹈至乡梓，凡我潮侨均应急起共谋救济之责，同时为恐本港救济力量薄弱，鄙意拟发出通电至海外南洋各埠呼吁，请求侨胞作救济家乡之运动。溯诸过往香港一埠，因邻近祖国，时为海外潮侨之转□音息机关。今家乡危急，在理更宜通告，俾共谋救济设施之道，并请在座各位发挥意见，俾收集思广益之效"云云。继由林子实起立建议：（一）先谋择得收容难民地点，俾届时安置难民；（二）扩大本会之工作范围，搜罗旅港潮侨如商、工、学等界及专门技术人员一律登记，共同办理乡梓救济工作；（三）另在本筹赈会下，设一临时理事会，专诚负责此次救济潮汕工作事宜。最后并献议征集本港潮籍帆船，作于必要时交通之用，如接济潮汕粮食及运输难民等。其次，此后如有潮汕难民到港，予以招待及慰问云。继林子实而提供意见者有林以德、陈庸斋、马泽民、许友梅等多人。讨论结果，议决（一）通电南洋各潮侨此次汕头陷落所得之消息及其经过，并吁请急为筹款救济及请当局速予救济；（二）举出林子丰、林子实、马泽民、许友梅、陈庸斋、陈子昭、洪鹤友等七人，计划调查筹赈事宜，各项细则由林子实负责起草云。

1939年6月26日　第473号
中央济赈会将拨款救济潮汕难民　潮侨筹赈会昨通电各方呼吁　救济工作将注重于潮汕后方

潮汕战事爆发后之第二日，旅港潮侨以故乡蒙难，当即发起救济。潮侨筹赈会曾经于本月廿三晚召开紧急会议，招集全港潮侨领袖，会商救济方法，议决去电海外各地潮侨，一致发动救乡运动，同时并举行负责人员担任起草救乡计划。自经会议后，上述工作即加紧进行。

通电各方吁请救济

该会致政府当局及海外各潮侨团体通电，昨日经已发出，原文如下：

国民政府侨务委员会、省政府、中赈会、新加坡潮州八邑会馆、暹罗潮州会馆、槟榔屿潮州会馆、宅郡潮州会馆、堤岸潮州会馆、雪兰峨潮州会馆、吉隆坡潮州会馆、山打根潮侨公会、马六甲潮州会馆、新州潮州会馆、金□潮州会馆、东京潮州会馆、金边潮侨议员会、广州潮州会馆总理暨诸位乡先生均鉴：日不悔祸，大肆侵略。我庄严灿烂之汕头市，又不幸于本月廿一日沦陷于日。敝同人等闻讯之余，缅怀家乡，不胜悲愤，当即召集紧急会议，进行救济事宜。经议决，举定职员，负责筹划进行救济办法，并即电请旅外潮侨团体及当局设法救济难民在案，除照案加紧办理外，特电奉达，务请一致设法救济，共拯灾难是祷。香港潮侨筹赈兵灾难民会主席团林子实、许友梅、马泽民、林子实同叩。

中赈会将拨款救济

该会除发出上项通电外，并将分函香港各界赈联会、华商总会筹赈会及其他筹赈团体，吁请援助。据悉，中央赈济委员会许委员长世英，对于救济潮汕兵灾难民一事甚表关怀，将于日间拨款赈济，许委员长昨日已派出代表晤见潮侨筹赈会主席团林子实等，商洽救济办法，各界赈联会亦将于下次会议提出讨论。据本港潮汕商消息，已接星洲潮侨团体电告，当地潮侨得聆家乡警耗之初，即商讨一切，一般潮侨之意见，拟成立潮侨救乡总团体，负责办理救乡工作。

救济工作注重内地

至于本港潮侨筹赈会之救济计划，业已由该会委员林子实负责起草，一二日内即可草竣，提交下次会议讨论，一俟工作大纲决定后，即可加紧进行。据林氏称，目前急切之举，厥为筹措款项，至于救济办法，将来工作地点将注重于潮汕后方。盖汕头与其他地方不同，在日人进犯前，我当局早有准备，人口物资大部疏散，市内民众十之八九已向后方迁移，战事发生后未及逃出之难民甚少，来港者至今亦有百余人，且中多富户，无救济之必要。相信当时留于战区之难民人数不多，因此今后工作，将注重于潮汕后方云。

服务团将回乡工作

关于汕头战区附近难民情况何若，据潮州商会负责人表示，至现在止尚未得接确实报告，当地唯一慈善机关存心善事，是否继续办理救济难民工作，亦未知悉，必要时或有派员返乡调查之可能云。又据本港潮州同乡会去冬曾组织回乡服务团，参加者廿余人，在港经相当时间训练后，即在潮汕一带服务。日占南澳及轰炸潮汕时，该团助理救护工作颇有成绩，数月前返潮调整，现因汕头战事爆发，该团已准备于日间再度出发潮汕为桑梓服务，现正筹划中，俟准备就绪，即可出发云。

1939年6月30日　第477号

×××，不能新生！　潮汕的苦难与展望　参加潮侨学会干部会议之后

奇卓

为国仇，为乡谊，潮侨学会于前天晚上假南华学院楼上开救济桑梓的紧急会议，张家彦、王永载、王猷建、林天铎、陈昌尉、蔡楚生、罗吟圃等理事都拨冗出席，列席者有陆浮、蔡汉荪、蔡削天、黄心兢、林高、朱奇卓等。在平日，这该是一个天时、地利、人和无不具备的欢叙，可是，家乡的漫天烽火，人间的罪恶与耻辱，沉重地压在旅外游子的心头，旧恨新愁，谁

有兴致去理会狮子石道接连郊野那美丽而恬静的夜景!

汕头与香港间已有轮船往来,邮政却未通,洋行专送信件经已抵港,汕头运到伤兵数在数百以上。沿潮汕铁路我有剧烈抵抗是千真万确的事实,新闻报道虽然还有弱点,可是强调失败理论,过度悲观颓丧,亦是不该有的现象。你一句我一句,互相倾诉之后,直到八时许,就正式开会了。主席林天铎氏首先致词:"我们的家乡汕头、潮安相继失陷了!日人的阴谋,我们早已料到,在整个战局看来,是用不着悲观的。可是,难民流离失所,以及其他的工作,在等着我们去完成,应如何做法?请诸位发表意见。"

"君从故乡来,当知故乡事。"永载君这样提议,大家和议,林高君就站立起来,十分沉痛地把汕头沦陷的经过,源源本本地报告出来。读者要知其详,请阅林君的《汕头沦陷目击记》,连载于本报国内版。接着,C君报告列席潮侨筹赈兵灾难民会紧急会议的经过,并谓家乡父老对于家乡之沦陷,有难言之痛,解释整个局势的发展及协助筹赈工作,我们学会应负起这个责任。

开始讨论第一项就是希望集中旅港潮人,在救济家乡旗帜之下,发挥各个岗位的最大力量,集中所有力量为家乡为邦国做点应该做的工作。方式先由学会致函潮侨筹赈兵灾难民会表示愿参加协助工作,使商界与文化界密切联系,如蒙该会同情,就推派林天铎、王猷建、罗吟圃、蔡削天四君为学会全权代表。

潮汕的命运,是整个国家命运之一环。没有苦难,就没有新生,等到把日人赶出潮汕领土之日,就是建设新潮汕开始之时。××××××××,是不会起生机的;×××××××,新生命是不会产生的;炉中经不起磨练,纯钢是不会锻练出来的。整个国家是要抗战,亦要建国;潮汕一环,亦是要抗战,亦是要建设。

当前的课题,是如何支持潮汕的持久抗战,与如何做建设新潮汕的开始工作。新的潮汕不仅是消灭了外侮,而且是翻开了历史的重压,政治澄清了,大家互相提携,团结一致,努力向上了。我们要把这般意思慰勉海内外的潮籍同乡,聊尽港侨文化人的责任。大家同意这献议,宣言由C君起草交执委会通过。

除宣言之外，还应该出版小册子，登载潮汕沦陷经过，并约请港侨文化人撰文，使行动有正确的指标，分散的力量集中起来。办法是成立编辑委员会，推举蔡楚生、罗吟圃、陈昌蔚、蔡汉荪、蔡削天、张家彦、王永载、吴其敏、朱奇卓等为委员。

救济失学学生及指导逃难学生，亦是家乡的百年大计。决定成立潮汕学生救济委员会，推林天铎、王猷建、张家斋、蔡汉荪、王永载为委员。

潮汕有潮汕的特殊方言，抗战建国的潮汕歌剧运动，有大规模展开之必要，本港亦不乏爱好歌剧的青年的生命力正在等着发展，遂举出永载君负责计划。这个问题，蔡楚生、谭友六诸戏剧界先进亦早已注意过了，她们一定会多多加以指导的。

关于参加各界赈联会事，推陆浮君负责接洽。最末的一项讨论，就是决定于七月八日下午一时，在胜新酒店举行全体会员大会，暨欢送本会代表L君出国，希望他出国后，调查南洋、美洲一带潮侨的状况，并发动潮侨的组织与团结，共同为救乡救国而努力。

直至十二时许才告散会，在归途中，还畅谈潮汕受了训练的广大青年，一定会更努力发动和组织起无数的老百姓，一起协助政府与军队发展潮汕的游击战争。这些艰苦实干的青年，是民族的灵魂，是家乡的新生命。中国是有办法的，潮汕亦是有办法的。

1939年12月21日　第23640号
马来亚潮侨救济潮汕难民

（韶关）马来亚潮侨救乡总会，发动新嘉坡、槟榔屿各地潮侨，捐款救济潮汕一带难民，已募得款项百万元，并派代表王文生等返国，日内抵韶，将深入潮汕游击区，调查灾情，准备大规模振济，两广监察使刘侯武，决亲偕各华侨代表出发筹划进行。（十九日电）

1940年3月22日　第23723号

南洋片商谈「时装片」与「古装片」　与其不关痛痒的古装片　何如有
意识的时事影片　*海星*

　　本刊十九日发表一篇《关于国片的建议》后，已引起一般人的注意，可
见此一问题，确有相当重要性。

　　兹有日前抵沪的南洋片商吴君，对此发表意见，并谈及国片在南洋一
带之近况，特为记出，俾作国片制作者之制片参考。吴君云：以前国片在南
洋的销路首推武侠片。所谓武侠片的武术，自然远不如美国的西部影片，不
过，侨胞对国片总特别感到亲切，于是趋之若鹜。其后粤语片也一度盛行，
那是因为侨胞大抵为粤闽人士，方言上易于了解。而"八一三"后，国语的
古装片逐渐抬头，现在已有雄居首席之势。考其原因：（一）由于近年来华
侨学校都有国语教授，加以中央电台每天都有国语广播，所以侨胞对国语都
已不再感到陌生了；（二）国语片所费的成本较大，无论布景、服装、道具
以及技术方面，都远胜过粤语片，所以它能得到欢迎，不过侨胞所要求的，
是有骨子的历史上的人物作为主角的古装片。换句话说，是"假古人之口，
说今人之言"的有含蓄的作品，单靠一套古装的形式而想吸引观众，那是不
容易的。所以此后希望国片的制作者，能同时注意到古装片的内容，否则，
古装片之被侨胞厌恶恐怕为期不远了。记者询以时装片果不受欢迎乎？答
曰：这也不一定，据我看来，若有一部有骨子的针对时事的时装片，不但一
样可以卖钱，或许会超过一些不关痛痒的古装片。不过片商们不敢冒险尝
试，对时装片的拷贝，售价极力压低，制片公司同样拍片子，自然就不愿拍
时装片了。我的意见，拍古装片不能单注意一个形式，同时，希望有一家公
司能冒险尝试一部时装片，那倒是一条新路呢。

1940年4月6日　第23738号

潮汕日军怀柔南洋华侨阴谋　意在吸收华侨汇款

　　（汕头通信）闽粤为华侨故乡，潮梅各属，华侨尤众，且皆具爱国的

热诚，出钱出力，更为国人所共见。潮汕日军为怀柔华侨起见，乃派出宣抚班，往各乡宣传，及登记华侨的家属，强迫乡长致函华侨，妄称日军优待华侨家属，以期华侨将汇款交由日系银行经手，日系银行则在内地用军票发交华侨家属，使同时汕头伪市府，又组伪侨务委员会，由伪市长周之桢自任委员长。凡拟出洋的人，既经过无数麻烦手续，始得就道。迨落船时，周又以长官的臭架子，向搭客集齐"训话"，如谓"日华要办一家商业性质的华南银行，由池田佐一郎为筹备专员，希望南洋华侨加入作股东，以后特别优待，股东家属可以凭折子按月支取家用钱"云云。周虽作此诱惑，但华侨汇款回乡者，始终照旧，数目有增，绝对不流入日系银行手中。

日设当店　收当小童

汕头市面近来困窘极了，人民已无购买力，虽有许多日本商店洋行出现，依然过问无人。讵日方又大举施行统制政策，如柴、米、油、盐、糖、蔬菜、果品、鱼、肉等，皆成立组合以为统制的机关，水陆交通，更被福大公司等包揽。要之，凡有利可图者，日方悉掌握之，而毫无遗漏。如新近设立所谓公营典当，地点在同平路旧平安旅馆，名曰"公典"，一月期满，四分利息，一切物件皆可典当，房产、物件、耕牛、小童均可当钱。小童六岁者可当二十元，一月期满赎出时，要给还伙食费十元。该典店聘请医生、估价员多名，预定四月一日开张，其搜括与作孽，可谓无微不至矣。

1940年9月6日　第23891号
粤各界欢迎陈嘉庚等

（韶关）粤各界今下午举行欢迎陈嘉庚、侯西反大会，赴会有余副司令长官代表、省府主席李汉魂暨各机关团体代表千余人，大会主席吴鼎新致欢迎词，次由余汉谋代表及李汉魂先后致词，末后陈、侯两氏演述归国视察观感，及南洋侨胞对抗建必胜必成之坚强信念，并致谢粤各界欢迎之热忱。（五日电）

1941年1月21日　第24024号

粤省府令各县查侨胞捐款数

（韶关）粤省府昨令饬各县，详查侨胞捐款回乡，举办出献人名及数目，将予以嘉奖。（十九日电）

1941年3月13日　第24069号

旅美华侨谋效祖国　传将投资

（香港）旧金山著名粤人邝炳舜返华，颇有投资广东意，此间闻讯，极感兴趣。邝氏今在重庆出席国民参政会议，众料邝氏即将赴韶关，惟邝氏或将暂留重庆，列席八全会。八全会定于三月下旬举行，将讨论重要之内政外交以及共党要求。关于共党要求一事，非特华人予以注意，即日、英、苏、美亦莫不然也。据可靠消息，邝氏又好研究广东经济实业状况。盖南北美华侨，皆对广东有投资关系也。广东省政府亦切盼华侨投资祖国，以利实业而助复兴。旅居加拿大、拉丁美洲之华侨百分之八十为粤人，此次闻以巨款交托邝氏，在华作合宜之用，或捐赠或投资，悉凭邝氏意。惟中国必须继续抗建，且须尽力保护西江三角洲一带，盖彼处乃在美华侨之故乡也。闻邝氏将向重庆之要求，增派军队，加强西江三角洲之防卫。（十一日国际社电）

1941年6月3日　第24150号

粤设垦殖区救济义民

（韶关）粤省府为救济义民失业，筹设垦殖区，前年派遣专员钱树芬赴美，转达政府意旨，结果共捐得国币六百零五万元，并已先后汇回本省款项一百三十七万余元，业经粤振济会拟具计划，分别设立垦殖区。在每个垦殖区上，冠以某地华侨之名，以资纪念。计有徐闻县之纽约华侨垦殖区、阳山县茶泳之檀香山华侨垦殖区、台山县大机之芝加哥华侨垦殖区、英德县走马坪之纽约英伦华侨垦殖区、曲江县马坝之旧金山华侨垦殖区、恩平大人山之积彩华侨垦殖区、英德植矫塘之美京华侨垦殖区、曲江县龙岩之保利华侨垦殖区，共计面积约八万余亩，可收容义民二万余人。（三十一日电）

1941年6月23日　第24170号
侨胞踊跃投资粤省开垦

（韶关）粤振济会为广大开垦荒地增加生产，前曾发动海外侨胞投资回国开垦，截至最近海外侨团投资共达六百余万元，各垦区已分别计划筹备云。（二十二日电）

1941年8月7日　第24215号
简报

（韶关）华侨为便利华侨回国投资适应抗建需要，特组织广东回国华侨生产事业促进会，经奉准成立，开始工作。（五日电）

1942年1月26日　第24377号
越南侨胞步行回国　数达三百余名

韶关二十五日电：因太平洋战事影响，迩来由越南步行回国之侨胞甚多，综计抵达本市者约达三百余名，由省振济会义民招待所收容安置或给资回籍，已达一百二十余名。又粤教厅近对救济义侨学生甚为积极，已先核发中等以上学校待救侨生二百四十名每名国币一百元，具体计划，亦经拟定即可实施。

1942年1月26日　第24377号

闽省办理归侨救济　由许世英商定拨款一百万元　分设农场工厂从事生产建设

永安二十四日电赈委会许代委员长世英，昨抵永安，今日与省府刘主席洽商赈济本省归侨及侨眷办法，决定拨给救济金一百万元，交由省府统筹支配，办理急赈及筹设农场、工厂，实施生产救济。

离港侨胞到达粤省

此间各界今日下午举行盛大欢迎会，许氏列会于席间，宣读蒋兼院长及孔副院长对各地侨胞之训辞。据许氏谈，港地侨胞现已到达粤省东江一带，许氏于本省视察完毕后将折回韶关，指示归侨接送事宜。

亲赴湘北办理急赈

赈委会对湘北战地难民，决拨款一百万元办理急赈，许氏并将亲自赴湘，与薛主席商洽施赈办法。

1942年2月6日　第24388号

粤省府加紧救侨工作

韶关四日电：太平洋战事发生后，粤省即成立紧急救侨委会，积极策动救侨工作，除在本市设招待所两处外，在惠阳、丰顺、台山、茂名分设办事处，各路线沿途设招待所及护送站，并派出医疗队、救济队、妇孺抢救队等，出发抢救，总计一月来由港返国侨胞已登记者达五万人，共发出救济费一百一十余万元。救侨会为开展工作，四日开全体会议，定扩大救侨运动办法多项，并定十日召集各社团举行出钱救侨大会。

1943年3月10日　第24756号

越南华侨已可向粤汇款

广州九日中央社电：越南华侨向广东汇款，前经日驻越南大使府及当地总领事馆之斡旋，业已开始，现第一次款项汇至广州市及其附近各地家族之中储券一万七千四百元，由正金银行经汇，刻已到达。此项汇款之送汇，无论何时每次每人不满五十越币，可以不必请求许可，由正金银行在总领事馆指示之下，经粤兴公司及中南公司送达各华侨家属。

1943年4月12日　第24789号
外部在香港汕头设侨务办事处

南京十一日中央社电：外部以侨务委员会原有上海、广州、汕头等三办事处，负责办理华侨归国事宜。现为调整组织，推进工作，计将上项办事处撤销，另在香港、汕头设立侨务办事处，上海方面由驻沪办事处负责。

1943年4月21日　第24798号
外部侨务局长戴策飞粤视察

广州二十日中央社电：国府财政当局，最近曾决定恢复泰国及越南等各地南洋华侨向国内汇款，并由侨务局各地办事处为华侨汇款之监督机关。迄目下为止，越南华侨已向国内汇款达四次之多。现外交部侨务局长戴策氏，为积极推进侨务工作，并调整各地侨务局办事处起见，业于十八日由京搭机飞抵此间。戴局长视察广州后，将再赴汕头方面慰问华侨家族。

广州二十日中央社电：外部侨务局长戴策，于十九日下午抵粤，已与陈省长会晤，有所商洽，日内将赴港、汕各地视察。

1943年5月6日　第24813号
戴策由港返粤

广州五日中央社电：国府外交部侨务局局长戴策，于日前由京来粤视察侨务，在省任务完毕，即行赴港慰问侨胞，并于二十八日与港督矶谷举行恳谈，历时颇久。戴氏以在港公毕，于二日乘轮返省。

1946年3月22日　第24458号

美东部华侨代表邝炳舜昨抵沪　日内即将赴渝出席参政会

代表美国东部华侨之国民参政员邝炳舜，昨日上午十一时自美搭美军专机飞抵此间。钱市长特派金科长代表至机场欢迎，闻邝氏于日内即将转道赴渝，出席参政会议。按：邝氏，广东台山人，现年五十岁，为旅美华侨领袖，在美二十余年，数任旧金山中华总商会会长。抗战以后，任旅美华侨统一义捐救国总会主席。八年以来，领导侨胞，协助祖国抗战，鼓励侨胞输将，推动国民外交工作，功绩卓著。

1946年3月27日　第24463号

广东省银行刘佐人谈侨胞汇款情形　乐昌连山设有大规模桐林场

（本报讯）广东省银行行长刘佐人氏，近日因事来沪，记者特往访问，询以侨汇及广东一般经济情形。承告：该行前身，本为先总理手创之中央银行，民国十八年改为广东省中央银行，民国二十一年乃改为广东省银行，其后积极经营，逐步扩充。迨抗战军兴，该行曾历尽艰辛，迁移多处，继续经营，借以调剂地方金融。胜利后，总行即迁还广州，各地分支行处，亦陆续恢复，总计现有机构达一百二十二个单位，海外如新加坡、香港、澳门等处，均有代理处。谈及侨汇问题，刘氏称：我国旅居海外华侨，以粤闽两省人民居多，此中尤以旅居南洋一带之粤省东江人民为数最多，故历年侨汇，对祖国之供献殊巨。该行过去一向站于协助地位，襄佐中国银行办理侨汇事宜，此后仍拟再接再厉，并诱导侨胞汇款，使纳入于生产途径。此外更将设法利便国内各地对粤省之汇兑事宜。生产事业方面，该行在粤北乐昌及连山两地附近，均有大规模之桐林场，两场面积，估计在六十万亩左右，已植桐树有六百余万株，预计今明两年中，将有大量收获，可供国内工业界采取，或输出国外。闻此项桐林场之辽阔，为世界之冠。

1946年6月17日　第24545号

司徒美堂谈返国印象　美国生活比上海低五六倍　侨胞汇款缓不济急

（本报讯）记者昨访留美六十年、最近来沪之华侨领袖参政员司徒美堂，此公年已八十，而精神矍铄，身体极健，承告：回国最深印象，即为上海之生活程度太高，平民不易维持生活。以前租界时代，颇注意公共卫生，以后深望本市工务局、卫生局方面，仍加努力。美国目前生活费用，平均较上海低五六倍，而美国工人所获工资，实尚较当前中国工人所得为高。若以交通费用而论，则在中国更远较美国为昂，民生困苦，自所必然。方今最要之图，即为各党各派，真诚合作，务须停止内战，早求和平实现，为民族福利，俾新中国得早建设。中国于八年苦斗之后，固已不畏列强瓜分我国，而最可怕者，乃中国人竟自欲瓜分中国也！实令海外华侨，不胜忧虑。现美国商界与若干华侨，鉴于当前中国内战情形，虽有投资之心，辄复裹足不前，即因处此局面，实无充份保障之故。

不堪回首话当年

本人于六十余年前至美，尚蓄发辫，饱受侮弄。民国成立之后，对华侨待遇已稍改善。而此次抗战八年，美人对我国之不畏艰危，坚忍抗战，极为敬佩，对侨胞益增景慕之心，本人为协助抗战，在美主持筹饷会，美人之捐款者亦颇踊跃。抗战期内，最痛心者，即为侨汇一事。侨胞自美汇款归国，美金五元，只值法币百元，其后虽增至美金一元易法币五百，而实际上若在外国银行汇兑，价格则可以美金一元易国币千余元，侨胞吃亏极大。而交款于吾国银行后，不意汇至台山、新会、开平等处之款，竟有事隔数年迄未汇到者，侨胞家属因接济断绝，饿死者比比皆是，实令海外华人，欲哭无泪！

复兴洪门　共谋发展

此次回国，不特欲一瞻胜利风光，亦欲谋洪门之加强。本人为洪门致公党总部主席，美国华侨之中，大半皆为洪门弟兄，洪门过去，为民族为国家，皆有极大贡献，牺牲无数头颅，耗费无数金钱，助成辛亥奇功，而民国建立之后，功成身退，不再与闻国事，不意今日国家乃至如此民不聊生之地步！此次复兴洪门，即欲团结弟兄，共负建设重任，增加生产力量，使人民均得安居乐业。然安居乐业之前提，即为人人均能于衣食住皆有保障。生活问题若能解决，即易纳入正轨也。按：司徒先生名羡，字美堂，广东开平人，十四岁时即往旧金山，十七岁即加入洪门致公堂，急公好义，极为全美华侨所推崇。早年资助总理，反对陈炯明，建功极伟。抗战后主持筹饷会，源源接济祖国，成绩为华侨中最优者。三十一年，曾奉政府之命，宣慰全美华侨，备受欢迎。最近为筹备致公党大会回国，目前曾晋京谒见主席，主席亲予接见，极加慰勉。

1946年6月17日　第24545号
华侨上海总会吁请保障侨胞

海外华侨上海总会，昨假梅龙镇酒家举行会议，到连瀛洲、汪竹一、朱培璜、郑午楼、施逸生、潘国渠及各报社记者数十人。通过请政府会同侨团及新闻界组织南洋访问团，访问英、荷、法属地及缅、暹、印度，借以敦睦各民族与华侨感情，及关于东印度护侨问题，请政府确定对荷印问题的方针等议案多起，同时并电呈蒋主席，吁请保障海外侨胞。

1946年8月25日　第24614号
暹米运粤散赈

本报广州廿三日电：据暹华侨回国监赈团副团长利华辉报告，前联总允拨三万吨额，供给暹侨捐米运粤，现已准增加至六万九千吨，计自四、五、六三个月运暹米一万六千余吨。本年内将有五万三千吨米粮运粤散赈，本省粮食可告稳定矣。

论华侨商业之势力与改进（上）　丘斌存

一、小引

华侨旅居国外，以从事经济事业为主，而商业为经济事业主要之一环。以言商业，可分三层言之：（一）进出口业项（头）盘（批发）卖买商，华侨并不多；（二）都市二盘（中介）商，则华侨经营者众；（三）乡镇（三盘）零售零购商，华侨经营者尤夥。华侨商业之势力，几全在中介买卖商与零售零购商方面，一言以蔽之，华侨商业几尽居于中间性之中介人地位。盖以欧美及日本为工业国家，中国大体上至多为百分之五十工业五十农业的国家，南洋一带则为农业之社会。欧美侨民只愿以其资本经营进出口上层大商业，以收获最大之利益，而不愿零零星星，费时费事，去做小买卖，以逐毫毛之利。日侨与当地人民间，则又不无隔膜，虽第一次大战后日本强盛，妄以东南亚救主自居，而日侨与南洋本地人民尤力求好感，各地确曾寄日本以希望，但经二次大战，日本竟暴露其欺骗面目，则日本战败以后，日侨自难恢复其地位。当地人民之知识与能力，则均感弗及华侨，故欧美与战后日本，对南洋贸易，授受之间，恐仍须借重华侨为中间人。然亦惟其如此，华侨商业今后在南洋一带，势必倍受当地土著人民之歧视与竞争，盖在彼辈视之，往往有华侨阻止其经济发展之错觉也。此观于菲列宾及荷印最近之情况，即可知之。

华侨在南洋商业之关系，既为中间性之关系，而华侨人众手多，华侨商业即在此中间性上发荣滋长。上海圣约翰大学教授麦克勒在其所著《华侨之地位与保护》中称："华侨之经济的地位极有势力，以菲岛税收额为基础作成之统计，菲岛零售业之九成在华侨手中，批发商之大部份亦受华侨之支配。欧美商人，如无华侨之中介，几无法与本土人民交易，结果不得不求助于华侨。从事椰子、烟草、米、麻、砂糖、酒类、椰干、木材与什货商之华侨，颇多积成巨富者。"旨哉斯言！不特菲岛华侨如是，其他暹、越、缅、马、荷印等地华侨，亦莫不皆然。但今后华侨如何可以保持其地位，即大费研究矣。兹将南洋各国华侨商业情形略述于后：

二、南洋各国华侨商业之势力

（一）菲列宾华侨商业之势力

据菲岛农商部于一九三二年华侨投资经济事业最兴盛时期与外侨投资之比较统计，报告如下：（编者注：统计表略。）

更据菲岛政府一九三八年户口调查统计，华侨与各国人民经营零售商之比较如下：（编者注：统计表略。）

观于前表，可知菲岛华侨操零售业者之间数与资本数，固均居菲岛本国人之后，占第二位，而总收入则居第一位，占百分之五十八，菲本岛人占百分之三十八，日侨占百分之二·六五，至美、西、印侨等经营零售业者，则为数不多。有位外国作家海登（R. Hayden）对华侨在菲之经济势力，谓"菲列宾之华侨，百分之七十至八十业零售，各大岛之商业信用四分之三均操在华侨手中，在外岛经营零售木材百分之四十为由华侨供给，其投资总额，据估计达一百亿美元，竟等于美国对华投资之半"。海氏所谓华侨在菲投资达一百亿美元，固不免过于强调，然可见华侨在菲商业势力之大。

（二）暹罗华侨商业之势力

暹罗京都曼谷，广东（尤其潮州、琼州）侨民多于福建侨民，内地则闽漳泉侨，多于粤潮琼侨，共约三百万人。暹罗华侨主要职业为商，尤其零售商，多数之小贩商，常深入荒山深谷，与本地人民交易。运米与磨米，多由华侨担任。所经营之工业与家庭手工业，有机器、碾米、锯木、造船、纺织、电器、榨油、火柴、烟草、化学工业、成衣、木匠、马革、铁匠、锡匠，与矿场、胶园，与矿工、园丁亦至多。暹罗之出口，以米、柚木、锡、树胶四者为大宗，此四者无异为暹罗之四宝，而米尤占首要之地位。暹一年耕有二年之食，每年出口二千五百万至三千万公担，占输出总额百分之七十，价值九千五百万铢至一亿铢间。佛历二九八二年（一九三九）输出三千一百二十五万公担（一八二五〇二七吨），一九四〇年上十个月输出一百五十九万六千九百七十三吨，价值一亿一千四百三十五万铢。锡居主要产品之第二位，年产一十六万至廿六万公担，价值一千七百万至三千万铢，一九三八年输出达三千四百零三万铢。战前六个月伦敦平均每吨价格二百三十七镑，一九四〇年每吨增至二百四十三镑，故暹罗是年上七个月锡出口总值达二千六百三万铢。树胶仅有二三十年历史，多种暹南部，一九三九年底，暹罗计有大树胶园八十五单位，共有三万莱（暹亩）。此外尚有许多小树胶园，合计有三十一万二千莱，一九三八年产四万余吨，输出总值三千五百一十二万铢。柚木每年输出总值在一千万铢。

据一九三〇年之调查，华侨米商一百四十一家，进出口商八十四家，保险公司一十家，木材商二十家，机器商二十一家，木器商十八家，什货商一三三五家，堪称极盛。惟自一九三二年暹罗政变后，实施所谓经济新政策，尤其自一九三九年军阀政府高唱"唯国主义"后，实施排华政策，先后颁布排华苛例廿余种，诸如华店须用暹人百分之七十五为店员，三轮车、理发等职业只限暹人经营，一般零售商亦渐次由暹人经营等等。当时暹政府更听从日顾问三原新三之计划，于一九四〇年发行合作事业公债，募得一千八百万铢，推行各种合作事业。至一九四一年上半年共达二千六百三十九单位，一九四三年暹政府设立工业部，所有造纸、洋灰、酿酒、烟草、火柴、糖、皮革等原有工业，已见扩充，同时向所缺乏化学药品，亦相继设立试验所与工厂等，而在暹华侨整个商业与整个经济遂步入恶运。暹罗于一九四二年受日胁从，与盟国宣战，但自一九四六年一月十一日暹境内日军正式举行投降仪式，暹罗唯国主义亦已取消。同年同月廿三日中暹友好条约成立后，暹总理于二月七日接见中央社记者称："两国人民如此酷似，几若不可分者。君若询街上任何暹人，彼必可告君，彼之祖父或曾祖父为中国人，彼何能对堂兄弟之华侨生厌恶之感？如美国及其他国家，均易划华侨区，但暹罗之华侨可随处居住，自由与暹人相处。余信两国商业关系必将大为增强，盖以华侨商人占全暹商人数百分之八十也。"麦克勒教授谓："凡曾观察暹罗之生活者，皆知暹罗今日国势之盛，胥由华人之功。盖华人以其智慧与血统注入暹罗民族，而后暹罗人精神焕发，此乃公认之事也。"诚望含有中国血统之暹民族，对于勤俭耐劳、安分守法著称之华侨，重新亲善，俾其有在暹发展商业之机会，亦所以促进中暹之经济贸易。

（三）越南华侨商业之势力

越南之华侨，其原籍为广东、福建、潮州、客家、琼州与云南、广西等地，数约四十余万人。其中居留交趾支那者占百分之五十二，柬埔寨占百分之三十三，东京百分之一十一，安南百分之三，老挝百分之一。华侨初履越南者，大都身外无长物，惟凭其商业天才，与节约俭朴，从而积蓄小资本，经营小贩，渐次成为大商家。在十七世纪起，华侨已掌握全越之商业。越南在国际市场上是用原料以换取制成品，其生产品中有米、橡皮、鱼、牲畜、兽皮、煤、锌、锡、铁、铁矾土、锰、钨和磷酸盐，输入则为棉花、丝、五金器材、煤油和汽车。越南虽产棉花，但不足自给，每年由外国输入百分之九十五，价值达二亿四千九百万法郎，照一九三三年每越币一比斯他等于二金法郎伸合，年在四亿九千八百万法郎（一九三二年以前，每一比斯他等于二法郎三角二分）。据一九三五年之统计，越南输出方面，食料品为七二·一％，原料品为二四·九％；输入方面，完成品为六五·八％，原料品为三四·二％。此为其经济之特征。法国之势力进入越南，以一八六二年《西贡条约》正式占领交趾支那为契机，与一八八五年支配交趾支那、柬埔寨、东京、安南、老挝及安南一切王国，而在一八九一年组织联邦，完全完成其统治。在法国完全统治越南之前后，所有法国与本地人之交涉，主要以华侨为助手，盖越南人留存有五朝时代排外思想，避免与西人接触。法国因此一方面予华侨享有承办间接税之征收权利，盐、酒、鸦片之贩卖与征税，悉为华侨所办，后以此项利权巨大，收归法国行政厅专卖，但因华侨反对，法方让步，名义官办，实权仍在华侨手中。另一方面，法国总统于一八九七年令分亚洲人（事实上几全为华侨）为六级，年纳由最低十比斯他至四百比斯他之人头税，或为身份税（Impotpersoanl），越南人仅纳二比斯他，欧美等外侨则免纳，为一种不公平之苛税。

在一般商业上，法国人以华侨为其与本地人民交易之媒介，故形成华侨一种买办（Broker）职业。其特别有势力者为银行买办，法国银行如无华侨买办签字，便无法贷出款项。此外有贸易买办，输入买办是提供外洋货品与本地人民，输出买办是从本地人民生产者买入土货以供出口，从中取到手续费。

越南之经济，可谓完全握在华侨手中。其中最大者要算碾米业，包括黍米、辣椒、山货等杂粮及其交易。碾米工厂及其输出业，大多集中在接近西贡之锁兰市。据一九三二年之调查，中国人开设之碾米工厂有七十五家，法国人开者只有三家。碾米业者，都从事于白米之贩卖及输出，米商及输出商，自己购买糙米者很少，因有极多专门办糙米之商人，此项亦是华侨独占。其次为棉业，华侨亦几占与米业同样之地位，但因法国资本之雄厚及竞争，自一九三〇年以降，□棉业已为法资本所夺。再其次为砂糖，在砂糖之生产，华侨亦占居独占地位，所有甘庶之买入与借款，以及制糖厂之经营，都集中在华侨手中。糖业之中心在碉司亚，此地华侨经营之工厂有二十家以上，其他全越之制糖厂，有五分之四为华侨所开办。其他如树胶、木材、船业、运输、洋货、街市业（屠宰肉食、蔬菜）、香料、茶、绸缎以及藤货之交易，亦悉在华侨手中。此外零卖商人及客商，为数亦极多。商业而外，其他企业中华侨之势力则微弱，以矿业言之，华侨固为开拓者，但法人以关系太大，乃夺之而去，华侨之势力极微。

现在法国人手中之事业有：（一）电力；（二）办船厂；（三）大工厂；（四）电车；（五）汽车；（六）啤酒业；（七）鸦片烟。此外华侨经济命脉之金融资本，因法国政府规定必须储存法兰西国家银行，可谓全部华侨之经济命脉，完全在法国操纵之下。

一九四〇年九月二十二日，日军不战而入侵越南，法越总督在日人气颐指使之下，将华侨经济团体——谷米、托谷、保业、起落货、面包、酒务、屠业、果商、造镬、制谷磨、谷磨华工、车衣、裁缝、洋服、丝业职工、妇女缝衣、制帽商业、刺绣、妇女棉织、木行、砖瓦、风炉、玻璃、玻璃罐、木器家私、旧货家私、藤器、竹器、洋烛香皂、烟馆行商、机器联合、铁商，工业、制履、马车、印务行商、印刷、石印、洋货商、理发、妇女俭德、女子读书、摄影、音乐等五十六个单位、公会、工会等社团，悉予封闭解散。所有各华侨团体之一切动产与不动产，亦全部没收与拍卖，所得之款拨交各该团体所在地之慈善机关，作为义款，华侨经济损失殊大。日本投降，盟国胜利，越南故土恢复，尤其自本年二月廿八日中法平等新约签订后，越南对于华侨经济之活动，理应有所改进。

1946年10月8日　第24659号

论华侨商业之势力与改进（下）　丘斌存

（四）缅甸华侨商业之势力

缅甸华侨，在地理上划分为两部，一为上缅甸，一为下缅甸。前者由于邻近云南之关系，有陆路可通，经营土木业与宝石业，故移民多属滇籍。后者由于海路而来，故移民多属闽粤籍，聚居于伊江与沿海一带，以仰光为中心。滇籍约占百分之三十二，闽籍占百分之二十八，粤籍占百分之二十一，其他不特定华侨占百分之十九。华侨在缅甸有国籍可考的卅五万余人，无国籍的华缅混血种又约百万，合计有一百三十余万人，占全缅总人口十分之一以上。试就缅甸之国际贸易与华侨之商业情形，析述如左：

一、缅甸与国际及中国之贸易

现在且将缅甸与国际间及中国之贸易状况，加以探索。其与国际之情形，我人得以下列数目字表现之；

（一）缅甸与国际之贸易（编者按：表略。）

观于前表，可知缅甸与国际之贸易，印度居第一位，英国与其属领第二位，日本第三位，美与非洲第四位，欧洲与其他各国第五位。

（二）缅甸与中国之贸易

至缅甸与中国之对外贸易，自一八六八年起始登入我国海关册，是年为数为二千三百四十万关两，直至一九〇〇年仍未打破此纪录；一九〇一年至三〇年渐有进步，高达一亿九千九百一十二万元；一九三三至三四年值世界经济不景气，贸易降落。中缅贸易在一九三四年均并入印度统计，后此方独立一格。兹将一九三六至四〇年缅甸与中国贸易统计列表如下：（编者按：表略。）

根据右表，应知缅甸与中国之贸易，一向出口超过进口，至一九四〇年后虽有入超倾向，但不少由华进口经缅转运他国货物，且七十八年来缅对华贸易地位，均在中国进出口总额百分之一以下。惟此乃指海道贸易而言，其陆路贸易则尚未入关册，难以确计。战时我国海港被封锁，滇缅公路继为滇越铁路之国际姊妹路后，据查一九三九至四〇年由缅甸过境循陆输华货值有一千九百五十万卢比。

总括前述，我人又可得一正确之观念，即英、美、中、荷等国所需要之原料颇多，须得自缅甸供给，反此所出产之制造品，亦不少须于缅甸获得相当之出路。矧日本在缅甸贸易向居第二位，自侵占后，更筑通缅泰铁路，并在缅强迫施种棉花计划，一九四二至四三年每年生产一万七千九百吨，伸合棉布一万六千方码。故太平洋战争，最先收复缅甸：（一）就我中英美荷盟国方面言，收复缅甸，使彼此经济互相截长补短；（二）更就为对日本施行经济战争予以一重大之打击言，收复缅甸，免除其对缅久施资源之剥夺而苟延残喘，因以早日溃败投降。缅甸平时战时与国际经济之关系，有如是重要者。

二、华侨之商业

至于缅甸人与华侨就业情形，前者农人口占总人口三分之一弱，从事原始产业的为数更多，共计总就业人数是一二四二二〇七四人；后者以商工业为主，商业又倍于工业，至经营之业别以洋杂货最多，其次是米谷、土产各业，兹分别加以说明：

（一）米业：大权握在欧人手中，但内地之贩运则多由华侨经营，其中又以福建人居多，在缅华侨米厂约一百余所，贩谷商号数百余家。华侨经营米业者，多以利贷与中间商人之地位获取盈利。

（二）土产业：俗称为粗货商，华侨除以豆类出口为中心外，包括贩卖印度进口之槟榔、烟叶、香蕉、牛皮、红茶等，经营此业者福建人居多，滇省居次，粤人又次之，大城小市都有此类商人之足迹，其中槟榔是本地人日常用品，销路极广。但华商或因资本不足，或因不明商情，不能直接办货，所以市场常被印商攘夺。牛皮转运欧美，获利颇厚。

（三）杂货商：经营贩卖日常用品，此类商人印商最占势力，华侨次之。但华商之普遍性远超过印商，经营之物品为油、盐、糖、蒜、辣椒、豆类、海产等日常用品，与国货如茶、炮竹、荔枝、蜡烛、牙粉等。

（四）洋货店：贩卖匹头、装饰品、应用品、中西文具等。

（五）木材商：此类商人多从本地人购买大批森林，或承包砍伐，然后再转卖给工厂。

（六）药材店专售中西药品，医药用具等；此类商品，全缅大部份为华侨与印人所经营，土人经营此业者，几等于凤毛麟角。惟华侨与印人相比较，华侨尤占多数。

（七）铁器商：共有一百户左右，因为欧货价昂，所以颇受欢迎。

（八）汇兑业：印南一般所谓"批业"。专经营华侨汇款，近来虽然邮局和银行极力承揽，不过此类商人能代汇款人取得回信，所以侨民颇为信任。

（九）其他尚有非纯粹商业性质者：如一、便食店，有甜味餐点，如咖啡、可可、甜茶、糕饼等类；有咸味餐点，如面食、饭食、酒菜等类。二、工作店，有照相、镶牙、缝衣、理发、制鞋、修整机件等类。三、专卖店：经理当地政府专卖烟、酒、鸦片、煤油及承包典当、屠宰税务之类。此三种业务，除一及二之一部份华、印、缅人均有经营者外，其余部份几为华侨所独占。

以上九项中，就华侨本身经营之比例而言，前类（一）项占百分之一十一，（二）项占百分之二十，（三）项占百分之一十七，（四）项占百分之一十六，（五）项约占百分之六，（六）占百分之五，（七）项占百分之四，（八）项占百分之三，（九）项占百分之一十五。

（五）马来亚华侨商业之势力

马来亚华侨二百四十万人，以闽籍居首位，约占百分之五十三，粤侨次之，约占百分之四十一，其他各省华侨共约占百分之六。马来亚之新加坡，在地理上以居欧亚交通之冲要关系，形成南洋之第一大埠，各国以之为货物吞吐地。新加坡不但为华侨经济之中心，在南洋各国华侨对于文化教育等之推进，乃至对祖国救国赈灾等之发动，均恒以新加坡华侨领袖群伦。新加坡在亚洲七大商埠中亦居于第三位之前列，而马来亚华侨商业之重要，自不待智者而后知也。按照马来亚一九三一年普查人口报告，华侨有职业人口计九十四万零九百七十二人，占总人口百分之五五，其中经营商业金融人数一十四万六千八百八十二人，占马来来华侨总人口百分之八五，亦即占有职业人口百分之一五·六。而据一九三八年新加坡华侨筹赈总会调查，新加坡一区华侨致力商业种类计有一百一十项，店铺计有六千七百五十间。且将新加坡华侨经营各类商店与在树胶商中之地位两点，分析于下，藉以映及马来亚华侨商业之一斑。

一、新加坡华侨商店之类别

新加坡华侨商店六千七百六十五间，一百一十业务内，类别之，以左列五种为最多：五种之中，以什货商居首位，咖啡商次之，代理牙行又次之。此足以证明华侨商店固多，但属中间性质。从业籍别之，树胶、九八行、米业、汽车、瓷器、索络等多属闽人，什货多为广府、嘉应人，布匹多为潮人，咖啡多为琼人，典当多为大埔客人，皮鞋多为嘉应人，西药闽籍参半，中药多为广府客人。

二、新加坡华侨与外侨树胶商之地位

新加坡树胶商计有二百二十八家，而华侨所有者一百七十七家，其地位比之英、日、美、荷等国任何家数为多。兹将其比较列左：

华侨树胶商店虽较英、日、美、荷等合计家数为多，惟与其他商店同样，华侨树胶商亦多属中介性质，资本规模则难望及外商之肩背。

（六）东印度华侨商业之势力

东印度华侨一百四十万人，以经商居多数，在商业上居中间地位，向东西洋大输入商"土库"购进商品转售与本地人，同时向本地人收购土产转售与欧、美、日输出商"土库"，取百一之利。至直接经营输入出"土库"者，究属少数，多者为中小商人，尤以零售为最多。不特通都大邑有华侨零售商人，甚至穷乡僻壤，只须有人居处，无不有其踪迹，力量之普遍，殆无伦比。爰将东印华一侨之投资所得分为两点述之如下：

一、华侨之投资

（一）华侨与外人投资之比较

华侨在东印之投资，据一九二一年赫尔费米（Helffeinih）调查，各国在东印投资，荷兰占73％居第一位，华侨占10％居第二位，英国占9％居第三位，日本占1％。以现在眼光观察，虽不免陈旧，亦可见当时之状况与华侨投资之基础。

（二）华侨之商业投资

前项赫氏调查华侨投资，或因当日调查之未周，或以华侨投资随时代之演进而有增加，故其统计只可作为东印度华侨投资之初步基础，而不能作为定论。近年调查东印华侨在各种商业部门投资状况，以所投资本言，华侨土产商资本在十万盾以上者有一千五百家，布匹商资本在五万盾以上者有六百家，什货商资本在五万盾以上者有一千二百五十家，其他普通商资本在一万盾以上者有五十家，一千盾以上者八家，统计东印华侨商业财富在七万九千二百五十万盾左右。至于东印华侨在各商业上活动之籍别，概括而言，闽籍多营土产，粤籍多营什货。再分析之，漳泉人多营土产、鱼、米、布匹、树胶厂、油厂；客人多营什货、酒酪、鞋店、首饰、缝衣；长汀人多营药材；广东人多营酒店、饮食、摄影、土木、机器工场；潮州人多经营农业与菜园。

（三）华侨之资产与所得

据荷印中央统计局报告：一九三七年华侨拥有二万五千盾至一百万盾之资产者共有三千零七十九人，计共资产为二亿四千二百万盾。一九三八年减为二千六百八十四人，资产总额亦减为二亿二千万盾。至普通华侨每月收入以四十盾至一百五十盾间，更根据一九三八年荷印中央统计局报告，华侨年中所得入息与人数有如下数字：（单位：盾）

年中所得入息数目	人数
900-1000	3631
1000-1200	5811
1200-1500	8262
1500-2000	8627
2000-2500	5095
2500-3000	3008
3000-4000	3738
4000-5000	1900
5000-6000	1097
6000-8000	1209

年中所得入息数目	人数
8000–10000	548
10000–12000	318
12000–15000	270
15000–20000	196
20000–25000	85
25000–30000	85
30000–40000	55
40000–50000	18
50000–60000	12
60000–80000	15
80000–100000	3
100000–120000	2
120000 以上	1

前表只限中产以上华侨年内所得入息，中产以下入息未有列入。据估计全印华侨胞所得入息至少有五十亿盾。东印度华侨半数以上经商，荷印首任总督柯恩（Jan Picterson Coan）谓："华侨最为勤劳，为吾人城市中不可或少之民族。"伽吨（W. J. Katon）论华侨经济地位称："由于华侨勤劳节俭及善于经商，不但对于将来荷印社会有利，且为不可缺少之份子。"平时华侨对于东印城市之建设，山野之开发，既不无其劳绩，而二次世界大战，华侨更协助荷兰盟军与当地人士共同抵抗日军。盟国凯旋，日本败降后，中荷平等新约经于去年五月廿九日在伦敦签订，于同年十二月五日在重庆正式互换批准约本。所望东印政府与当地人士，当了解华侨之勤劳节俭，为易与及可与相处之人，而刮目相看，勿动辄压迫华侨，彼此互相给予缔约他方人民以进出其领土之权利，暨在该领土全境内旅行、居住及经商之权利。使华侨安居乐业，而两国之经济关系，尤为密切与进步。

三、华侨商业之改进准则

由上所述，应可窥知华侨在长处方面，固具勤劳节俭之条件，致其商业势力巩固立于不败之境地。在短处方面，华侨商业显而易见只居中间性之地位，缺乏现代大企业之严密组织与科学管理，只恃个人各自为谋，坚苦卓绝奋斗，而少有集思广益、群策群力、同心合作之精神，诸如国家之维护，资金之通融等，均嫌未有。故华侨人数固多，经商天才亦超越，卒只能作中介之商人，而未克为具有独特性握得商场牛耳之大商家。经营商业，应该经营大规模之大商业大企业，不宜从事于小商业；做商人应做居商场重镇之大商家，不宜做较量锱铢之小商人。今后发挥华侨之长处，针贬华侨之短处，改进华侨之商业，应从左述三个准则做去：

一、国家方面

（一）应有专责机构与干练人员，指导华侨投资。

（二）保护民族资本，采取保育政策。

（三）改善华侨在居留地法律地位之平等，及促成华侨参加所在地地方政治之活动。

（四）提高中国国际地位，改善中国对外经济关系，争取华侨在南洋经济发展之均等机会。

（五）国家贷款协助重往海外，特别是再赴南洋华侨，向外发展经济事业。

二、华侨方面

（一）促进华侨经济合资合作全作

1. 性质方面：减少零售商，改营生产事业。

2. 集中原则：集中零星资本成为生产事业资本。

3. 利用办法：利用游资，集中生产。

4. 合作之道：促进人才及技术合作。

（二）改善经营方式

1. 改独资或少数合伙方式为现代企业组织。

2. 建立华侨金融流通机构。

3. 直接办理国际贸易，改进华侨中间商地位。

4. 认识外人经济审业之弱点，力谋发展我人之优点，并以国民外交之良好态度，善与当地人士相处，增进彼此之感情。

三、配合与联系方面

（一）华侨投资航业，协助政府发展国外交通事业。

（二）利用华洋丰饶物资，弥补国内资源之缺乏。

（三）推销中国生产制成品及物资向外发展。

（四）将中国工业化后之过剩人口，向南洋移殖，发展华侨经济事业。

（五）国外经济事业，在无害于其发展之条件下，以其余资向国内投资，发展祖国生产建设事业。

（六）求取国内外人材技术之合作调剂。

（七）资本上之互助合作，发展官商合作经营事业。

（八）国家与华侨相互协助，发展国际贸易。

总而言之，今后为谋推进华侨之经济商业，不可不从下列各点着想：

1. 战后南洋经济事业之发展，应放弃过去自由放任之主义，而与国内经济建设密切配合。

2. 华侨经济事业上个人主义之自由竞争方式，应大加改进，以达成保护侨民事业之目的。

3. 政府应从外交途径，争取华侨之平等待遇。

4. 政府应供给技术人才，并予华侨以适当之指导。

5. 华侨经济事业，经战时之破坏与敌人掠夺，战后应视事实需要，由政府用切实敏捷之方法贷款协助其复员，复兴与发展。

1947年2月4日　第24772号
横断北美大陆五昼夜万里行（三）
进出口贸易公司对象都集中在香港

旧金山有六十多家进出口贸易公司，大半都在唐人街或唐人街附近。旧金山华侨领袖郑炳舜先生的裕安公司，是最有权威的一家。据邹氏说，战前在旧金山经营出入口贸易的仅二十多家，现在比从前增加了不少。在目前六十多家之中，大部份都由广东籍的人士经营，因此，出入口的对象，不期而然，都集中在香港。华侨汇款的情形也是如此。郑先生非常诚恳的说：

"这问题是相当值得注意的，香港主权的畸形存在，对中国的经济建设，有着莫大的影响！"

邹炳舜先生约我喝午茶那天，恰巧梅友卓先生也从芝加哥来到金山。梅之来，是为了商量筹组广州市公共汽车公司的问题。据说，目前公共汽车的购置非常困难，如果公共汽车公司一旦开业，则广州全市至少需要三百辆，而美国汽车商人决不愿三百辆车同一天交付，这是一个生产脱节时代的事实上的困难。那天，我们谈了许多美国华侨社会的经济、教育等等实际问题，同座的还有国民党加拿大支部书记陈立人、旧金山侨领尤永增等等。我听了许多具体事实，我觉得华侨社会，确实存在着不少隐忧。

1947年3月4日 第24800号
荷兰老华侨莱汀二月廿二航讯 本报特约记者往仁

涵塘为荷兰海上王国之首都，正犹北美合众国一切重大事业之集中于纽约。我中华为东亚文明古国，人民笃好和平，故在国内多务农，尚信义而富冒险精神，至国外喜经商而勇于航海。中华旅荷侨众，今以广东、浙江、山东三省为多。山东人智识最丰，广东人资格最老，而浙江之青田、温州两宗远客，则心性机灵，行动勤敏。涵塘市万商云集，白手起家、好经商之青田浙侨，往往徒步旅行横绝数万里征程之亚欧大陆，起自东海之滨，经年累月而远临西海，苦费经营，大肆活跃，青田人之中，姓王者颇非少数。中华民国十一年，于洛塘市创设旅荷华侨会馆之已故青田侨商王梓楠，就涵塘经理船务，又在海牙开设餐馆，在一九三九年第二届欧战发动以前号称首富，即其一例。最近如本年之三月十一日，复有遍历法、比、德诸国旅荷十余年之青田大岭阜乡民王君凤贤，喜逢七十生辰，大宴同乡亲友，为荷全境中国侨友中年齿最长之人。预宴者第一日之客尽来自外省各埠，第二日之客则限于本京，两日各到百余人，共收寿礼三千六百七十余荷金。其第一日往涵塘之晚班二等车，满载华人荷客，见之者疑为定期集会，而断不料其为赴寿筵，惜乎八簋之珍，有酒有肉，而不能如安居国内者之饱啖白米饭，而联欢好客，盛极一时，自是青田浙侨特具之风尚，与广东、山东诸侨不同。广东人足迹所到之地，如得十人以上相聚于一堂，即起而组织会所，如致公堂、崇正会、梧峰公所、汝南别墅之类，大抵为谋全体互助而发生，然其弊在待助于人，而失却自身之活动力，此乃海员生活不易幸逃之公例。而青田浙侨皆业商，纯任自由，其中每一人，极易发展自辟新大陆之个性与活动力。苟其人贫至卖糖为生，亦仍大有差别：粤侨只知滞留城中心，而待同情者之解囊光顾；浙侨恒先寻到离城中心特远之郊野乡村，至彼大广销路，或候于大工厂门外，趁男女工散值外出之时，一举而投其所好，直可稳操胜算。然而冒风霜、忍饥饿、倍增劳苦，如此不知书又不通国语之大岭阜老人王凤贤，竟以饥寒损健卫，酿成腹中鼓气作痛之病，巧于设筵祝寿之前后两天，暂进医院，厥状乃类国内避寿之阔人。国人在海外生存，奋斗艰难，一以例千，略可想见。

1947年4月2日　第24829号
越南侨商纷纷迁入香港　海防十五日航讯　朱今

越南门户海防一瞥

越南华侨，目前统计约四十万人，以性别计：男性占百分之八十，女性占百分之二十。以职业计：工界占多，商界次之，自由职业者又次之；侨居地以南圻的西堤为最多，北圻的海防、河内、南定等处次之，中圻的顺化、归顺等处更次之。以籍贯计：广东最多，福建次之，其他各省者很少。

海防是越南的门户之一，学术团体有"东安"、"侨英"、"时习"、"中华"等同学会的成立。最近成立的还有侨中校友会、中华国□联谊会等，中华会馆理事长罗伟基、中华商会会长龚纯礼都是本市老侨领。

前驻海防领事朱垣章，已奉调返京，代理期间由河内总领事馆谢戊申负责。刻新任驻海防领事萧金芳氏已来防，不日当正式视事。萧氏对法最近拟恢复从前之邦长制度加以反对，他认为此种制度之设立，显有分散华侨力量之企图；如法方必欲恢复此项邦制，则决定采取有效对策。渠对本市（海防）侨教非常重视，日来萧氏赴各地视察颇忙。

河内市区　秩序恢复

河内是北圻的政治经济文化交通上的中心，中、美国总领事馆设于斯，现在法军（指越北）最高指挥地巴上校在□□指挥法军同越盟军作战。

河内市区秩序恢复，但商业已陷于停顿状态。这里没有大规模的出版事业，精神粮食只得靠香港、西贡、昆明各地的供给。华侨文化水平较低，对祖国影片无多大兴趣。

三不管区　劫案迭起

芒街位于中越边界，地区很小，居民大多华人，与广东省防城县的东兴镇隔河相对。以地理上观之，边陲之地，本无多大价值，但由于过去抗战军兴，这块边区小地，居然成为广东南路向越南移动的唯一路线，一切都繁荣了起来。芒街人口不过万人，市容颇整洁，惟近来该处治安欠佳，夜来劫案迭起，使市民受惊不小。法方势力还没有到达，越南人力量不够，中国政府不管，因此成了三不管，盗匪出没无常。

华侨商务　分区考察

（一）北圻方面：海防、河内、兴港、澳门、北海、湛市（广州湾）水运便利，此间侨胞大多营出口生意，以米、煤、铁及各种土产为大宗。

（二）中圻方面：顺化、岘港、会安、清化、宜安、广治、广义等处，以经营药材者较多，洋杂货土产次之，食用品又次之。

（三）南圻方面：西贡堤岸简称"西堤"，商埠较大，人数较多，生意部门繁杂，以船只、米、糖、生果、木材、柴炭为主要业务，洋杂货销路较广，各种副业亦颇繁荣。

（四）高棉、寮国方面：以垦植胡椒、木棉、玉蜀黍为多，商场以药材、洋货为普遍。

北圻方面，自去年法方公布统制进出口贸易及出入口结汇办法后，进出口贸易几陷于停顿状态，华侨经济已受到严重打击。自法越战事发生后，情形更惨，大部份商家已向香港迁移。

1947年7月7日　第24925号

广东省银行总经理谈当前的侨汇问题并提出改进侨汇政策的纲要

（本报讯）广东省银行总经理刘佐人，上月初自粤赴苏州参加全国省银行联合年会后，刻正过沪返粤，承抽暇接见记者，就当前之侨汇问题，发表谈话如次：

侨汇之重要，过去系平衡我国国际收支之重要项目，今日为补充我外汇基金之主要源泉，对我国金融财政经济，关系至为重大。

就各方面可靠之统计，历年侨汇数额如下（单位国币百万元）：廿一年三二三，廿二年三〇五，廿三年二三二，廿四年三一六，廿五年三二〇，廿六年四五〇，廿七年六〇〇，廿八年一二〇〇，廿九年一八〇〇，卅年二四四，卅一年八六二，卅二年二四〇〇，卅三年一四八二，卅四年一月至八月二八六。

自廿五年起，侨汇已足弥补入超额而有余。惟抗战八年来，每年侨汇平均约国币十亿元。数额虽较战前增三位，惟因币值贬跌关系，估计战时每年侨汇实际数额，较战前数额约减三分之一以上。

复员以后，侨汇以外汇官价与黑市常发生差价，加以币值日跌，以及汇兑时间延拦、手续烦琐各种关系，侨汇之一般趋势，日见减缩。估计复员后的每月全国侨汇总额平均约为一百七十亿元，全年约为二千亿元。如以贬跌之币值比例计算，则复员后之侨汇，约为战前侨汇每年平均三亿元的七分之一。

承汇机构

中国银行承汇侨汇数字，估计战时每年约占全国侨汇总额百分之五十。复员后因银号、钱庄、批信局等纷纷复业，中国银行承汇侨汇此率约减为百分之三十，其余百分之七十，大多由外商银行或本国私家银号、批信局经汇，侨汇显已大部逃避。

集中香港

目前我国海外侨汇，不论美洲各国，或英国属地，大多集中香港，故香港已为侨汇逃避之中心。数月来因外汇黑市远较官价为高，侨汇逃港，与日俱增。据估计，最近侨汇逃港，月达美金一千万元。侨汇逃港结果，对我国经济影响颇为重大，可分三点而述：（一）使我国失却弥补对外贸易入超之外汇源泉，今后国际收支，□□平衡。（二）侨汇流入外商银行之手，成为冻结资金，非特不曾投资于国内生产建设事业，且如变为游资，参加投机活动，则更加深国内经济危机。（三）直接助长香港繁荣，间接充实英国外汇基金，以弥补英国国际收支之入超额。

改善方策

检讨过去侨汇政策，渠认为今后急待改进者，主要有下到各问题：（一）加强吸收侨汇网；（二）减少外汇官价与市价之差额；（三）改善收付方法；（四）为侨胞服务。

如何加强吸收侨汇，先应从放宽管制尺度与侨汇网着手。海外华侨，遍处各地。除中国银行在海外各重要都市，增设分支行处外，同时应准许粤闽两省地方银行，及其他办理侨汇银行，在海外侨胞较为集中地区，广设分支机构，对专事吸收中下层侨胞汇款之批信局、银行，应与其密切联紧。此外，各银行仍应多觅代理店或通汇处，在国内更应增设解付侨汇机构。

如何消减外汇官价与市价差额，意见有三：（一）最好能使官价与市价趋于接近，随时调整外汇，以消灭彼此差额，或根本取消官价，任由汇率稳定于自然水平；（二）实施补贴政策，补贴数额必须随时提高，最好由各地国家银行，会同当地侨汇银行商议决定，以接近或不低于黑市汇价为原则；（三）办理外币汇款及存款，即所谓原币存款金。侨汇原币返国开户存储，解付时应照当日牌价及补贴办法，支付国币。

如何改善收付方法，收解应简捷，手续应简单，一切应科学管理，以求迅捷。办理人员，态度尤应温和有礼。

如何为侨胞服务，意见有三：（一）政府对海外华侨经济，应协助其复员；（二）国内外各侨汇银行，应增设一华侨服务机构，从中联络感情；（三）如遇侨胞或侨眷生活困难，或断绝接济，应举办低利贷款。

刘氏结语谓：当前侨汇问题，虽因官价与黑市相差太远，而使侨汇逃避，但设能照上述改善办法加以改进，亦不难获得圆满之解决。以今日华侨之众，只需我辈善为引导，积极吸收，则侨汇前途，仍属光明。

1947年8月5日 第24954号

要闻简报

香港电：第三批复员返缅华侨一百二十人，三日下午自穗来港，四日晨乘轮离港返缅，第四批下旬可由联总遣送。

新加坡电：刘侯武二日乘机抵此，向此间侨胞呼吁救济华南水灾灾民，以及协助故乡教育事宜，特向潮州侨胞，敦促在华南设立潮州大学。

1947年9月13日 第24993号

巨量侨资汇回 台山屋价飞涨

中央社广州十二日电：华侨母地台山、开平、新会、恩平等县，自抗战胜利，侨汇畅通后，巨量侨资大半投资于不动产，台山房屋去年每座最贵者约值国币二三千万元，月来竟涨至千亿元。

战前古巴归侨返古问题解决

中央社南京十二日电：战前古巴归侨逾限返古事，侨务委会顷据驻哈伐那总领事馆报告，谓已与古巴移民局长签致协议，凡归侨持有回头纸，即能入境。

1947年10月3日 第25013号

南洋侨胞复员迅速 暹星等地侨汇增加 粤省行行长考察归来谈

本报广州二日电：粤省银行行长刘佐人，顷自南洋各地考察归来，据谈称，南洋侨胞虽于战时备受敌人摧残，但战后复员异常迅速，惟以当地主要物产如树胶、锡等，未能完全恢复生产，且荷印、越南各地不安，故一时尚难恢复战前繁荣。暹罗因未沦为战区，经济情形尚可保持旧观，但币值亦极低落。暹、星等地侨胞，对祖国殷望甚切，侨汇已在迅速增加，且均盼祖国早日安定，以便回国投资，兴办实业。荷印侨胞在此次战事中，备受土人荼毒，被灾者达十余万，日夜企盼祖国援救。

1947年10月16日　第25025号
要闻简报

广州电：澳洲归国抗战华侨四百余名，滞留广州光孝寺，十五日开始资遣回籍。

1947年12月30日　第25100号
粤侨汇大量逃港　上月止达六百亿

本报广州廿九日电：本年度粤省侨汇逃港，迄十一月底止，数达国币六百亿元，占侨汇百分之八十，情况至为严重。又粤海关自加强缉私以来，十二月份税收已大见增加，据负责人表示，可能达二百五十亿元。

1948年1月25日　第25123号
寓祝寿于兴学　华侨中学成立

（中央社本市讯）本市粤籍巨子及海外华侨闻人刘伯群、郭顺、董干文、萧宗俊、罗兆修等，鉴于胜利以还，华侨子弟返国求学者日渐增多，特于前岁主席六秩寿诞时，组织华侨献校祝寿委员会，分别由海内外华侨巨子自动捐献基金，创办华侨文法学院于沪滨，寓祝寿与兴学于一举，并已在北四川路及江湾市中心区觅得宽大校舍，闻大学方面以时间匆促，俟暑假开学成立，高初中两部则先行举办，并已开始招生，俾寒假后即可开学。

1948年2月13日　第25139号
归侨返新加坡　将再遣三千人

本报南京十二日电：关于我对马来联邦及新加坡遣送归侨事，现正积极进行中。至本年一月止，已经遣送者达一万四千余人。尚未遣送者，正由我驻新总领事伍伯胜会同国际难民救济组织港办事处负责人商洽，已得新加坡方面同意，可再遣送三千人前往，顷已于二月初开始办理。

1948年2月13日　第25139号
荷印归侨复员　定期办理登记

中央社广州十二日电：复员荷印华侨前以该地战事影响，未能遣送，现荷印战事结束，联合国国际难民组织远东局穗办事处，已奉命开始登记，以便将复员人数、地点等转向荷印交涉，至出国日期，仍须候荷印政府确定后，始能公报。穗及四邑两地，定二月廿三日在穗侨务处登记，琼崖由海口侨务处办理，凡登记复员之华侨，须系确于二次大战时回国，并持有当地政府所发之有效证件，方为有效。

1948年2月22日　第25148号
侨汇收入前途暗淡　中行设法鼓励　将汇款直接送达收受人

（本报讯）中国银行为鼓励侨汇，近在广州附近一带侨胞家属集中地区，实行将汇款直接送达收受人之办法，并代其家属书写信件。有关人士表示：侨汇之萎缩，主因为公开及黑市汇率之差额大，补贴并非彻底之解决办法。依目前之情形观察，本年度预计侨汇能收一亿美元，但恐未必能如预期。一月份侨汇数字略高，则为年节之故。

（又讯）中国银行东京分行，筹备工作正积极进行，经理张武一候护照发下，即可径飞东京。惟在和约成立之前，业务尚难开展。张氏近表示："分行业务以私人贸易为对象，凡私人贸易之存汇，当尽力协助；侨汇亦在经营之列。开业日期，当于抵达后决定。"随行人员麦帅，总部仅核准两人。

（又讯）顷自邮政储金汇业局侨汇组方面探悉：该局上月份侨汇收入总数，较过去略有增加，共计法币五十四亿元。内中以纽约大通银行、香港信行、香港华侨银行、澳门民信银号转汇者为较多。

1948年3月7日　第25162号

解款输入法改善　侨汇数额增加

本报南京六日电：侨胞汇款，迭经财部督饬各承办行局切实改进，对于解款手续并应力求简捷，以利侨眷；中国银行近在广州附近侨胞家属集中地区，实行将汇款直接送达收受人之办法，并代其家属书写信件，侨眷称便，故近月来侨汇数额已有增加。兹将上年下半年及今年一月份中国银行所收侨汇折合国币值，列表如下：七月份一七三七六八一二三四元，八月份八九二八八〇四一六六元，九月份二一二三五五三七三六八元，十月份三四六一六九七四四五八元，十一月份一七二三一二二八五七六元，十二月份四〇九〇四二一八一九八元，卅七年一月份六〇八四四一五六〇七六元。

1948年4月14日　第25200号

暹决在汕设领馆

路透社广州十二日电：由于大批汕头人士欲赴暹罗或重返该国，故暹罗已决定在该处设立领事馆。

1948年5月16日　第25232号

曼谷银信局停业　粤东侨汇受影响

中央社曼谷十四日电：此间经营暹罗、汕头间邮政侨汇之银信局八十家，今一致停业，因彼等在汕头之联号存钞不足，致无法付现。暂时歇业一举，势将使万千粤东侨胞眷属经济来源断绝，生计堪虞。该业公会主席今语记者称，此种严重局势之挽救方法，唯有仰赖财部，以充分现钞运往汕头。

1948年8月26日　第25334号

星洲华侨汇款陷于停顿状态　我金圆券与海峡币中行迟未标示比率

中央社新加坡廿五日电：此间中国银行及广东省银行，因未接获总行之指示，故迟至今日下午犹未标示金圆券与海峡币间之比率，使华侨汇款陷于停顿状态。迄今仅此间汇丰银行一家，业已正式标示，此种比率为：汇往上海者海峡币每一百元可兑金圆券一百二十八圆又八分之三，汇往厦门者可兑一百一十六圆又八分之五，汇往汕头者可兑一百一十四圆又十六分之一，汇往广东者可兑一百〇九圆又八分之一。

1948年8月27日　第25335号

粤防止资金逃港　派大批军警监视市场金钞交易　宋子文将赴港商中港协定问题

本报广州廿六日电：粤当局对资金逃避香港，已严密防止，现已派遣大批军警，广泛监视穗市场与港方之金钞港币交易，联络关系，逐渐缩小港币在粤境内流通范围，及指定银行尽量以金圆券收兑港币。目前吸取大量港币，已有绝对把握，并将在中港水陆两路交通要隘，严密监视商旅携带港币入境，金圆券亦不准携带往港。另据关系方面传出消息：宋子文主席将于周内赴港，商谈中港协定问题，香港海关负责人谦士和廿四日突飞沪，众信渠此次赴沪，与中港协定施行问题不无关系。

1948年8月27日　第25335号

金圆券在港露面　国家银行侨汇活跃

中央社香港廿六日电：金圆券今在此间银钱市场中初次露面，颇引起此间居民相当兴趣与好奇，当地银行及钱摊均从事新币之兑换。记者今日自银行方面获悉，自银行公布港币及金圆汇率后，此间我国家各银行分行之侨汇顿形活跃，汇百圆金圆券仅收费港币一元，由于汇兑迅速，取费低廉，故在此间之各国家银行，大有立即全都取得以往由当地银行独占之侨汇之势。

本报广州廿六日电：新币发行后，此间兑换之踊跃，已足见新币之信用及受拥护之程度。惟日来仍有少数投机份子，乘新辅币未到之际，私自买卖外币图利，警局特连日出动大队警察监视，昨在十三行金融市场捕获十余名。十三行已一片萧条，无复昔日盛况。

1948年10月16日　第25383号
暹华侨林国华购米运济潮汕

本报广州十五日电：省府宋主席为购粮备荒，前曾派詹委员朝阳赴暹洽办运米，暹华侨林国华顷愿在宋主席向中央请得之三万吨暹米购额内，自备外汇购运暹米一万吨，运济潮汕，省府已予核准，购运事在洽商中。今后晚造登场，外米又能及时运济，潮汕民食可告无虑。

1948年10月16日　第25383号
菲侨团电厦市府　请取缔黑市侨汇　谓有船偷运金钞抵厦

本报厦门十五日电：菲律宾华侨团体昨电厦市府称，近有岷船偷运大量金钞抵厦，造成黑市，妨害国家外汇收入，嗣后凡侨汇非由国行付款者，应请严格取缔。又穗经济管理处近为辅导侨汇继续发展，决在厦设立侨汇管理委员会，并聘央行经理吴本景等十二人为委员，开始筹备，日内即可成立。

1948年10月20日　第25387号
要闻简报

中央社厦门电：侨委会为加强对归侨之服务工作，决定先在沪、穗、汕、厦、江门、海口等地设立华侨社会服务处。

1949年1月16日　第25472号

留暹华侨电外部　请在汕设办公署　主持签发护照事宜

中央社曼谷十五日电：此间华侨对我政府在汕头未设办公署，为粤东人士欲来暹者签发护照，早已表示不满，而暹政府正式宣布华人无护照者概不得入境后，问题更属严重。现留暹华侨约二百万人，系来自粤东，尤以来自汕头者为多，闻此间潮州会馆曾电南京外交部，呼吁请求早日于汕头成立办公署，以便为渠等家属亟欲来暹者主持签发护照事宜。

1949年1月19日　第25475号

穗侨汇大量涌到　黄金外汇价下泻　港汇市价较牌价尚低

本报广州十八日电：废历年近，此间银根日紧，且有大量侨汇抵市，连日黄金外汇市价均趋下泻，现饰金每两仅一万元左右，港汇市价亦跌至三三五，较牌价三三七·五尚低，为"八一九"后未有之现象，惟侨汇多向黑市流入，由中行经办者寥寥。海南岛一地已较穗市为多。

1949年2月12日　第25496号

中央社广州电：新任广东侨务处长吴公虎，于十一晨十时接印视事。

后　记

　　时逢九月，南国依然骄阳似火，恰如我此时的心情。因为《民国〈申报〉广东华侨史料》即将付梓，我的关于广东华侨华人史领域研究的第二本书终于要出版了，心里颇为高兴。曾记否，自2011年博士毕业、2017年博士后出站，我所撰写的厚厚的博士论文和博士后出站报告至今还没有机会出版，令人不胜唏嘘。令人感到欣喜的是，我的两本关于华侨华人研究的书竟然抢先一步出版了！

　　2014年，我初次见到张应龙教授。作为《广东华侨史》主编的他，主动与惠州学院的领导联系，告之目前"东江流域客家侨乡"研究的薄弱，急需改变现状。攻学历史学专业的我，就这样有机会迈进了华侨华人的历史研究领域。学校自成立海外惠州人研究中心以来，承担起《广东华侨史》的相关研究项目，曾出访泰国、马来西亚、新加坡，参加《广东华侨史》学术年会，这期间我也乐此不疲，颇有"初生牛犊不怕虎"的感觉。

　　不知不觉，投身于华侨华人史的研究快十年了。一路走来，遇到困难不少，再加上自己天资愚钝，成果寥寥，幸运的是，我遇到了很多良师益友。张应龙教授不嫌我半路出家，多次给我布置作业；"牛哥"牛军凯教授将其拥有的研究资料倾囊相授；黄晓坚教授说自己已是"马放南山，刀枪入库"，我偶尔也不揣冒昧，深夜打扰。还有《广东华侨史》编修工作领导小组办公室的老师们，如陈璐老师、秦天老师等，给予我很多的帮助，他们那种有问必答、耐心随和的态度，值得我永远学习。

《民国〈申报〉广东华侨史料》是广东省哲学社会科学规划特别委托项目"民国《申报》有关广东华侨史料的整理与研究"项目的成果。一次偶然的机会，我看到晚清《申报》有关广东华侨史料相关主题的项目被成功申报，我感觉民国时期的《申报》史料应该会更多，这一设想得到了认可并被成功立项。

　　在数字人文较为发达的今天，我原以为这个项目做起来难度不大，毕竟《申报》电子版是支持检索的。后来才发现，搜集工作的困难还是挺大的。一是课题相关的主题词所含内容多，课题主题是通过《申报》搜集与整理有关"广东华侨"的史料，就意味着要在《申报》中查找出以下几种史料：从广东走出去的华侨（人物与事迹）的史料、从海外回到广东的华侨（人物与事迹）的史料、国民政府侨务政策在广东实施的史料等，如何尽最大可能地收集相关史料，我设置了数百个关键词，逐一查找，而且必须承认的是，肯定还有"漏网之鱼"。二是识别与句读问题，因为部分文字已经模糊，识别困难。三是史料研究与运用的问题。课题中含有研究的部分，理应展开研究，但《申报》有关广东华侨史料是分散的，虽说也找到了"南洋华侨史料群"、"琼崖华侨史料群"等内容相对集中的史料，但大体都是"见闻录"式的系列报道而已，并没有鲜明的主题，对展开研究还显不足。因此本书"研究篇"是课题研究中三个略有心得的呈现，既有宏观方面的研究，如"'数字人文'视野下的华侨华人史研究"，也有细节方面的研究，如对"粤侨"形象的塑造、"汕头"的侨乡形象的叙述。假以时日，按图索骥，以《申报》的相关史料为线索，其实还是很多领域可以展开研究的，这也是我日后努力的方向。

　　整理与研究的过程是"痛并快乐着"。查找史料的痛苦，常常被"发现的愉悦"所覆盖。在感叹广东华侨波澜壮阔历史的同时，伴随着一个个新的"发现"，也使我的责任感与使命感激增。我常常抑制不住地在微信或电话中，向张应龙老师唠叨这些愉悦，张老师总会笑言鼓励："培养后备人才，也是我们《广东华侨史》项目的目标之一。"先生的提携与褒奖，令人铭感于心。

　　感谢我的爱人彭艳华女士，"近水楼台先得月"，她常常是我的第一个读者，笔力深厚的她总是不会让我失望，总会在我的文章中找到问题并细心修改；感谢我的两位学生，赵嘉敏和何国铎，他们在成功考取研究生后，花了很多时间，与我一起校对书稿；感谢华南师范大学硕士研究生满彩萍和惠州学院冼钰潇同学，热心地帮忙查找资料；感谢广东人民出版社领导和编辑，尤其是本书的责编李永新老师，他工作认真负责，对我时常督促，全程参与本书的史料整理。还有许多在本书编写过程中帮助过我的人士，在此谨致鸣谢！

郭平兴　于叶竹君图书馆

2022年9月22日